元史

四部備要

史部

中華書局據武英殿本校刊

桐鄉陸費逵總勘
杭縣高時顯
吳汝霖輯校
杭縣丁輔之監造

元史卷一百六十

明翰林學士亞中大夫知制誥兼修國史宋　濂等修

列傳第四十七

王磐

王磐字文炳廣平永年人世業農歲得麥萬石鄉人號萬石王家父禧金末入財佐軍與補進義副尉國兵破永年將屠其城禧復罄家貲以助軍費衆賴以免金人遷汴乃舉家南渡河居汝之魯山磐年方冠從麻九疇學于郾城客居貧甚日作糜一器畫爲朝暮食年二十六擢至大四年經義進士第授歸德府錄事判官不赴自是大肆力於經史百氏文辭宏放浩無涯涘及河南被兵磐避難轉入淮襄間宋荊湖制置司素知名辟爲議事官丙申襄陽兵變乃北歸至洛西會楊惟中被旨招集儒士得磐深禮遇之遂寓河內東平總管嚴實興學養士迎磐爲師受業者常數百人後多爲名士中統元年卽拜益都等路宣撫副使居頃之以疾免李璮素重磐以禮延致之磐亦樂青州風土乃買田濰

河之上題其居曰鹿菴有終焉之意及壇謀不軌磐覺之脫身至濟南得驛馬馳去入京師因侍臣以聞世祖卽日召見嘉其誠節撫勞甚厚壇據濟南大軍討之帝命磐參議行臺事壇平遂挈妻子至東平召拜翰林直學士同脩國史出爲真定順德等路宣慰使邢水縣達魯花赤忙兀斛貪暴不法縣民苦之有趙清者發其罪既具伏矣適初置監司其妻懼無以滅口召家人飲酒至醉以利啗之使夜殺清清逃獲免乃盡殺其父母妻子清訴諸官權要蔽忙兀斛不爲理又欲反其具獄磐竟奏置諸法籍其家貲以半給清郡有西域大賈稱貸取息有不時償者輒置獄于家拘繫榜掠其人且恃勢干官府直來坐廳事指麾自若磐大怒叱左右捽下箠之數十時府治寓城上卽擠諸城下幾死郡人稱快未幾蝗起真定朝廷遣使者督捕役夫四萬人以爲不足欲牒鄰道助之磐曰四萬人多矣何煩他郡使者怒責磐狀期三日盡捕蝗磐不爲動親率役夫走田閒設方法督捕之三日而蝗盡滅使者驚以爲神復入翰林爲學士入謁宰相首言方今害民之吏轉運司爲甚至稅人白骨宜罷去之以蘇民力由

是運司遂罷阿合馬諷大臣請合中書尚書兩省爲一拜右丞相安童爲三公陰欲奪其政柄有詔會議磐言合兩省爲一而以右丞相總之實便不然則宜仍舊三公既不預政事則不宜虛設其議遂沮遷太常少卿乞致仕不允時宮闕未建朝儀未立凡遇稱賀臣庶雜至帳殿前執法者患其諠擾不能禁磐上疏曰按舊制天子宮門不應入而入者謂之闌入闌入之罪由第一門至第三門輕重有差宜令宣徽院籍兩省而下百官姓名各依班序聽通事舍人傳呼贊引然後進其越次者殿中司糾察定罰不應入而入者準闌入罪庶朝廷之禮漸可整肅於是儀制始定曲阜孔子廟歷代給民百戶以供灑掃復其家至是尚書省以括戶之故盡收爲民磐言林廟戶百家歲賦鈔不過六百貫僅比一六品官終年俸耳聖朝疆宇萬里財賦歲億萬計豈愛一六品官俸不以待孔子哉且於府庫所益無多其損國體甚大時論韙之帝以天下獄囚滋多敕諸路自死罪以下縱遣歸家期秋八月悉來京師聽決囚如期至帝惻然憐之盡原其罪他日命詞臣作詔戒喻天下皆不稱旨意磐獨以縱囚之意命辭帝

喜曰此朕所欲言而不能者卿乃能爲朕言之嘉獎不已取酒賜之再乞致仕
不允國子祭酒許衡將告歸帝遣近臣問磐磐言衡素廉介意其所以求退者
得非生員數少坐糜廩祿有所不安耶宜增益生員使之施教則庶幾人才有
成衡之受祿亦可少安矣詔從之磐移疾家居帝遣使存問賜以名藥磐嘗於
會集議事之際數言前代用人二十從政七十致仕所以資其材力閔其衰老
養其廉恥之心也今入仕者不限年而老病者不能退彼既不自知恥朝廷亦
不以爲非甚不可也至是以疾請斷月俸毋給自秋及春堅乞致仕帝遣使慰
諭之曰卿年雖老非任劇務何以辭爲仍詔祿之終身併還所斷月俸磐不得
已復起時方伐宋凡帷幄謀議有所未決卽遣使問之磐所敷陳每稱上意帝
將用兵日本問以便宜磐言今方伐宋當用吾全力庶可一舉取之若復分立
東夷恐曠日持久功卒難成俟宋滅徐圖之未晚也江南既下磐上疏大略言
禁戢軍士選擇官吏賞功罰罪推廣恩信所以撫安新附銷弭寇盜其言要切
皆見施行朝議汰冗官權近私以按察司不便欲併省之磐奏疏曰各路州郡

去京師遥遠貪官汙吏侵害小民無所控告惟賴按察司爲之申理若指爲冗官一例罷去則小民冤死而無所訴矣若曰京師有御史臺糾察四方之事是大不然夫御史臺糾察朝廷百官京畿州縣尚有弗及況能周徧外路千百城之事乎若欲併入運司運司專以營利增課爲職與管民官常分彼此豈暇顧細民之冤抑哉由是按察司得不罷朝廷錄平宋功遷至宰相執政者二十餘人因議更定官制磐奏疏曰歷代制度有官品有爵號有職位官爵所以示榮寵職位所以委事權臣下有功有勞隨其大小酬以官爵有才有能稱其所堪處以職位此人君御下之術也臣以爲有功者宜加遷散官或賜五等爵號如漢唐封侯之制可也不宜任以職位日本之役師行有期磐入諫曰日本小夷海道險遠勝之則不武不勝則損威臣以爲勿伐便帝震怒謂非所宜言且曰此在吾國法言者不赦汝豈有他心而然耶磐對曰臣赤心爲國故敢以言苟有他心何爲從叛亂之地冒萬死而來歸乎今臣年已八十況無子嗣他心欲何爲耶明日帝遣侍臣以温言慰撫使無憂懼後閱內府珍玩有碧玉寶枕因

出賜之磐以年老累乞骸骨丞相和禮霍孫爲言詔允其請進資德大夫致仕
仍給半俸終身皇太子聞其去召入宮賜食慰問良久行之日公卿百官皆設
宴以餞明日皇太子賜宴聖安寺公卿百官出送麗澤門外縉紳以爲榮磐無
子命其壻著作郎李穉賓爲東平判官以便養每大臣燕見帝數問磐起居狀
始終眷顧不衰磐資性剛方閑居不妄言笑每奏對必以正不肯阿意承順帝
嘗以古直稱之雖權倖側目弗顧也阿合馬方得權致重幣求文于碑磐拒弗
與所薦宋衜雷膺魏初徐琰胡祇遹孟祺李謙後皆爲名臣年至九十二卒之
夕有大星隕正寢之東贈端貞雅亮佐佑功臣太傅開府儀同三司追封洛國
公謚文忠

王鶚

王鶚字百一曹州東明人曾祖成祖立父琛鶚始生有大鳥止於庭鄉先生張
大淵曰鶚也是兒其有大名乎因名之幼聰悟日誦千餘言長工詞賦金正大
元年中進士第一甲第一人出身授應奉翰林文字六年授歸德府判官行亳

州城父令七年改同知申州事行蔡州汝陽令丁母憂天興二年金主遷蔡詔
尙書省移書恆山公武仙進兵金主覽書問誰爲之右丞完顏仲德曰前翰林
應奉王鶚也曰朕卽位時狀元耶召見惜擢用之晚起復授尙書省右司都事
陞左右司郎中三年蔡陷將被殺萬戶張柔聞其名救之輦歸館于保州甲辰
冬世祖在藩邸訪求遺逸之士遣使聘鶚及至使者數輩迎勞召對進講孝經
書易及齊家治國之道古今事物之變每夜分乃罷世祖曰我雖未能卽行汝
言安知異日不能行之耶歲餘乞還賜以馬仍命近侍闊闊柴禎等五人從之
學繼命徙居大都賜宅一所嘗因見請曰天兵克蔡金主自縊其奉御絳山焚
葬汝水之傍禮爲舊君有服願往葬祭世祖義而許之至則爲河水所沒設具
牲酒爲位而哭庚申世祖卽位建元中統首授翰林學士承旨制誥典章皆所
裁定至元元年加資善大夫上奏自古帝王得失興廢可考者以有史在也我
國家以神武定四方天戈所臨無不臣服者皆出太祖皇帝廟謨雄斷所致若
不乘時紀錄竊恐久而遺亡宜置局纂就實錄附修遼金二史又言唐太宗始

定天下置弘文館學士十八人宋太宗承太祖開創之後設內外學士院史冊爛然號稱文治堂堂國朝豈無英才如唐宋者乎皆從之始立翰林學士院鶚遂薦李冶李昶王磐徐世隆高鳴爲學士復奏立十道提舉學校官有言事者謂宰執非其人詔儒臣廷議可任宰相者時阿合馬巧佞欲乘隙取相位大臣復助之衆知其非莫敢言鶚奮然擲筆曰吾以衰老之年無以報國卽欲舉任此人爲相吾不能插驢尾矣振袖而起奸計爲之中止五年乞致仕詔有司歲給廩祿終其身有大事則遣使就問之十年卒年八十四謚文康鶚性樂易爲文章不事雕飾嘗曰學者當以窮理爲先分章析句乃經生舉子之業非爲己之學也著論語集義一卷汝南遺事二卷詩文四十卷曰應物集無子以增周鐸子之綱承其祀之綱官至翰林侍講學士

高鳴

高鳴字雄飛真定人少以文學知名河東元裕上書薦之不報諸王旭烈兀將征西域聞其賢遣使者三輩召之鳴乃起爲王陳西征二十餘策王數稱善卽

薦爲彰德路總管世祖卽位賜誥命金符已而召爲翰林學士兼太常少卿至元五年立御史臺以鳴爲侍御史風紀條章多其裁定尋立四道按察司選任名士鳴所薦居多時論咸稱其知人天下初定中書樞密事多壅滯言者請置督事官各二人鳴曰官得人自無滯政臣職在奉憲願舉察之毋爲員外置人也七年議正三省鳴上封事曰臣聞三省設自近古其法由中書出政移門下議不合則有駁正或封還詔書議合則還移中書中書移尙書尙書乃下六部郡國方今天下大於古而事益繁取決一省猶曰有壅況三省乎且多置官者求免失政也但使賢俊萃于一堂連署參決自免失政豈必別官異坐而後無失政乎故曰政貴得人不貴多官不如一省便世祖深然之議遂罷川陝盜起省臣患之請專戮其尤者以止盜朝議將從之鳴諫曰制令天下上死囚必待論報所以重用刑惜民生也今從其請是開天下擅殺之路害仁政甚大世祖曰善令速止之鳴每以敢言被上知嘗入內值大風雪帝謂御史大夫塔察兒曰高學士年老後有大政就問可也賜太官酒肉慰勞之其見敬禮如此九年

還吏禮部尚書十一年病卒年六十六有文集五十卷

李冶

李冶字仁卿真定欒城人登金進士第調高陵簿未上辟知鈞州事歲壬辰城潰冶微服北渡流落忻崞間聚書環堵人所不堪冶處之裕如也世祖在潛邸聞其賢遣使召之且曰素聞仁卿學優才贍潛德不耀久欲一見其勿他辭既至問河南居官者孰賢對曰險夷一節惟完顏仲德又問完顏合答及蒲瓦何如對曰二人將略短少任之不疑此金所以亡也又問魏徵曹彬何如對曰徵忠言讜論知無不言以唐諍臣觀之徵爲第一彬伐江南未嘗妄殺一人擬之方叔召虎可也漢之韓彭衛霍在所不論又問今之臣有如魏徵者乎對曰今以側媚成風欲求魏徵之賢實難其人又問今之人材賢否對曰天下未嘗乏材求則得之舍則失之理勢然耳今儒生有如魏璠王鶚李獻卿蘭光庭趙復郝經王博文輩皆有用之材又皆賢王所嘗聘問者舉而用之何所不可但恐用之不盡耳然四海之廣豈止此數子哉王誠能旁求於外將見集於明廷矣

又問天下當何以治之對曰夫治天下難則難於登天易則易於反掌蓋有法度則治控名責實則治進君子退小人則治如是而治天下豈不易於反掌乎無法度則亂有名無實則亂進小人退君子則亂如是而治天下豈不難於登天乎且爲治之道不過立法度正紀綱而已紀綱者上下相維持法度者賞罰示懲勸今則大官小吏下至編氓皆自縱恣以私害公是無法度也有功者未必得賞有罪者未必被罰甚則有功者或反受辱有罪者或反獲寵是無法度也法度廢紀綱壞天下不變亂已爲幸矣又問昨地震何如對曰天裂爲陽不足地震爲陰有餘夫地道陰也陰太盛則變常今之地震或姦邪在側或女謁盛行或讒慝交至或刑罰失中或征伐驟舉五者必有一于此矣夫天之愛君如愛其子故示此以警之耳苟能辨姦邪去女謁屏讒慝省刑罰慎征討上當天心下協人意則可轉咎爲休矣世祖嘉納之冶晚家元氏買田封龍山下學徒益衆及世祖即位復聘之欲處以清要冶以老病懇求還山至元二年再以學士召就職期月復以老病辭去卒于家年八十八所著有敬齋文集四十卷

壁書藂削十二卷泛説四十卷古今難四十卷測圓鏡海十二卷益古衍疑三十卷

李昶

李昶字士都東平須城人父世弼從外家受孫明復春秋得其宗旨金貞祐初三赴廷試不第推恩授彭城簿志壹鬱不樂遂復求試一夕夢在李彥牓下及第閱計偕之士無之時昶年十六已能爲程文乃更其名曰彥興定二年父子廷試昶果以春秋中第二甲第二人世弼第三甲第三人父子褒貶各異時人以比向歆而世弼遂不復仕晚乃授東平教授以卒昶穎悟過人讀書如夙習無故不出戶外鄰里罕識其面初從父入科場儕輩少之譏議紛紜監試者遠其次舍伺察甚嚴昶肆筆數千言比午已脫藁釋褐授徵事郎孟州温縣丞至大改元超授儒林郎賜緋魚袋鄭州河陰簿三年召試尚書省掾再調漕運提舉國兵下河南奉親還鄉里行臺嚴實辟授都事改行軍萬戶府知事實卒子忠濟嗣陞昶爲經歷居數歲忠濟怠於政事貪佞抵隙而進昶言於忠濟曰比

年內外裘馬相尚飲宴無度庫藏空虛百姓匱乏若猶循習故常恐或生變惟閣下接納正士黜遠小人去浮華敦朴素損騎從省宴游雖不能救已然之失尚可以弭未然之禍時朝廷裁抑諸侯法制寖密忠濟縱侈自若昶以親老求解不許俄以父憂去官杜門教授一時名士若李謙馬紹吳衍輩皆出其門歲己未世祖伐宋次濮州聞昶名召見問治國用兵之要昶上疏論治國則以用賢立法賞罰君道務本清源爲對論用兵則以伐罪救民不嗜殺爲對世祖嘉納之明年世祖即位召至開平訪以國事昶知無不言眷遇益隆時徵需煩重行中書省科徵稅賦雖逋戶不貸昶移書時相其略曰百姓困於弊政久矣聖上龍飛首頒明詔天下之人如獲更生拭目傾耳以徯太平半年之間人漸失望良以渴仰之心太切興除之政未孚故也側聞欲據丁巳戶籍科徵租稅比之見戶或加多十六七止驗見戶應輸猶恐不逮復令包補逃故必致艱難苟不以撫字安集爲心惟事供億則諸人皆能之豈聖上擢賢更化之意哉於是省府爲蠲逋戶之賦中統二年春內難平昶上表賀因進諷諫曰患難所以存

儆戒禍亂將以開聖明伏願日新其德雖休勿休戰勝不矜功成不有和輯宗
親撫綏將士增脩庶政選用百官儉以足用寬以養民安不忘危治不忘亂恆
以北征宵旰之勤永爲南面逸豫之戒世祖稱善久之世祖嘗燕處望見䄒輒
斂容曰李秀才至矣其見敬禮如此會嚴忠濟罷以其弟忠範代之忠範表請
䄒師事之特授翰林侍講學士行東平路總管軍民同議官䄒條十二事剗除
宿弊至元元年遷轉之制行減併路府州縣官員於是謝事家居五年起爲吏
禮部尙書品格條式選舉禮文之事多所裁定凡議大政宰相延置上座傾聽
其說六年姦臣阿合馬議陞制國用使司爲尙書省䄒請老以歸七年詔授南
京路總管兼府尹不赴八年授山東東西道提刑按察使務持大體不事苛細
未幾致仕二十二年䄒年已八十三復遣使徵之以老疾辭賜田千畝二十六
年卒年八十有七䄒嘗集春秋諸家之說折中之曰春秋左氏遺意二十卷早
年讀語孟見先儒之失考訂成編及得朱氏張氏解往往脗合其書遂不復出
獨取孟子舊說新說矛盾者參考歸一附以己見爲孟子權衡遺說五卷

劉肅

劉肅字才卿威州洺水人金興定二年詞賦進士嘗爲尚書省令史時盜內藏官羅及珠盜不時得逮繫貨珠牙儈及藏吏誣服者十一人刑部議皆置極刑肅執之曰盜無正贓殺之冤金主怒有近侍夜見肅具道其旨肅曰辯折冤獄我職也惜一己而戕十一人之命可乎明日詣省辯愈力右司郎中張天綱曰吾爲汝具奏辯折之奏入金主悟囚得不死調新蔡令先時縣賦民以牛多寡爲差民匿不耕肅至命樹畜繁者不加賦民遂殷富瀕淮民有竄入宋境籍爲兵而優其糧間有歸者頗艱於衣食時出怨言曰不如渡淮告者以謀叛論肅曰淮限宋境一水耳果欲叛不難往也口雖言而心無實準律當杖八十奏可繼擢戶部主事金亡依東平嚴實辟行尚書省左司員外郎又改行軍萬戶府經歷東平歲賦絲銀復輸綿十萬兩色絹萬匹民不能堪肅贊實奏罷之庚子世祖居潛邸以肅爲邢州安撫使肅興鐵冶及行楮幣公私賴焉中統元年擢真定宣撫使時中統新鈔行罷鈔銀不用真定以銀鈔交通于外者凡八千餘

貫公私囂然莫知所措肅建三策一曰仍用舊鈔二曰新舊兼用三曰官以新鈔如數易舊鈔中書從其第三策遂降鈔五十萬貫二年授左三部尚書官曹典憲多所議定未幾兼商議中書省事三年致仕給半俸四年卒年七十六肅性舒緩有執守嘗集諸家易說曰讀易備忘後累贈推忠贊治功臣榮祿大夫上柱國大司徒邢國公諡文獻子憲禮部侍郎孫大名路總管孫賡翰林學士承旨

王思廉

王思廉字仲常真定獲鹿人幼師太原元好問既冠張德耀宣撫河東辟掌書記復謝歸至元十年董文忠薦之世祖問文忠曰汝何由知王思廉賢對曰鄉人之善者稱之也遂召見授符寶局掌書十三年姚樞舉爲昭文館待制遷奉訓大夫符寶局直長十四年改翰林待制嘗進讀通鑑至唐太宗有殺魏徵語及長孫皇后進諫事帝命內官引至皇后閣講衍其說后曰是誠有益於宸衷爾宜擇善言進講慎勿以瀆辭煩上聽也每侍讀帝命御史大夫玉速帖木兒

大師月赤察兒御史中丞撒里蠻翰林學士承旨撥立察等咸聽受焉帝嘗御延春閣大賚羣臣俾十人爲列以進思廉偶在衞士之列帝責董文忠曰思廉儒臣豈宜列衞士十八年進中順大夫典瑞少監十九年帝幸白海時千戶王著矯殺奸臣阿合馬於大都辭連樞密副使張易帝召思廉至行殿屛左右問曰張易反若知之乎對曰未詳也帝曰反已反已何未詳也思廉徐奏曰僭號改元謂之反亡入他國謂之叛羣聚山林賊害民物謂之亂張易之事臣實不能詳也帝曰朕自卽位以來如李璮之不臣豈以我若漢高帝趙太祖遽陟帝位者乎思廉曰陛下神聖天縱前代之君不足比也帝歎曰朕往者有問於竇默其應如響蓋心口不相違故不思而得朕今有問汝能然乎且張易所爲張仲謙知之否思廉卽對曰仲謙不知帝曰何以明之對曰二人不相安臣故知其不知也二十年陞太監思廉以儒素進帝眷注優渥嘗疾賜御藥顧問安否扈蹕失所乘馬給內廏馬五疋盜竊所賜玉帶更以玉帶賜之裕宗居東宮思廉進曰殿下府中宜建學官俾左右近侍嘗親正學必能裨輔明德裕宗然之

裕宗嘗欲買甲第賜思廉思廉固辭二十三年改嘉議大夫同知大都留守兼少府監事藩王乃顏叛帝親征思廉間謂留守段貞曰藩王反側地大故也漢鼂錯削地之策實爲良圖盍爲上言之貞見帝遂以聞帝曰汝何能出是言也貞以思廉對帝嘉之二十九年遷正議大夫樞密院判官大德元年成宗卽位遷中奉大夫翰林學士仍樞密院判官以病歸三年起爲工部尚書拜征東行省參知政事七年總管大名路八年召爲集賢學士十一年授正奉大夫太子賓客仁宗卽位以翰林學士承旨資善大夫致仕延祐七年卒年八十三贈翰林學士承旨資德大夫河南江北等處行中書省右丞上護軍追封恆山郡公謚文恭

李謙

李謙字受益鄆之東阿人祖元以醫著名父唐佐性恬退不喜仕進謙幼有成人風始就學日記數千言爲賦有聲與徐世隆孟祺閻復齊名而謙爲首爲東平府教授生徒四集累官萬戶府經歷復教授東平先時教授無俸郡斂儒戶

銀百兩備束脩謙辭曰家幸非甚貧者豈可聚貨以自殖乎翰林學士王磐以謙名聞召爲應奉翰林文字一時制誥多出其手至元十五年陞待制扈駕至上都賜以銀壺藤枕十八年陞直學士爲太子左諭德侍裕宗於東宮陳十事曰正心曰睦親曰崇儉曰幾諫曰戢兵曰親賢曰尚文曰定律曰正名曰革弊裕宗崩世祖又命傅成宗於潛邸所至以謙自隨轉侍讀學士世祖深加器重嘗賜坐便殿飲羣臣酒世祖曰聞卿不飲然能爲朕強飲乎因賜蒲萄酒一鍾曰此極醉人恐汝不勝即令三近侍扶掖使出二十六年以足疾辭歸三十一年成宗即位驛召至上都既見勞曰朕知卿有疾然京師去家不遠且多良醫能愈疾卿當與課國政餘不以勞卿也陞學士元貞初引疾還家大德六年召爲翰林承旨以年七十一乞致仕九年又召至大元年給半俸仁宗爲皇太子徵爲太子少傅謙皆力辭仁宗即位召十六人謙居其首乃力疾見帝于行在疏言九事其略曰正心術以正百官崇孝治以先天下選賢能以居輔相之位廣視聽以通上下之情恤貧乏以重邦家之本課農桑以豐衣食之源興學校

以廣人材之路頒律令使民不犯練士卒居安慮危至於振肅紀綱糾察內外臺憲之官尤當選素著清望深明治體不事苛細者爲之帝嘉納焉選集賢大學士榮祿大夫致仕加賜銀一百五十兩金織幣及帛各三匹歸卒于家年七十九謙文章醇厚有古風不尚浮巧學者宗之號野齋先生子侶官至大名路總管

徐世隆

徐世隆字威卿陳州西華人弱冠登金正大四年進士第辟爲縣令其父戒世隆曰汝年少學未至毋急仕進更當讀書多識往事以益智識俟三十入宮未晚也世隆遂辭官益篤于學歲壬辰父歿癸巳世隆奉母北渡河嚴實招致東平幕府俾掌書記世隆勸實收養寒素一時名士多歸之憲宗即位以爲拘權燕京路課稅官世隆固辭壬子世祖在潛邸召見于日月山時方圖征雲南以問世隆對曰孟子有言不嗜殺人者能一之夫君人者不嗜殺人天下可定況蕞爾之西南夷乎世祖曰誠如卿言吾事濟矣實時得金太常登歌樂世祖遣

使取之觀世隆典領以行既見世祖欲留之世隆以母老辭實子忠濟以世隆爲東平行臺經歷於是益贊忠濟興學養士中統元年擢燕京等路宣撫使世隆以新民善俗爲務中書省檄諸路養禁衞之羸馬數以萬計芻秣與其什器前期戒備世隆曰國馬牧於北方往年無飼於南者上新臨天下京畿根本地煩擾之事必不爲之馬將不來吏白此軍需也其責勿輕世隆曰責當我坐遂弗爲備馬果不至清滄鹽課前政虧不及額世綜覈之得增羨若干賜銀三十鋌二年移治順天歲饑世隆發廩貸之全活甚衆三年宣撫司罷世隆還東平請增宮縣大樂文武二舞令舊工教習以備大祀制可除世隆太常卿以掌之兼提舉本路學校事四年世祖問堯舜禹湯爲君之道世隆取書所載帝王事以對帝喜曰汝爲朕直解進讀我將聽之書成帝命翰林承旨安藏譯寫以進至元元年遷翰林侍講學士兼太常卿朝廷大政諮訪而後行詔命典冊多出其手世隆奏陛下帝中國當行中國事事之大者首惟祭祀祭必有廟因以圖上乞勑有司以時興建從之踰年而廟成遂迎祖宗神御奉安太室而大饗

禮成帝悅賞賜優渥俄兼戸部侍郎承詔議立三省遂定內外官制上之時朝儀未立世隆奏曰今四海一家萬國會同朝廷之禮不可不肅宜定百官朝會儀從之七年遷吏部尚書世隆以銓選無可守之法爲撰選曹八議九年乞補外佩虎符爲東昌路總管至郡專務以德率下不事鞭箠吏不忍欺民亦化服期年而政成郡人頌之十四年起爲山東提刑按察使時有妖言獄所司逮捕凡數百人世隆剖析詿誤者十八九悉縱遣之十五年移淮東宋將許瓊家童告瓊匿官庫財有司繫其妻孥徵之世隆曰瓊所匿者故宋之物豈得與今盜官財者同論耶同僚不從世隆獨抗章辯明行臺是之釋不問會征日本世隆上疏諫止語頗剴切當路者不卽以聞已而帝意悟其事亦寢十七年召爲翰林學士又召爲集賢學士皆以疾辭世隆儀觀魁昂量度宏博慈祥樂易人忤之無愠色喜賓客樂施與明習前代典故尤精律令善決疑獄二十二年安童再入相奏世隆雖老尚可用遣使召之仍以老病辭附奏便宜九事賜田十頃時年八十卒所著有瀛洲集百卷文集若干卷

孟祺

孟祺字德卿宿州符離人世以財雄鄉里父仁業儒有節行壬辰北渡寓濟州兼臺州帥石天祿禮之辟兼詳議府事祺幼敏悟善騎射早知問學侍父徙居東平時嚴實脩學校招生徒立考試法祺就試登上選辟掌書記廉希憲宋子貞皆器遇之以聞于朝擢國史院編脩官遷從仕郎應奉翰林文字兼太常博士一時典冊多出其手至元七年持節使高麗還稱旨授承事郎山東東西道勸農副使十二年丞相伯顏將兵伐宋詔選宿望博學可贊畫大計者與俱行遂授祺承直郎行省諮議久之遷郎中伯顏雅信任之時軍書填塞祺酬應剖決略無凝滯師駐建康伯顏以兵事詣闕政無大小祺與執政並裁決之及戰焦山宋軍下流祺曰不若乘勢速進以奪彼氣如其言遂大破之伯顏聞之喜曰不意書生乃知兵若是諸將利虜掠爭趨臨安伯顏問計祺對曰宋人之計惟有竄閩爾若以兵迫之彼必速逃一旦盜起臨安三百年之積焚蕩無遺矣莫若以計安之令彼不懼正如取果稍待時日耳伯顏曰汝言正合吾意乃草

書遣人至臨安以安慰之宋乃不復議遷閩先是宋降表稱姪稱皇帝屢拒不納祺自請爲使徵降表至則會宋相于三省夜三鼓議未決祺正色曰國勢至此夫復何待遂定議書成宋謝太后內批用寶攜之以出復起謝太后於內殿取國璽十二枚出伯顏將親封之祺止之曰管鑰自有主者非所宜親一有不謹恐異時姦人妄相染汙終不可明遂止江南平伯顏奏祺前後功多且言祺可任重有旨褒陞授少中大夫嘉興路總管佩虎符祺至首以興學爲務創立規制在官未久竟以疾解官歸東平至元十八年擢太中大夫淛東海右道提刑按察使疾不赴卒年五十一贈宣忠安遠功臣中奉大夫參知政事護軍魯郡公諡文襄子二人遵適

閻復

閻復字子靖其先平陽和州人祖衍仕金歿王事父忠避兵山東之高唐遂家焉復始生有奇光照室性簡重美丰儀七歲讀書穎悟絕人弱冠入東平學師事名儒康曄時嚴實領東平行臺招諸生肄進士業迎元好問校試其文預選

者四人復爲首徐琰李謙孟祺次之歲己未始掌書記於行臺擢御史掾至元八年用玉磐薦爲翰林應奉以才選充會同館副使兼接伴使扈駕上京賦應制詩二篇寓規諷意世祖顧和禮霍孫曰有才如此何可不用十二年陞翰林修撰十四年出僉河北河南道提刑按察司事階奉訓大夫十六年入爲翰林直學士以州郡校官多不職建議定銓選之法十九年陞侍講學士明年改集賢侍講學士同領會同館事二十三年陞翰林學士帝屢召至榻前面諭詔旨具草以進帝稱善二十八年尙書省罷復立中書省帝勵精圖治急於擇相一日召入便殿諭之曰朕欲命卿執政何如復屢謝不足勝任帝謂侍臣曰書生識義理存謙讓是也勿強御史臺改提刑按察司爲肅政廉訪司首命復爲浙西道肅政廉訪使先是姦臣桑哥當國嘗有旨命翰林撰桑哥輔政碑桑哥既敗詔有司踣其碑復等亦坐是免官三十一年成宗卽位以舊臣召入朝賜重錦玉環白金除集賢學士階正議大夫元貞元年上疏言京師宜首建宣聖廟學定用釋奠雅樂從之又言曲阜守塚戶昨有司併入民籍宜復之其後詔賜

孔林灑掃二十八戶祀田五千畝皆復之請也三年因星變又上疏言定律令頒封贈增俸給通調內外官且曰古者刑不上大夫今郡守以徵租受杖非所以厲廉隅江南公田租重宜減以貸貧民後多采用大德元年仍遷翰林學士二年詔賜楮幣萬貫四年帝召至榻前密諭之曰中書庶務繁重左相難其人卿爲朕舉所知復以哈剌哈孫對帝大喜卽遣使召入相之復亦拜翰林學士承旨階正奉大夫十一年春武宗踐祚復首陳三事曰惜名器明賞罰擇人材言皆剴切未幾進階榮祿大夫遙授平章政事餘如故復力辭不許上疏乞骸骨詔從其請給半俸終養時仁宗居東宮賜以重錦俾公卿祖道都門外及卽位遣使召復復以病辭皇慶元年三月卒年七十七諡文康有靖軒集五十卷

元史卷一百六十

元史卷一百六十一

明翰林學士亞中大夫知制誥兼修國史宋　濂等修

列傳第四十八

楊大淵文安附

楊大淵天水人也與兄大全弟大楫皆仕宋大淵總兵守閬州歲戊午憲宗兵至閬州之大獲城遣宋降臣王仲入招大淵大淵殺之憲宗怒督諸軍力攻大淵懼遂以城降憲宗命誅之汪田哥諫止乃免命以其兵從招降蓬廣安諸郡進攻釣魚山擢大楫爲管軍總管從諸王攻禮義城己未冬拜大淵侍郎都行省悉以閫外之寄委之世祖中統元年詔諭大淵曰尚厲忠貞之節共成康乂之功大淵拜命踴躍卽遣兵進攻禮義城掠其饋運獲總管黃文才路鈐高坦之以歸二年秋調兵出通川與宋將鮮恭戰獲統制白繼源秦蜀行省以大淵及青居山征南都元帥欽察麾下將校六十三人有功言于朝詔給虎符一金符五銀符五十七令論功定官以名聞三年春世祖命出開達與宋兵戰于平

田復戰于巴渠擒其知軍范燮統制魏興路分黃迪節幹陳子潤等先是大淵建言謂取吳必先取蜀取蜀必先據夔乃遣其姪文安攻宋巴渠至萬安寨守將盧埴降復使文安相夔達要衝城蟠龍山山四面巖阻可以進攻退守城未畢宋夔路提刑鄭子發曰蟠龍夔之咽喉使敵得處之則夔難守矣此必爭之地也遂率兵來爭文安悉力備禦大淵聞有宋兵即遣姪安撫使文仲將兵往援宋兵宵遁追敗之秋七月詔以大淵麾下將士有功賜金符十銀符十九別給海青符二俾事亟則馳以聞其後賞合州之功復賜白金五十兩大淵欲於利州大安軍以鹽易軍糧請于朝從之冬大淵入覲拜東川都元帥俾與征南都元帥欽察同署事大淵還復於渠江濱築虎嘯城以逼宋大良城不踰時而就四年宋賈似道遣楊琳賫空名告身及蠟書金幣誘大淵南歸文安擒之以聞詔誅琳五月世祖以大淵及張大悅復神山功詔獎諭仍賜蒙古漢軍鈔百錠至元元年大淵進花羅紅邊絹各百五十段詔曰所貢幣帛已見忠勤卿守邊陲宜加優恤今後以此自給俟有旨乃進既而大淵擅殺其部將王仲詔戒

勑之令免籍仲家冬十月大淵諜知宋總統祁昌由間道運糧入得漢城幷欲遷其郡守向良及官吏親屬於內地乃自率軍掩襲遇之于椒坪連戰三日擒祁昌向良等俘獲輜重以數千計明日宋都統張思廣引兵來援復大破之擒其將感總管及祁昌之弟二年大淵遣文安以向良等家人往招得漢城未下四月大淵以疾卒八年追封大淵閬中郡公諡肅翼子文粲襲爲閬蓬廣安順慶夔府等路都元帥兄子文安

文安字泰叔父大全仕宋守敘州壬寅國兵入蜀大全戰死贈武節大夫眉州防禦使諡愍忠官其長子文仲文安方二歲母劉氏鞠之依叔父大淵于閬州戊午憲宗以兵攻大獲大淵以郡降授侍郎都行省文仲亦授安撫使中統元年授文安監軍攻禮義城殺傷甚衆奪其粮船繞出通川獲宋將黃文才高坦之二年復出通川與宋將鮮恭大戰擒統制白繼源三年出開達戰屢勝擒知軍范燮統制魏興黃迪陳予潤等授文安開達忠萬梁山等處招討使軍於巴渠萬安寨主盧埴降遂築蟠龍城以據夔達要路宋兵來爭相持半月文仲以

兵來援宋兵宵遁文安追擊大敗之四年佩銀符陞千戶監軍如故進築虎嘯城以困大艮至元元年宋都統張喜引兵攻蟠龍大戰敗之喜潛師宵遁出得漢城文安遣兵追襲又敗之擒裨將陳亮復築方斗城爲蟠龍聲援令裨將高先守之宋兵攻潼川行省命文安赴援敗宋師于射洪之納垻斬獲甚衆宋都統祈昌以重兵運糧餉得漢且遷其官屬於內地大淵命文安先邀之昌立柵椒原以守合兵攻之連戰三日獲祁昌俘得漢守臣向艮家屬以招艮艮以城降以所俘獻闕下二年改授金符仍前職還攻宋開達等州擒其統制張剛總管伏林八月宋兵由開州運糧餉達文安率奇兵間道邀擊之獲總管方富等行省上其功命充夔東路征行元帥令以前後所俘入見詔賜黃金鞍馬有差還攻奪宋金州斷虎隘殺其將梁富擒路鈐趙貴等三年春與千戶李吉等略開州之大通與宋將硬弓張大戰獲統制陳德等冬總帥汪惟正遣其將李木波等由間道襲開州文安遣千戶王福引兵助之福先登破其城宋將龐彥海投崖死擒副將劉安仁留兵戍其地宋諸路兵來救圍城三匝築壘城外文安

密遣人入城諭以堅守四年春行省命文安往援卽率兵斷其糧道宋兵戰甚力飛矢中文安面拔矢力戰大破之殺其將張德等二月文安以創甚還蟠龍宋兵遂復開州文安乃遣總把馬才楊彪掠達州盧灘峽與宋兵遇擒其將蒲德五年文仲卒詔文安就佩金虎符充閬州夔東路安撫使軍民元帥仍相副都元帥府事閬州累遭兵變戶口凋耗文安乃教以耕桑鰥寡不能自存願相配偶者併爲一戶充役民始復業冬遣千戶馬才張琪略達州擒宋將苑伸王德解明等六年遣蔡邦光李吉懃丞與略達州之朱師鄭市擒總管周德新裨將王還秋遣總把王顯略達州之泥埧擒總管張威冬遣兵掠大寧之曲水擒副將王仁七年從嚴僉省攻重慶大戰于龍坎敗宋兵攻鏵鐵寨擒其將袁宜何世賢等捷聞詔賜白金寶鈔幣帛有差秋攻達州之聖耳城擒宋將楊普時仲芟其禾而還又遣元帥蔡邦光略開州擒宋將陳俊冬文粲入見帝諭之曰汝兄弟宣力邊陲朕所知也進文安階爲明威將軍八年春遣蔡邦光攻達州戰于聖耳城下擒其將蒲桂又戰開州之沙平擒其將王順時宋以朱禩孫帥

蜀裨孫闓人也數遣間諜動搖人心文安屢獲其諜閬州竟無虞秋八月文安會東川統軍匣剌攻達州三戰三捷尋遣千戶昝永與攻開州戰于平燉曲水擒總管王道等軍還以所俘入見帝深加獎諭擢招勇大將軍東川路征南招討使賜金銀寶鈔鞍馬弓矢幣帛有差九年秋領軍出小寧措置屯田遣韓福攻達州九軍山擒宋將張俊遣元帥蔡邦兒會蓬州兵邀宋師于永睦戰勝之復遣昝永與楊彪追襲宋裨將劉威等破聖耳外城獲寨主楊桂縱兵焚掠而還九月築金湯城以積屯田之糧且以逼宋龍爪城慮宋兵必來爭遣韓福出兵通川以牽制之與宋兵遇于銼耳山敗之俘總管蔡雲龍等出達州牛門斷宋兵回路擒總管李佺李德宋兵輸糧達州遣兵于盧灘峽邀擊之擒統制孫聰張順等夏遣元帥李吉略開州戰于瀉油坡擒其提舉李貴及石筍寨主雍德宋兵復由羅頂山輸糧開達遣蔡邦光李吉伏兵遮之擒裨將吳金等覆其糧船閏十月蓬州兵攻拔龍爪城東川統軍司命文安兼領之時蓬州兵已去宋都統趙章復來據之且出兵迎敵文安與戰破之擒總管王元而還秋宋都

統閤國寶監軍張應庚運糧于達州文安邀之于瀉油坡奪其糧并擒二將宋開州守將鮮汝忠邀遮歸路與戰敗之獲總轄秦與祖譚友孫十一年春三月文安率軍屯小寧得俘者言鮮汝忠等將取蟠龍之麥卽遣千戶王新德楊彪等散掠宋境文安自戍蟠龍以備之李吉略由山戰于城下擒其將葉勝遣蔡邦光楊彪掠竹山寨與趙統制戰擒其將鄭桂莊俊秋與蒙古漢軍萬戶怯必烈等攻宋夔東拔高陽夔巫等寨擒守將嚴貴竇世忠趙與因跨江爲橋以斷宋兵往來之路宋兵來爭戰却之還攻牛頭城以火箭焚其官舍民居十一月遣蔡邦光略九君山擒其將孫德柳榮趙威時宋以鮮汝忠趙章易鎭開達二州而汝忠家屬尙留開文安曰達未易攻若先拔開州俘其家屬以招汝忠則達可不煩兵而下矣乃遣蔡邦光率千戶呼延順等往攻開州而威兵駐蟠龍以爲聲援十二年正月諸軍夜銜枚薄開州城下遣死士先登斬關以入及城中人知則千戶景疇已立旗幟于城之絕頂矣宋軍潰散擒趙章而守將韓明父子猶率所部兵巷戰力屈亦就擒文安還汝忠家屬于蟠龍遣元帥王師能

持檄往達州招之曰降則家屬得全不降則闔城塗炭汝宜早爲計汝忠遂遣
趙榮來約降王師能以兵入據其城汝忠率所部將士詣文安軍門降悉還其
妻孥財物趙章子桂楫守師姑城遣兵招之亦降獨洋州龍爪城守將謝益固
守併力攻之擒統制王慶益棄城走於是遣元帥李吉雄丞與千戸王新德等
將兵以鮮汝忠往招由山等處八城皆望風迎降凱還遣經歷陳德勝以鮮汝
忠趙桂楫等十餘人獻捷京師帝悅加授文安驃騎衛上將軍兼宣撫使賜鈔
一千錠文粲加授鎮國上將軍文安尋遣其兄子應之往招都勝茂竹廣福三
城自將大軍以爲聲援皆降之秋七月兵至樂勝城宋將蒲濟川降進攻梁山
宋將袁世安堅守文安焚其外城梁山軍恃忠勝軍爲固力攻拔之殺守將王
智擒部轄景福圍梁山四十日世安隨方備禦竟不降文安乃移兵攻萬州之
牛頭城殺守將何威遷其民進圍萬州守將上官夔戰守甚力文安乃遣監軍
楊應之鎭撫彭福壽會東川行院兵出小江口以牽制援兵果與之遇戰敗之
擒總管李臯花茂實等萬州固守不下文安乃解圍去攻石城堡諭降守將譚

汝和攻雞冠城諭降守將杜賦又招石馬鐵平小城三聖由木牟家下隘等城冬進白帝城夔帥張起巖堅守不出文安以師老乃還宋都統弋德復據開州文安乃築城神仙山以逼之令元帥蔡邦光萬戶紀天英屯守十三年進階金吾衛上將軍賜玉帶一夏朝廷遣安西王相李德輝經畫東川課程宋梁山守將袁世安遣使約降文安以白德輝德輝大喜卽遣文安將兵奉王旨往招之世安遂降秋七月進軍攻萬州遣經歷徐政諭守臣上官夔降夔不從圍之數匝踰月攻拔外城夔守張起巖來救遣鎮撫彭福壽迎擊破之盡殺其舟師俘其將宋明萬州奪氣文安復傳王旨諭夔使降夔終不屈文安盡入攻城潛遣勇士梯城宵登斬關而入夔巷戰而死萬州旣定遣使招鐵檠三寶兩城守將楊宜黎拱辰降分兵略施州擒統制薛忠會大雪遣蔡邦光夜攻殺守帥何艮奪其城十四年夏進兵攻咸淳府時宋以六郡鎮撫使馬塈爲守文安與塈同里閈諭之使降塈不從乃列柵攻城冬十一月潛遣勇士躡雲梯宵登斬關納外兵塈悉力巷戰達州安撫使鮮汝忠與宋兵力戰死比曉宋兵大敗塈力屈

就擒十五年進兵攻紹慶守將鮮龍迎敵二月潛遣勇士夜以梯衝攻破其北門鮮龍大驚收散卒力戰兵敗就擒蜀境已定獨夔堅守不下朝廷命荆湖都元帥達海由巫峽進兵取夔州而西川劉僉院挾夔守將親屬往招之文安乃遣元帥王師能將舟師與俱張起巖竟以城降夏入覲文安以所得城邑繪圖以獻帝勞之曰汝攻城略地之功何若是多也擢四川南道宣慰使解白貂裘以賜之十七年遣辯士王介諭降散毛諸洞蠻以散毛兩字入覲因進言曰元帥蔡邦光昔征散毛蠻而死可念也帝曰散毛既降而殺之其何以懷遠乃擢蔡邦光之子陞爲管軍總管佩虎符賜散毛兩子金銀符各一并賜其酋長以金虎符遙授文安參知政事行四川南道宣慰使十九年春入覲擢龍虎衛上將軍中書左丞行江西省事到官踰月以疾卒子艮之襲佩虎符昭勇大將軍管軍萬戶歷湖南宣慰副使岳州路總管卒

劉整

劉整字武仲先世京兆樊川人徙鄧州穰城整沉毅有智謀善騎射金亂入宋

隸荆湖制置使孟珙麾下珙攻金信陽整爲前鋒夜縱驍勇十二人渡塹登城襲擒其守還報珙大驚以爲唐李存孝率十八騎拔洛陽今整所將更寡而取信陽乃書其旌曰賽存孝累遷潼川十五軍州安撫使知瀘州軍州事整以北方人扞西邊有功南方諸將皆出其下呂文德忌之所畫策輒擯沮有功輒掩而不白以俞興與整有隙使之制置四川以圖整興以軍事召整不行遂誣搆之整遣使訴臨安又不得達及向士壁曹世雄二將見殺整益危不自保乃謀款附中統二年夏整籍瀘州十五郡戶三十萬入附世祖嘉其來授夔府行省兼安撫使賜金虎符仍賜金銀符以給其將校之有功者俞興攻瀘州整出寶器分士卒激使戰戰數十合敗之復遣使以宋所賜金字牙符及佩印入獻請益屯兵厚儲積爲圖宋計三年入朝授行中書省於成都潼川兩路賜銀萬兩分給軍士之失業者仍兼都元帥立寨諸山以扼宋兵同列嫉整功將謀陷之整懼請分帥潼川七月改潼川都元帥宣課茶鹽以餉軍四年五月宋安撫高達溫和進逼成都整馳援之宋兵聞賽存孝至遁去將擣潼川又與整遇于錦

江而敗至元三年六月遷昭武大將軍南京路宣撫使四年十一月入朝進言宋主弱臣悖立國一隅今天啓混一之機臣願効犬馬勞先攻襄陽撤其扞蔽廷議沮之整又曰自古帝王非四海一家不爲正統聖朝有天下十七八何置一隅不問而自棄正統邪世祖曰朕意決矣五年七月遷鎮國上將軍都元帥九月偕都元帥阿朮督諸軍圍襄陽城鹿門堡及白河口爲攻取計率兵五萬鈔略沿江諸郡皆嬰城避其鋭俘人民八萬六年六月擒都統唐永堅七年三月築實心臺于漢水中流上置弩砲下爲石囤五以扼敵船且與阿朮計曰我精兵突騎所當者破惟水戰不如宋耳奪彼所長造戰艦習水軍則事濟矣乘驛以聞制可既還造船五千艘日練水軍雖雨不能出亦畫地爲船而習之得練卒七萬八月復築外圍以遏敵援八年五月宋帥范文虎遣都統張順張貴駕輪船饋襄陽衣甲邀擊斬順獨貴得入城九月陞參知河南行中書省事九年三月加諸翼漢軍都元帥襄陽帥呂文煥登城觀敵整躍馬前曰君昧於天命害及生靈豈仁者之事而又齷齪不能戰取羞於勇者請與君決勝負文煥

不答伏弩中整三月破樊城外郭斬首二千級擒裨將十六人諜知文煥將遣張貴出城來援乃分部戰艦縛草如牛狀傍漢水綿亘參錯衆莫測所用九月貴果夜出乘輪船順流下走軍士覘知之傍岸爇草牛如晝整與阿朮麾戰艦轉戰五十里擒貴于櫃門關餘衆盡殺之十一月詔統水軍四萬戶宋荊湖制置李廷芝以金印牙符授整漢軍都元帥盧龍軍節度使封燕郡王爲書使永寧僧持送整所期以間整永寧令得之驛以聞于朝敕張易姚樞雜問適整至自軍言宋怒臣畫策攻襄陽故設此以殺臣臣實不知詔令整復書謂整受命以來惟知督厲戎兵舉垂亡孤城耳宋若果以生靈爲念當重遣信使請命朝廷顧爲此小數何益於事時圍襄陽已五年整計樊襄脣齒也宜先攻樊城樊城人以柵蔽城斬木列置江中貫以鐵索整言於丞相伯顏令善水者斷木沉索督戰艦趨城下以回回砲擊之而焚其柵十年正月遂破樊城屠之遣唐永堅入襄陽諭呂文煥乃以城降上功賜整田宅金幣良馬整入朝奏曰襄陽破則臨安搖矣若將所練水軍乘勝長驅長江必皆非宋所有遂改行淮西樞密

院事駐正陽來淮而城南逼江斷其東西衝十一年陞驃騎衞上將軍行中書
左丞宋夏貴悉水軍來攻破之于大人洲十二年正月詔整別將兵出淮南整
銳欲渡江首將止之不果行丞相伯顏入鄂捷至整失聲曰首帥止我顧使我
成功後人善作者不必善成果然其夕憤惋而卒年六十三贈龍虎衞上將軍
中書右丞謚武敏子垣嘗從父戰敗昝萬壽于通泉壍管軍萬戶均榷茶提舉
琰都元帥孫九人克仁知房州

元史卷一百六十一

元史卷一百六十二

明翰林學士亞中大夫知制誥兼修國史宋　濂等修

列傳第四十九

李忽蘭吉

李忽蘭吉一名庭玉隴西人父節仕金歲乙未自鞏昌石門山從汪世顯以城降忽蘭吉隸皇子闊端爲質子從征西川辛丑以功爲管軍總領兼總帥府知事從征西番南澗有功癸丑世祖在潛邸用汪德臣言承制命忽蘭吉佩銀符爲管軍千戶都總領佐汪惟正立利州乙卯正月將兵三萬取合江大獲山宋劉都統率衆謀焚利州沙市次青山忽蘭吉以伏兵取之俘獲甚衆都元帥阿答忽以聞陞本帥府經歷兼軍民都彈壓丙辰憲宗更賜金符仍命爲千戶都總領戊午忽蘭吉以兵先趨劍門覘伺宋兵運糧於長寧追至運曲埧奪之俘將校五人而還憲宗南征忽蘭吉掌橋道饋餉之事有功賜璽書從攻苦竹隘山寨先登斬守將楊立獲都統張寔招降長寧清居大獲山運山龍州等寨十

一月大獲山守臣楊大淵納款已而逃歸憲宗怒將屠其城衆不知所爲德臣諭忽蘭吉曰大淵之去事頗難測亟追之迺單騎至城下門未閉大呼入城曰皇帝使我來撫汝軍民一卒引入甲士環立忽蘭吉下馬執大淵手謂之曰上方宣諭賜賞不待而來何也大淵曰誠不知國朝禮體且久出恐城寨有他變是以亟歸非敢有異謀也遂與偕來一軍皆喜忽蘭吉入奏憲宗曰楊安撫反乎對曰無也憲宗曰汝何以知之對曰軍馬整肅防內亂也城門不閉無他心也一聞臣言卽撫綏軍民從臣以出以是知之憲宗曰汝不懼乎對曰臣恐上勞聖慮下苦諸軍又爲一郡生靈命脈所寄故不知其懼憲宗悅賜蒲萄酒大淵遂以故官侍郎都元帥聽命而民得生全憲宗命忽蘭吉與怯里馬哥領戰船二百艘掠釣魚山奪其糧船四百艘憲宗攻釣魚山忽蘭吉作浮梁以通往來己未與怯里馬哥扎胡打會都赤闊闊朮領蒙古漢軍二千五百略重慶六月總帥汪德臣沒于軍命忽蘭吉以其軍殿後宋兵水陸晝夜接戰皆敗之部軍皆青居人賞賚獨厚遂與蒲察都元帥守青居治城壁儲芻糧招納降附宗

王穆哥承制命忽蘭吉佩金符爲鞏昌元帥中統元年德臣子惟正襲總帥至青居五月忽蘭吉等赴上都時渾都海據六盤山以叛世祖遣忽蘭吉亟還與汪良臣發所統二十四州兵追襲之十月從宗王哈必赤等攻合納忽石温之地力戰殺渾都海等於陣餘黨悉平二年六月以功授鞏昌後元帥賜金幣鞍馬弓矢九月火都叛於西蕃點西嶺汪惟正帥師襲之至怯里馬之地火都以五百人遁入西蕃詔宗王只必鐵木兒以答剌海察吉里速木赤將蒙古軍二千忽蘭吉將總帥軍一千追襲火都于西蕃十月擒之四年首將答剌海言忽蘭吉功高詔賜虎符忽蘭吉不受問其故對曰臣聞國制將萬軍者佩虎符若汪氏將萬軍已佩之臣何可復佩帝是其言命於總帥汪惟正下充鞏昌路元帥所屬官悉聽節制六月答機叛於西蕃帝命好里燕納與惟正追之松州忽蘭吉以千騎先往執答機至元元年入覲命與同僉總帥汪良臣還蜀守青居是時國兵猶與宋兵相持于釣魚山三年宋兵陷大梁平山寨平章賽典赤令忽蘭吉領兵千餘騎掠其境先與七百人覘之聞寨中擁老幼西去追擊之斬

首三百級得馬二百八十都元帥欽察等家屬百餘口先爲宋兵所得亦奪還之四年以本職充閬蓬廣安順慶夔府等處蒙古漢軍都元帥參議六年賜虎符授昭勇大將軍夔東路招討使以軍三千立章廣平山寨置屯田出兵以絶大梁平山兩道十年正月成都失利帝遣人問所以失之之故及今措置之方忽蘭吉附奏曰初立成都惟建子城軍民止於外城別無城壁宋軍乘虛來攻失於不備軍官皆年少不經事之人以此失利西川地曠人稀宜修置城寨以備不虞選任材智廣畜軍儲最爲急務今蒙古漢軍多非正身半以驅奴代宜嚴禁之所謂修築城寨練習軍馬措畫屯田規運糧餉創造舟楫完繕軍器六者不可缺一又當任賢遠讒信賞必罰內治外修戰勝攻取選用良將隨機應變則邊陲無虞矣六月將兵赴成都與察不花同權省事十一月復還守章廣平山寨前後七年每戰輒勝十三年引兵略重慶復取簡州十四年承制授延安路管軍招討使十五年禿魯叛于六盤山忽蘭吉以延安路軍會別速台趙炳及總帥府兵于六盤敗禿魯于武川俘其孥還承制授京兆延安鳳翔三路

管軍都尉兼屯田守衞事十月改同知利州宣撫使夔東招討如故入覲賜虎符授四川北道宣慰使忽蘭吉請以先受鞏昌元帥之職及虎符與其弟庭望二十年改四川南道宣慰使二十二年奉旨與參政曲里吉思僉省巴八左丞汪惟正分兵進取五溪洞蠻時思播以南施黔鼎澧辰沅之界蠻獠叛服不常往往劫掠邊民乃詔四川行省討之曲里吉思惟正一軍出黔中巴八一軍出思播都元帥脫察一軍出澧州忽蘭吉一軍自夔門會合十一月諸將鑿山開道綿亘千里諸蠻設伏險隘木弩竹矢伺間竊發亡命迎敵者皆盡殺之遣諭諸蠻酋長率衆來降獨散毛洞潭順走避嵒谷力屈始降二十三年入覲以老病乞歸田里帝憫之得還鞏昌二十六年行省列奏忽蘭吉之功請用范殿帥故事商議本省軍事二十七年拜資善大夫遙授陝西等處行尚書省左丞商議軍事食左丞之祿元貞二年入覲授資德大夫陝西等處行中書省右丞議本省公事卒泰定元年謚襄敏

李庭

李庭小字勞山本金人蒲察氏金末來中原改稱李氏家於濟陰後徙壽光至元六年以材武選隸軍籍權管軍千戶從伐宋圍襄陽宋將夏貴率戰船三千艘來援泊鹿門山西岸諸翼水軍攻之相持七日庭時將步騎自請與水軍萬戶解汝楫擊之斬其裨將王玘元勝河南行省承制授庭益都新軍千戶宋襄陽守將呂文煥以萬五千人來攻萬山堡萬戶張弘範方與接戰庭單騎橫槍入陣殺二人槍折倒持回擊一人墜馬庭亦被二創復奪後軍槍裹創力戰敗之八年春真除益都新軍千戶賜號拔都兒與宋兵戰襄陽城下追奔逐北直抵城門流矢中左股而止九年春攻樊城外郛砲傷額及左右手奪其土城遂進攻襄陽東堡砲傷右肩焚其樓破一字城文煥麾下有胖山王總管者驍將也庭設伏誘擒之以功授金符十年春大軍攻樊城庭運薪芻土牛填城壕立雲梯城上矢石如雨庭屢中砲墜城下絕而復甦裹創再登如是者數四殺獲甚多樊城破襄陽降以功授金虎符爲管軍總管十一年九月從伯顏發襄陽次郢州郢在漢水東宋人復於漢水西築新郢以遏我軍黃家灣有溪通藤湖

至漢水數里宋兵亦築堡設守備焉庭與劉國傑先登拔之遂盪舟而進攻沙洋新城砲傷左脅破其外堡復中砲墜城下矢貫于胸氣垂絶伯顏命剖水牛腹納其中良久乃甦以功加明威將軍授益都新軍萬戶師次漢口宋將夏貴鎖戰艦橫截江面軍不得進乃用庭及馬福等計由沙蕪口入江武磯堡四面皆水庭決其水而攻之大軍渡江武磯堡亦破遂從阿朮轉戰至鄂州順流而東十二年春與宋將孫虎臣戰丁家洲奪船二十餘宋軍潰以功加宣威將軍宋兵斷真州江路庭焚其船二百餘擊斬其護岸軍聞夏貴欲由太湖援臨安亟出兵逆戰裕溪口敗之諸軍攻常州庭鏖戰奪北門而入十三年春至臨安宋主降伯顏命庭等護其內城收集符印珍寶仍令庭與唐兀台等防護宋主赴燕世祖嘉其勞大宴命坐於左手諸王之下百官之上賜金百錠金珠衣各一襲仍諭之曰劉整在時不曾令坐於此爲汝有功故加以殊禮汝子孫宜謹志之勿忘繼有旨汝在江南多出死力男兒立功要在西北上也今有違我太祖成憲者汝其往征之乃別降大虎符加鎮國上將軍漢軍都元帥仍命其次

子大椿襲萬戶職庭至哈剌和林晃兀兒之地越嶺北與撒里蠻諸軍大戰敗之移軍河西擊走叛臣霍虎追至大磧而還諸王昔里吉脫脫木兒反庭襲擊生獲之啓皇子只必帖木兒賜之死復引兵會諸王納里忽渡塔迷兒河擊走其餘黨兀斤末台要朮忽兒等河西悉平十四年入朝世祖勞之賜以益都居第單河官莊鈔萬五千貫及弓矢諸物拜福建行中書省參知政事改福建道宣慰使召赴闕備宿衛十七年拜驃騎衛上將軍中書左丞東征日本十八年軍次竹島遇風船盡壞庭抱壞船板漂流抵岸下收餘衆由高麗還京師士卒存者十一二繼以父歿歸益都召拜中書左丞司農卿不赴二十四年宗王乃顏叛驛召至上都統諸衛漢軍從帝親征塔不台金家奴來拒戰衆號十萬帝親麾諸軍圍之庭調阿速軍繼進流矢中胸貫脅裹創復戰帝遣止之乃已令軍中衛百弩俟敵列陣百弩齊發乃不復出帝問庭彼今夜當何如庭奏必遁去乃引壯士十人持火砲夜入其陣砲發果自相殺潰散帝問何以知之庭曰其兵雖多而無紀律見車駕駐此而不戰必疑有大軍在後是以知其將遁帝

大喜賜以金鞍良馬庭奏若得漢軍二萬從臣便宜用之乃顏可擒也帝難之命與月兒魯蒙古軍並進遂縛乃顏以獻帝旣南還庭又親獲塔不台金剛奴以功加龍虎衞上將軍遙授中書省左丞二十五年乃顏餘黨哈丹禿魯干復叛於遼東詔庭及樞密副使嗒答討之大小數十戰弗克而還旣而庭整軍再戰流矢中左脅及右股追至一大河選銳卒潛負火砲夜泝上流發之馬皆驚走大軍潛於下流畢渡天明進戰其衆無馬莫能相敵俘斬二百餘人哈丹禿魯干走高麗死拜資德大夫尙書左丞商議樞密院事官其長子大用仍賜鈔二萬五千貫庭因奏今漢軍之力困於北征若依江南軍每歲二八放散以次番上甚便帝可其奏令著爲令宗王海都將犯邊伯顏以聞帝命月兒魯與庭議所以爲備庭請下括馬之令凡得馬十一萬匹軍中賴其用拜榮祿大夫平章政事商議樞密院事提調諸衞屯田事三十一年春世祖崩月兒魯與伯顏等定策立成宗庭翊贊之功居多成宗與太后眷遇甚至每進食必分賜之大宴仍命序坐於左手諸王之下百官之上賜以珠帽珠半臂金帶各一銀六錠

莊田諸物稱是奉旨整點江浙軍馬五百三十二所還入見成宗親授以衣慰勞之初武宗出鎮北邊庭請從行成宗憫其老不許賜鈔五萬貫依前榮祿大夫平章政事商議樞密院事提調諸衛屯田兼後衛親軍都指揮使奉旨北征懷都至野馬川而還俄有中使傳旨拘漢軍之馬以濟北軍且令焚其鞍轡行糧諸物庭因感疾詔內醫二人診視之疾稍間扈從上都特降旨存護其家大德八年二月卒至大二年贈推忠翊衛功臣儀同三司太保柱國追封益國公諡武毅子大用同知歸德府事以哀毀卒大椿襲職佩金虎符爲宣武將軍益都新軍萬戶戍建康大誠襲職後衛親軍都指揮使

史弼

史弼字君佐一名塔剌渾蠡州博野人曾祖彬有膽勇太師國王木華黎兵南下居民被虜蠡守閉城自守彬謂諸子曰吾所恃者郡守也今棄民自保吾與其束手以死曷若死中求生乃率鄉人數百家詣木華黎請降木華黎書帛爲符遣還既而州破獨彬與同降者得免弼長通國語膂力絕人能挽強弓里門

鑿石爲獅重四百斤弼舉之置數步外潼關守將王彥弼奇其材妻以女又薦其材勇於左丞相耶律鑄弼從鑄往北京近侍火里台見弼所挽弓以名聞世祖召之試以遠埰連發中的令給事左右賜馬五匹中統末授金符管軍總管命從劉整伐宋攻襄樊嘗出挑戰射殺二人因橫刀呼曰我史奉御也宋兵却退至元十年諸將分十三道圍樊城弼攻東北隅凡十四晝夜破之殺其將牛都統襄陽降上其功賜銀及衣錦金鞍陞懷遠大將軍副萬戶遂從丞相伯顏南征攻沙洋堡飛矢中臂城拔凝血盈袖事聞賜金虎符軍至陽羅堡伯顏誓衆曰先登南岸者爲上功弼率健卒直前宋兵逆戰奮呼擊走之伯顏登南岸論弼功第一進定遠大將軍鄂州平進軍而東至大孤山風大作伯顏命弼禱于大孤山神風立止兵駐瓜州阿塔海言揚子橋乃揚州出入之道宜立堡選驍將守之伯顏授弼三千人立木堡據其地弼遽以數十騎抵揚州城或止之曰宋將姜才倔強未可易也弼曰吾柵揚子橋據其所必爭之地才乘未固必來攻我則我之利也才果以萬衆乘夜來攻人挾束薪塡塹弼戒軍中無譁俟

其至下檑木發砲石擊之殺千餘人才乃退弼出兵擊之會相威阿朮兵繼至大戰才敗走擒其將張都統十三年六月才復以兵夜至弼三戰三勝天明才見弼兵少進迫圍弼弼復奮擊之騎士二人挾火鎗刺弼弼揮刀禦之左右皆仆手刃數十百人及出圍追者尚數百騎弼殿後敵不敢近會援兵至大破之才奔泰州及守將朱煥以揚州降使麥朮受其降於南門外而弼從數騎由保城入揚州出南門與之會以示不疑制授昭勇大將軍揚州路總管府達魯花赤兼萬戶冬還黃州等路宣慰使十五年入朝陞中奉大夫江淮行中書省參知政事行黃州等路宣慰使盜起淮西司空山弼平之十七年南康都昌盜起弼往討誅其親黨數十人脅從者宥之江州宣課司稅及民米米商避去民皆閉門罷市弼立罷之十九年改浙西宣慰使二十一年黃華反建寧春復霖雨米價踴貴弼即發米十萬石平價糶之而後聞于省省臣欲增其價弼曰吾不可失信寧輟吾俸以足之省不能奪益出十萬石民得不飢改淮東宣慰使弼凡三官揚州人喜刻石頌之號三至碑還僉書沿江行樞密院事鎮建康二十

六年平台州盜楊鎮龍拜尚書左丞行淮東宣慰使冬入朝時世祖欲征瓜哇謂弼曰諸臣爲吾腹心者少欲以瓜哇事付汝對曰陛下命臣臣何敢自愛二十七年遙授尚書省左丞行浙東宣慰使平處州盜二十九年拜榮祿大夫福建等處行中書省平章政事往征瓜哇以亦黑迷失高興副之付金符百五十幣帛各二百以待有功十二月弼以五千人合諸軍發泉州風急濤湧舟掀簸士卒皆數日不能食過七洲洋萬里石塘歷交趾占城界明年正月至東董西董山牛崎嶼入混沌大洋橄欖嶼假里馬答勾闌等山駐兵伐木造小舟以入時瓜哇與隣國葛郎構怨瓜哇主哈只葛達那加剌已爲葛郎主哈只葛當所殺其壻土罕必闍耶攻哈只葛當不勝退保麻喏八歇聞弼等至遣使以其國山川戶口及葛郎國地圖迎降求救弼與諸將進擊葛郎兵大破之哈只葛當走歸國高興言瓜哇雖降倘中變與葛郎合則孤軍懸絕事不可測弼遂分兵三道與興及亦黑迷失各將一道攻葛郎至答哈城葛郎兵十餘萬迎敵自旦至午葛郎兵敗入城自守遂圍之哈只葛當出降併取其妻子官屬以歸土罕

必闍耶乞歸易降表及所藏珍寶入朝弼與亦黑迷失許之遣萬戶担只不丁甘州不花以兵二百人護之還國土罕必闍耶於道殺二人以叛乘軍還夾路攘奪弼自斷後且戰且行行三百里得登舟行六十八日夜達泉州士卒死者三千餘人有司數其俘獲金寶香布等直五十餘萬又以沒理國所上金字表及金銀犀象等物進事具高興及瓜哇國傳於是朝廷以其亡失多杖十七沒家貲三之一元貞元年起同知樞密院事月兒魯奏弼等以五千人渡海二十五萬里入近代未嘗至之國俘其王及諭降傍近小國宜加矜憐遂詔以所籍還之拜榮祿大夫江西等處行中書省右丞三年陞平章政事加銀青榮祿大夫封鄂國公卒於家年八十六

高興

高興字功起蔡州人也其先自薊徙汴曾祖拱之祖子洵世以農爲業金末兵亂父青又徙蔡而生興興少慷慨多大節力挽二石弓嘗步獵南陽山中遇虎跳踉大吼衆皆驚走興神色自若發一矢斃之至元十一年冬挾八騎詣黃州

諭宋制置陳奕奕使隸麾下且奇興相貌以甥女妻之十二年丞相伯顏伐宋
至黃州興從奕出降伯顏承制授興千戶從破瑞昌之烏石堡張家寨進拔南
陵行省上其功世祖命興專將一軍常爲先鋒宋張濡殺使者嚴忠範等於獨
松關伯顏使興討之師次溧陽再戰斬其將三人士卒三人虜四十二人遂破
溧陽斬首七千級授金符爲管軍總管從戰銀墅斬宋將三人士卒二千人拔
建平斬其總制二人虜知縣事黃君濯由間道奪獨松關進至武康擒張濡十
三年春宋降伯顏北還留興以兵取郡縣之未下者降建德守方回婺州守劉
怡衢婺二州已降復叛章焴自爲婺守興以五千人討之七戰至破溪相持四
十餘日興兵少不敵力戰潰圍出至建德境與援兵合復進戰蘭溪斬首三千
級復取婺州擒章焴斬之進戰衢城下斬首五百級連戰赤山陳家山園江山
縣斬首三千級虜五百人獻魏福興等七人于行省餘盡戮之衢州平追宋嗣
秀王與檡入閩與檡據橋陣水南興率奇兵奪橋進戰殺其觀察使李世達斬
首三千餘級擒與檡父子及其小王二裨將二獲印五馬五百匹下興化降宋

參知政事陳文龍制置印德傳等百四十人軍三千水手七千獲海船七千餘艘還鎮國上將軍管軍萬戸十四年春還鎮婺州佩元降虎符充衢婺招討使東陽玉山羣盜張念九強和尙等殺宣慰使陳祐於新昌與捕斬之復從都元帥忙古臺平福建漳三州破敏陽寨居福成寨十五年夏詔忙古臺立行省於福建與立行都元帥府於建寧以鎮之政和人黄華邵武人高日新高從周聚衆叛皆討降之以招討使行右副都元帥十六年秋召入朝侍燕大明殿悉獻江南所得珍寶世祖曰卿何不少留以自奉對曰臣素貧賤今幸富貴皆陛下所賜何敢隱俘獲之物帝悅曰直臣也與因奏所部士卒戰功乞官之帝命自定其秩頒爵賞有差遷與浙東道宣慰使賜西錦服金線鞍轡奉省檄討處州福建及温台海洋羣盜平之十七年漳州盜數萬據高安寨官軍討之二年不能下詔以與爲福建等處征蠻右副都元帥與與都元帥完者都等討之直抵其壁賊乘高瞰下擊之與命人挾束薪蔽身進至山半棄薪而退如是六日誘其矢石殆盡乃燃薪焚其柵遂平之斬賊魁及其黨首二萬級十八年盜陳吊

眼聚衆十萬連五十餘寨扼險自固與攻破其十五寨吊眼走保千壁嶺與上
至山半誘與語接其手掣下擒斬之漳州境悉平十九年入朝賜銀五百兩鈔
二千五百貫及錦服鞍轡弓矢改淛西道宣慰使降人黃華復叛有衆十萬與
與戰于鉛山獲八千人華急攻建寧與疾趨與福建軍合獲華將二人華走江
山洞追至赤巖華敗走赴火死二十一年改淮東道宣慰使二十三年拜江淮
行中書省參知政事平婺州盜施再十改淛東道宣慰使二十四年尚書省立
拜行尚書省參知政事捕斬柳分司於婺州丁母憂詔起復討處州盜詹老鷂
温州盜林雄與濳由青田擣其巢穴戰葉山擒老鷂及雄等二百餘人斬于温
州市又奉省檄平徽州盜汪千十等二十八年罷福建行省以參知政事行福
建宣慰使諭漳州盜歐狗降之召入朝拜江西行省左丞二十九年復立福建
行省拜右丞瓜哇黥使者孟琪詔與爲平章政事與史弼亦黑迷失帥師征之
賜玉帶錦衣甲冑弓矢大都良田千畝三十年春浮海抵瓜哇亦黑迷失將水
軍與將步軍會八節澗瓜哇主壻土罕必闍耶降進攻葛郎國降其主哈只葛

當事見弼傳又諭降諸小國哈只葛當子昔刺八的昔刺丹不合逃入山谷與獨帥千人深入虜昔刺丹不合還至答哈城史弼亦黑迷失已遣使護士罕必闍耶歸國具入貢禮與深言其失計士罕必闍耶果殺使者以叛合衆來攻與等力戰却之遂誅哈只葛當父子以歸詔治縱瓜哇者弼與亦黑迷失皆獲罪與獨以不預議且功多賜金五十兩成宗即位復拜福建行省平章政事賜玉帶大德三年汀州總管府同知阿里挾怨告與不法召入對盡得其誣狀阿里伏誅改江浙行省平章政事賜海東青鶻命其子伯顏入宿衛四年遣使賜海東白鶻蒲萄酒良藥八年授樞密副使十年進同知樞密院事皆兼平章改河南行省平章政事武宗即位召見拜左丞相商議河南省事賜以先朝御服仁宗寵眷勳舊賜與尤厚皇慶二年秋九月卒年六十九贈太師開府儀同三司上柱國追封梁國公諡武宣元統三年加封南陽王子久住泉州總管長壽同知建寧路總管府事忙古台襲萬戶伯顏同知建國路總管府事完者都辰州路總管寶哥治書侍御史

劉國傑

劉國傑字國寶本女真人也姓烏古倫後入中州改姓劉氏父德寧爲宗王斡臣必闍赤授管領益都軍民公事國傑貌魁雄善騎射膽力過人少從軍漣海以材武爲隊長至元六年選其兵取襄陽以益都新軍千戶從張弘範戍萬山堡宋兵窺伺衆出取薪大出兵來攻堡國傑等以數百人敗之斬首四千餘級由是有名從略荊南抵歸峽轉戰數千里還破宋兵襄陽下從攻樊城破外城火砲傷股裹創復戰平其外城授武略將軍佩金符從破張貴兵櫃門關戰甚力再攻樊城被傷數處血戰竟破之襄陽降世祖聞其勇召見遷武德將軍管軍總管賜銀百兩錦衣弓矢以寵之從伯顏南征十一年次郢州宋兵扼漢水不得下伯顏謀取黃家灣堡以入漢國傑先登拔之加武節將軍從破沙洋新城敗孫虎臣丁家洲戰甚力進萬戶復從阿朮取淮南別軍楊子橋扼宋兵道宋以萬衆夜奪堡擊走之擒其都統張林宋將張世傑盛兵出焦山來禦師施鐵繩聯戰船碇江中以示必死阿朮率諸軍進戰萬戶劉琛由江南繞其後國

傑與董文炳左右夾擊之焚其戰船世傑軍大潰追奔圖山奪黃鵠船數百艘

帝壯之詔加懷遠大將軍賜號霸都國傑行第二因呼之曰劉二霸都而不名

霸都華言敢勇之士也宋亡入朝加僉書西川行樞密院事選淮南兵使將之

平蜀未行會北邊有警加鎮國上將軍漢軍都元帥將衛兵定北方冬召還帝

親解衣加玉帶賜之十五年復將左右中三衛兵戍北邊詔有不用命者斬之

以聞十六年諸王脫脫朮反寇和林國傑度其衆悉至營中必虛選輕騎襲之

獲其衆萬計脫脫朮屢戰不利又殘暴失衆心衆殺之來降十八年加輔國上

將軍十九年征東兵無功而還帝怒將盡罷大小將校召國傑爲征東行省左

丞既至帝語之故國傑曰罪在元帥耳倘蒙聖慈復諸將之職彼必人人思奮

以雪前耻矣帝從之盡復其官以屬國傑征日本會黃華反建寧乃命國傑以

征東兵會江淮參政伯顏等討之國傑破赤巖寨黃華自殺餘衆皆潰福建行

省左丞忽剌出將兵來會梧桐川欲搜賊潰去者盡殺之國傑曰首亂者華也

餘皆脅從招諭不歸誅之未晚未幾衆果出降二十二年罷征東省除僉書沿

江行樞密院改僉院二十三年朝廷以湖廣重地且多盜拜本省左丞國傑至首平湖南盜李萬二明年廣東盜起寇肇慶其魁鄧太獠居前寨劉太獠居後寨相依以爲固國傑趍擣後寨破之遂拔前寨擒斬二人捕民結盜者皆杖殺之加資德大夫二十五年湖南盜詹一仔誘衡永寶慶武岡人嘯聚四望山官軍久不能討國傑破之斬首盜餘衆悉降將校請曰此輩久亂急則降降而有釁復反矣不如盡阬之國傑曰多殺不可況殺降耶吾有以處之矣乃相要地爲三屯在衡曰清化在永曰烏符在武岡曰白倉遷其衆守之每屯五百人以備賊且墾廢田榛棘使賊不得爲巢穴降者有故田宅盡還之無者使雜耕屯中後皆爲良民有詔討江西諸盜國傑趍赴之十一月破蕭太獠於陳古水斬數百人進平懷集諸寨賊二十六年春東入肇慶攻閆太獠於清遠還攻蕭太獠於懷集擒之復攻走嚴太獠四月攻曾太獠於金林又破走之賊深入保險國傑鑿山而入賊衆五千人掩殺略盡七月次賀州兵士冒瘴皆疫國傑親撫視之療以醫藥多得不死會國傑亦病乃移軍道州廣東盜陳太獠寇道州國

傑討擒之遂攻拔赤水賊寨二十七年江西盜起龍泉下令往擊之諸將交諫曰此他省盜也國傑曰縱寇生患患將難圖豈可以彼此言耶乃選輕兵棄旗鼓去纓飾一日夜趍賊境賊衆數千逆戰望見軍容不整曰此鄉丁也易之國傑以數十騎陷陣衆從之賊大敗斬首五百餘級奪所掠男女日暮忽收兵去堡中民望見怪之莫知其誰明日又忽至召堡民歸其男子曰吾劉二霸都也民皆驚以爲神因告别盜鍾太獠居南安十八耒國傑乘霧突入其巢賊衆驚亂自相蹂踐官軍摶之自旦至午所擒殺甚衆還兵桂東二月龍泉盜復寇鄰縣國傑遂還鄉賊退保大井山乃分軍三道趍之道險棄馬而入時天大雨賊不爲備盡掩殺之還鎭道州八月永州盜李末子千七寇全州敗官兵殺郡長官土魯國傑進討擒之梟首而還以前後功加湖廣右丞二十八年置湖廣等處行樞密院遷副使還軍武昌秋廣東盜再起國傑復出道州時知上思州黃勝許恃其險遠與交趾爲表裏寇邊二十九年詔國傑討之賊衆勁悍出入巖洞篁竹中如飛鳥發毒矢中人無愈者國傑身率士奮戰賊不能敵走象山山

近交趾皆深林不可入乃度其出入列柵圍之徐伐山通道且戰且進二年拔其寨勝許挺身走交趾擒其妻子殺之國傑三以書責交趾索勝許交趾竟匿不與夏師還盡取賊巢地爲屯田募度遠諸獞人耕之以爲兩江蔽障後蠻人謂屯爲省地莫敢犯者詔遣使卽軍中以玉帶賜之三十年入朝帝謂朝臣曰湖廣重地惟劉二霸都足以鎭此他人不能也命無遷他官俄議問罪交趾加湖廣安南行平章事以諸王亦吉列台爲監軍征之未行會帝崩乃止成宗卽位復置行樞密院於衡州仍除副使初黔中諸蠻酋旣內附復叛又巴洞何世雄犯澧州泊崖洞田萬頃楠木洞孟再師犯辰州朝廷嘗討降之升泊崖爲施溶州以萬頃知州事三十一年萬頃復叛攻之不能下至是帝卽位赦天下幷赦萬頃等亦不降帝以命國傑九月國傑馳至辰進攻明溪賊酋萬丑擁衆自上流而下千戶崔忠百戶馬孫兒戰死十月進兵桑木溪萬丑復以千人拒戰擊却之明日萬丑倍衆來攻國傑鼓之百戶李旺率死士陷陣衆軍齊奮賊敗遂破其巢焚之進攻施溶部將田榮祖請曰施溶萬頃之腹心石農坎三羊峯

其左右臂也宜先斷其臂而後腹心乃可攻國傑曰甚善麾諸軍攻石農坎賊
不能支棄寨遁遂拔施溶擒萬頃斬之復窮捕其黨攀崖緣木而進凡千餘里
元貞元年即軍中加榮祿大夫湖廣行省平章政事辰澧地接溪洞宋嘗選民
立屯免其繇役使禦之在澧者曰隘丁在辰者寨兵宋亡皆廢國傑悉復其制
班師繼又經畫茶陵衡郴道桂陽凡廣東江西盜所出入之地南北三千里置
戍三十有八分屯將士以守之由是東盡交廣西亘黔中地周湖廣四境皆有
屯戍制度周密諸蠻不能復寇盜賊遂息六月入朝賜玉帶錦衣弓矢臺臣言
國傑在軍中每以家貲賞將士帝命倍償之部曲有功者各遷官大德五年羅
鬼女子蛇節反烏撒烏蒙東川芒部諸蠻從之皆叛陷貴州詔國傑將諸翼兵
合四川雲南思播兵以討之賊兵勁利且多健馬官軍戰失利國傑令人持一
盾布釘其上俟陣合即棄盾僞遁賊果逐之馬奮不能止遇盾皆倒國傑鼓之
賊大敗既而復合衆請戰國傑不應數日度其氣衰一鼓破走之追戰數千里
七年春擒斬蛇節宋隆濟阿女等西南夷悉平詔領其將士入見張宴享之賞

賜甚厚進光祿大夫償其賞士金一千九百兩鈔萬五千錠將士遷官有差命還益都上冢八年還鎮國傑久行邊患瘴至是病篤平章卜隣吉台率僚屬問之國傑曰交賊不臣若病幸小愈得滅此虜則死無憾矣問以家事不言二月卒年七十二國傑性雄猛視死如歸嘗語人曰吾爲國宣力雖身棄草野不恨何必馬革裹屍還葬哉且善推誠得士心故能立功如此訃聞帝深悼惜贈推忠効力定遠功臣光祿大夫司徒柱國封齊國公謚武宣子脫歡湖廣行省平章政事尙憲宗孫女

元史卷一百六十二

元史卷一百六十三

明翰林學士亞中大夫知制誥兼修國史宋　濂等修

列傳第五十

李德輝

李德輝字仲實通州潞縣人生五歲父且卒指德輝謂其家人曰吾爲吏治獄不任苛刻人蒙吾力者衆天或報之是兒其大吾門乎及卒德輝號慟如成人適歲凶家儲粟纔五升其母舂蓬稗炊藜莧而食之德輝天性孝悌操履清愼既就外傅嗜讀書束於貧無以自資乃輟業年十六監酒豐州祿食充足甘旨有餘則市筆札錄書夜誦不休已乃厭糟麴歎曰志士顧安此耶仕不足以匡君福民隱不足以悅親善身天地之間人壽幾何惡可無聞同腐草木也乃謝絕所與游少年求先生長者講學以卒其業時世祖在潛藩用劉秉忠薦使侍裕宗講讀乃與竇默等皆就辟癸丑憲宗封宗親割京兆隸世祖潛藩擇廷臣能理財賦者俾調軍食立從宜府以德輝與孛得乃爲使時汪世顯宿兵利州

扼四川衿喉以規進取數萬之師仰哺德輝乃募民入粟綿竹散錢幣給鹽券爲直陸挽與元水漕嘉陵未期年而軍儲充羨取蜀之本基於此矣中統元年爲燕京宣撫使燕多劇賊造僞鈔結死黨殺人德輝悉捕誅之令行禁止然事多不白中書由是忤平章王文統意去位三年文統以反誅德輝遂起爲山西宣慰使權勢之家籍民爲奴者咸按而免之復業近千人至元元年罷宣慰司授太原路總管時潛藩故傳相無有出爲二千石者帝以太原難治故以德輝爲守至郡崇學校表孝節勸耕桑立社倉一權度凡可以阜民者無不爲之嘉禾瑞麥六出其境五年徵爲右三部尚書人有訟財而失其兄子者德輝曰此叔殺之無疑遂竟其獄權貴人爲請者甚衆德輝不應罪狀既明請者乃慚服七年帝以蝗旱爲憂命德輝錄囚山西河東行至懷仁民有魏氏發得木偶持告其妻挾左道爲厭勝謀不利於己移數獄詞皆具德輝察其冤知其有愛妾疑妾所爲將搆陷其妻也召妾鞫之不移時而服遂杖其夫而論妾以死皇子安西王鎮關中奏以德輝爲輔遂改安西王相至則視瀕涇營牧故地可得數

千頃起廬舍疏溝澮假牛種田具與貧民二千家屯田其中歲得粟麥芻藁萬計十二年詔以王相撫蜀時重慶猶城守不下朝廷各置行樞密院於東西川合兵萬人圍之德輝至成都兩府爭遣使咨受兵食方略德輝戒之曰宋已亡矣重慶以彈丸之地不降何歸政以公輩利其剽殺民不得有子女懼而不來耳嚮日兵未嘗戰中使奉璽書來赦公輩既不能正言明告嚴備止攻以須其至反購得軍吏杖之僞爲得罪使懼而叛去水陸之師雷鼓繼進是堅其不下也中使不諭詐計竟以不奉明詔復命如是者非玩寇而何況復軍政不一相訾紛紛朝夕敗矣豈能成功哉德輝出未至秦瀘州叛而重慶圍果潰再退守瀘州十四年詔以德輝爲西川行樞密院副使仍兼王相諸軍既發德輝留成都給軍食是年復瀘州十五年再圍重慶踰月拔之紹與南平夔施思播諸山壁水柵皆下而東川樞府猶故將也懲前與西川相觀望致敗惡相屬願獨軍圍合州德輝乃出合俘繫順慶獄者縱之使歸語州將張珏以天子威德遠著宋室既亡三宮皆北我朝含弘錄功忘過能早自歸必取將相與夏呂比又爲

書以禮義禍福反復譬解之以爲汝之爲臣不親於宋之子孫合之爲州不大於宋之天下彼子孫已舉天下而歸我汝猶偃然負阻窮山而曰吾忠於所事不亦惑哉且昔此州之人不自爲謀者以國有主耻被不義之名故爾得制其死命主今亡矣猶欲以是行之則戲下盜遇君竊君首以徼福一旦不難也珏未及報而德輝還王邸旣而合州遣李興張郃十二人詗事成都皆獲之釋不殺復爲書縱歸使諭其將王立如諭珏者而辭益剴切立亦計夙與東府有深怨懼誅卽使與等導帥幹楊獬懷蠟書閒至成都降德輝從兵纔數百人赴之東府害其來皆曰公昔爲書招珏誠亦極矣竟無功而還今立珏牙校也習狙詐不信特以計致公來使與吾爭垂成之功延命晷刻耳未必誠降德輝曰昔合以重慶存故力可以同惡今已孤絕窮而來歸亦其勢然吾非攘人之功者誠懼公等憤其後服誣以嘗抗蹕先朝利其剽奪而快心於屠城也吾爲國活此民豈計汝嫌怒爲哉卽單舸濟江薄城下呼立出降安集其民而罷置其吏合人自立而下家繪事之川蜀平復以王相還邸十七年置行中書省以德輝

爲安西行省左丞是年西南夷羅施鬼國既降復叛詔雲南湖廣四川合兵三萬人討之兵且壓境德輝適被命在播乃遣安珪馳驲止三道兵勿進復遣張孝思諭鬼國趣降其酋阿察熟德輝名曰是活合州李公耶其言明信可恃即身至播州泣且告曰吾屬百萬人微公來死且不降今得所歸蔑有二矣德輝以其言上聞乃改鬼國爲順元路以其酋爲宣撫使其後有以受鬼國馬千數譖德輝于朝者帝曰是人朕所素知雖一羊不妄受寧有是耶德輝卒年六十三蠻夷聞訃哭之哀如私親爲位而祭者動輒千百人合州安撫使王立衰絰率吏民拜哭聲震山谷爲發百人護喪與元播州安撫使何彥清率其民立廟祀之

張雄飛

張雄飛字鵬舉琅琊臨沂人父琮仕金守盱眙金人疑之罷其兵柄徙居許州尋復命守河陰仍留家人於許雄飛幼失母琮妾李氏養之國兵屠許惟工匠得免有田姓者琮故吏也自稱能爲弓且詐以雄飛及李氏爲家人由是獲全

遂徙朔方雄飛時方十歲至霍州李欲逃恐其累己雄飛知之頃刻不去左右
李乃變服與俱還寓潞州雄飛既長往師前進士王寶英於趙城金亡雄飛不
知父所在往來澤潞求之十餘年常客食僧舍已而入關陝歷懷孟潼華終求
其父弗得遂入燕居數歲盡通國言及諸部語至元二年廉希憲薦之于世祖
召見陳當世之務世宗大悅授同知平陽路轉運司事搜抉蠹弊悉除之帝問
處士羅英誰可大用者對曰張雄飛真公輔器帝然之命驛召雄飛至問以方
今所急對曰太子天下本願早定以繫人心閭閻小人有升斗之儲尚知付託
天下至大社稷至重不早建儲貳非至計也向使先帝知此陛下能有今日乎
帝方臥矍然起稱善者久之他日與江孝卿同召見帝曰今任職者多非材政
事廢弛譬之大廈將傾非良工不能扶卿輩能任此乎孝卿謝不敢當帝顧雄
飛雄飛對曰古有御史臺爲天子耳目凡政事得失民閒疾苦皆得言百官姦
邪貪穢不職者卽糾劾之如此則紀綱舉天下治矣帝曰善乃立御史臺以前
丞相塔察兒爲御史大夫雄飛爲侍御史且戒之曰卿等既爲臺官職在直言

朕爲汝君苟所行未善亦當極諫況百官乎汝宜知朕意人雖嫉妬汝朕能爲汝地也雄飛益自感勵知無不言參議樞密院事費正寅素憸狡有告其罪者詔丞相線真等與雄飛雜治之請托交至雄飛無所顧盡得其罪狀以聞正寅與其黨管如仁等皆伏誅會議立尚書省雄飛力爭於帝前忤旨左遷同知京兆總管府事宗室公主有家奴逃渭南民間無贅壻主適過臨潼識之捕其奴與妻及妻之父母皆械繫之盡沒其家貲雄飛與主爭辨辭色俱厲主不得已以奴妻及妻之父母家貲還之惟挾其奴以去入爲兵部尚書平章阿合馬在制國用司時與亦麻都丁有隙至是羅織其罪同僚爭相附會雄飛不可曰所犯在制國用時平章獨不預耶衆無以答秦長卿劉仲澤亦以忤阿合馬皆下吏欲殺之雄飛亦持不可阿合馬使人啗之曰誠能殺此三人當以參政相處雄飛曰殺無罪以求大官吾不爲也阿合馬怒奏出雄飛爲澧州安撫使而三人竟死獄中時澧州初下民懷反側雄飛至布宣德教以撫綏之民遂安有巨商二人犯匿稅及毆人事僚佐受賂欲寬其罪雄飛繩之益急或曰此細事何

執之堅雄飛曰吾非治匿稅毆人者欲改宋弊政懲不畏法者爾細民以乏食
羣聚發富家廩所司欲論以强盜雄飛曰此盜食欲救死非强也寬其獄全活
者百餘人澧西南接溪洞猺人乘間抄掠居民雄飛遣楊應申等往諭以威德
諸猺悉感服十四年改安撫司爲總管府命雄飛爲達魯花赤遷荆湖北道宣
慰使有告常德富民十餘家與德山寺僧將爲亂衆議以兵討之雄飛曰告者
必其仇也且新附之民當以靜鎭之兵不可遽用苟有他吾自任其責遂止徐
察之果如所言先是荆湖行省阿里海牙以降民三千八百戸沒入爲家奴自
置吏治之歲責其租賦有司莫敢言雄飛言于阿里海牙請歸其民於有司不
從雄飛入朝奏其事詔還籍爲民十六年拜御史中丞行御史臺事阿合馬以
子忽辛爲中書右丞行省江淮恐不爲所容奏留雄飛不遣改陝西漢中道提
刑按察使未行阿合馬死朝臣皆以罪去拜參知政事阿合馬用事日久賣官
鬻獄紀綱大壞雄飛乃先自降一階於是僥倖超躐者皆降之忽辛有罪敕中
貴人及中書雜問忽辛歷指宰執曰汝曾使我家錢物何得問我雄飛曰我曾

受汝家錢物否曰惟公獨否雄飛曰如是則我當問汝矣忽辛遂伏辜二十一年春冊上尊號議大赦天下雄飛諫曰古人言無赦之國其刑必平故赦者不平之政也聖明在上豈宜數赦帝嘉納之語雄飛曰大獵而後見善射集議而後知能言汝所言者是朕今從汝遂止降輕刑之詔雄飛剛直廉愼始終不易其節嘗坐省中詔趣召之見於便殿謂雄飛曰若卿可謂真廉者矣聞卿貧甚今特賜卿銀二千五百兩鈔二千五百貫雄飛拜謝將出又詔加賜金五十兩及金酒器雄飛受賜封識藏於家後阿合馬之黨以雄飛罷政詣省乞追奪賜物裕宗在東宮聞之命參政溫迪罕諭丞相安童曰上所以賜張雄飛者旌其廉也汝豈不知耶毋爲小人所詐塔卽古阿散請檢核前省錢穀復用阿合馬之黨竟矯詔追奪之塔卽古阿散等俄以罪誅帝慮校核失當命近臣伯顏閱之中書左丞耶律老哥勸雄飛詣伯顏自辨雄飛曰上以老臣廉故賜臣然臣未嘗敢輕用而封識以俟者政慮今日耳又可自辨乎二十一年盧世榮以言利進用雄飛與諸執政同日皆罷二十三年起爲燕南河北道宣慰使決壅滯

黜姦貪政化大行卒于官子五人師野師諤師白師儼師約師野宿衞東宮時荆湖行省平章政事阿里海牙入覲言之宰相欲白皇太子請以師野爲荆南總管雄飛固止之歸謂師野曰今日欲有官汝者汝宿衞日久固應得官然我方爲執政天下必以我私汝我一日不去此位汝輩勿望有官也其介慎如此

張德輝

張德輝字輝卿冀寧交城人少力學數舉於鄉金貞祐間兵興家業殆盡試掾御史臺會盜殺卜者有司蹤跡之獲僧匿一婦人搒掠誣服獄具德輝疑其冤其後果得盜趙秉文楊雲翼咸器其材金亡北渡史天澤開府真定辟爲經歷官歲乙未從天澤南征籌畫調發多出德輝天澤將誅逃兵德輝救止配令穴城光州華山農民爲寨以自固天澤議攻之德輝請招之降全活甚衆歲丁未世祖在潛邸召見問曰孔子殁已久今其性安在對曰聖人與天地終始無往不在殿下能行聖人之道性卽在是矣又問或云遼以釋廢金以儒亡有諸對曰遼事臣未周知金季乃所親睹宰執中雖用一二儒臣餘皆武弁世爵及論軍

國大事又不使預聞大抵以儒進者三十之一國之存亡自有任其責者儒何咎焉世祖然之因問德輝曰祖宗法度具在而未盡設施者甚多將如之何德輝指銀槃喻曰創業之主如制此器精選白金良匠規而成之畀付后人傳之無窮當求謹厚者司掌乃永爲寶用否則不惟缺壞亦恐有竊而去之者矣世祖良久曰此正吾心所不忘也又訪中國人材德輝舉魏璠元裕李冶等二十餘人又問農家作勞何衣食之不贍德輝對曰農桑天下之本衣食之所從出者也男耕女織終歲勤苦擇其精者輸之官餘麤惡者將以仰事俯育而親民之吏復橫斂以盡之則民鮮有不凍餒者矣歲戊申春釋奠致胙於世祖世祖曰孔子廟食之禮何如對曰孔子爲萬代王者師有國者尊之則嚴其廟貌修其時祀其崇與否於聖人無所損益但以此見時君崇儒重道之意何如耳世祖曰今而後此禮勿廢世祖又問典兵與宰民者爲害孰甚對曰軍無紀律縱使殘暴害固非輕若宰民者頭會箕斂以毒天下使祖宗之民如蹈水火爲害尤甚世祖默然曰然則柰何對曰莫若更遣族人之賢如口溫不花者使掌兵

權勳舊則如忽都虎者使主民政若此則天子均受賜矣是年夏德輝得告將還更薦白文舉鄭顯之趙元德李造之高鳴李槃李濤數人陛辭又陳先務七事敦孝友擇人才察下情貴兼聽親君子信賞罰節財用世祖以字呼之賜坐錫賚優渥有頃奉旨教胄子孛羅等壬子德輝與元裕北覲請世祖爲儒教大宗師世祖悅而受之因啓累朝有旨蠲儒戶兵賦乞令有司遵行從之仍命德輝提調真定學校世祖卽位起德輝爲河東南北路宣撫使下車擊豪強黜贓吏均賦役耆耋不遠數千里來見曰六十年不復見此太平官府矣戴之若神明西川帥紐鄰重取兵千餘人守吏畏其威莫敢申理隸鳳翔屯田者八百餘人屯罷兵不歸籍會僉防戍兵河中浮梁故有守卒不以充數悉條奏之帝可其請兵後孱民多依庇豪右及有以身傭藉衣食歲久掩爲家奴悉遣還之爲民二年考績爲十路最陛見帝勞之命疏所急務條四事一曰嚴保舉以取人材二曰給俸祿以養廉能三曰易世官而遷都邑四曰正刑罰而勿屢赦帝嘉納焉遷東平路宣慰使春旱禱泰山而雨東平賦夥獄繁視河東相倍蓰凡遇

贓奸悉窮之不少貸奏免遠輸豆粟二十萬斛和糴粟十萬斛寶合丁議賦蠶
絲令民稅而後輸德輝曰是誣上以毒下也且後期之責孰任之遂罷其事孀
婦馬氏將鬻其女以代納逋賦分己俸代償之仍蠲其額至元三年秋參議中
書省事五年春擢侍御史辭不拜有言沿邊將校冒代軍士虛糜廩帑者敕按
之奏曰在昔將校備嘗艱阻與士卒同甘苦今年少子弟襲爵或以微勞進用
豈知軍旅之事乎政使朝廷遣使覆按此省院素失約束耳痛繩之則人不自
安第易其部署選武毅才略者任之庶使軍政自新又時委司憲者體究庶革
其弊有旨命德輝議御史臺條例德輝奏曰御史執法官今法令未明何據而
行此事行之不易陛下宜慎思之有頃復召曰朕慮之熟矣卿當力行之對曰
必欲行之乞立宗正府以正皇族外戚得以糾彈女謁毋令奏事諸局承應人
皆得究治帝良久曰其餘行之德輝請老命舉任風憲者疏烏古倫貞等二十
人以聞初河東歉請於朝發常平貸之并減其秋租有差賦役不均官吏並緣
爲姦賦一征十年不勝其困苦民率流亡德輝閱實戶編均其等第出納有法

數十年之弊一旦革去德輝天資剛直博學有經濟器毅然不可犯望之知爲端人然性不喜嬉笑與元裕李冶游封龍山時人號爲龍山三老云卒年八十

馬亨

馬亨字大用邢州南和人世業農以貲雄鄉里亨少孤事母孝金季習爲吏庚寅太宗始建十路徵收課稅使河北東西路使王晉辟亨爲掾以才幹稱甲午晉薦於中書令耶律楚材授轉運司知事尋陞經歷擢轉運司副使庚戌太保劉秉忠薦亨於世祖召見潛邸甚器之既而籍諸路戶口以亨副八春忙哥撫諭西京太原平陽及陝西五路俾民弗擾既還圖山川形勢以獻餘使者多以賄敗惟亨等各賜衣九襲癸丑從世祖征雲南留亨爲京兆榷課所長官京兆藩邸分地也亨以寬簡治之不事掊克凡五年民安而課裕丁巳憲宗遣阿藍答兒等覈藩府錢穀亨時輦歲辦課銀五百鋌輸之藩府道出平陽適與之遇亨策曰見之則銀必拘留不見則必以罪加我與其銀弗達王府寧獲罪焉避而過之阿藍答兒果怒遣使逮之王府世祖詢亨曰汝往得無撫汝罪耶對曰

無害願一行乃慰遣亨既至拘係之窮治百端竟無所得惟以支竹課分例錢充公用及僦公廨輦運脚價爲不應勸償其直而已世祖知其誣更賜銀三十二錠己未從世祖攻鄂州洎北還遣亨馳驛往西京等處罷所僉軍并撫諭山西河東陝右漢中既還復遣轉餉江上軍實中統元年世祖卽位陝西四川立宣撫司詔亨議陝西宣撫司事尋賜金符遷陝西四川規措軍儲轉運使時阿藍答兒等叛亨與宣撫使廉希憲商挺合謀誅劉太平等悉定關輔尋建行省命亨兼陝西行省左右司郎中時興元畜糧五萬石欲轉餉太安軍計傭直萬緡衆推亨往時丁內艱以攝省府事強起之至則以兵官丁產均其役不閱月而事集無勞民傷財之歎興元判官費正寅狡悍不法莫有能治之者亨白省府欲以法繩之反誣搆行省前保關中有異謀詔右丞粘合珪鞫之亨力辯之寃搆釋然四年遷陝西五路西蜀四川廉訪都轉運使未幾朝廷以考課檄諸路轉運使至則併轉運司入總管府咸奪其制書授亨工部侍郎解鹽副使亨乃上言以考課定賞罰其人甫集而一切罷之則是非安在宜還其命書俾仕

者有所勸勉從之亨復上便宜六事一曰東宮保傅當用正人以固國本二曰中書大政擇任儒臣以立朝綱三曰任相惟賢官不必備今宰相至十七員宜加裁汰四曰左右郎署毗贊大政今用豪貴子弟豈能贊襄五曰六曹之職分理萬機今止設左右二部事何由辦六曰建元以來使民條畫已多有司往往視爲文具宜令憲司糾舉務在必行疏聞帝卽召見有旨卿比安在胡不早言亨對曰新自陝西來覲帝諭曰卿久著忠勤自今不令卿遠出矣至元三年進嘉議大夫左三部尚書尋改戶部尚書金穀出納有條不紊時有賈胡恃制國用使阿合馬欲貿交鈔本私平準之利以增歲課爲辭帝以問亨對曰交鈔可以權萬貨者法使然也法者主上之柄今使一賈擅之廢法從私將何以令天下事遂寢亨又建言立常平義倉謂備荒之具宜亟舉行而時以財用不足止設義倉七年立尚書省仍以亨爲尚書領左部亨上言尚書省專領金穀百工之事其銓選宜歸中書以示無濫尋爲平章阿合馬所忌以誣免官會國兵圍襄樊廷議河南行省調發軍餉詔以阿里爲右丞姚樞爲左丞亨爲僉省任其

事水陸供餽未嘗有闕亨之力爲多十年還京師帝方欲柄用之遽嬰末疾十四年卒年七十一子紹庭雲南諸路肅政廉訪司副使

程思廉

程思廉字介甫其先洛陽人元魏時以豪右徙雲中遂家東勝州父恆國初佩金符爲沿邊監榷規運使解州鹽使思廉用太保劉秉忠薦給事裕宗潛邸以謹愿聞命爲樞密院監印平章政事哈丹行省河南署爲都事丞相史天澤尤器之時方規取襄樊使任轉餉築城置倉以受粟轉輸者與民爭鬥不時至思廉令行者異路粟至多露積一夕大雨思廉安臥不起省中召詰之思廉曰此去敵近中夜騷動衆必驚疑或致他變縱有漂濕不過軍中一日糧耳聞者韙之至元十二年調同知淇州徙東平路判官入爲監察御史以劾權臣阿合馬繫獄其黨巧爲機穽思廉居之泰然卒不能害累遷河北河南道按察副使道過彰德聞兩河歲饑而徵租益急欲止之有司謂法當上請思廉曰若然民已不堪命矣卽移文罷徵後果得請二十年河北復大饑流民渡河求食朝廷遣

使者集官屬絶河止之思廉曰民急就食豈得已哉天下一家河北河南皆吾
民也亟令縱之且曰雖得罪死不恨章上不之罪也衞輝懷孟大水思廉臨視
賑貸全活甚衆水及城不沒者數板卽修隄防露宿督役水不爲患衞人德之
遷陝西漢中道按察使以母老不赴俄丁母憂二十六年立雲南行御史臺起
復思廉爲御史中丞始至蠻夷酋長來賀詞若遜而意甚倨思廉奉宣上意綏
懷遠人且明示禍福使毋自外聞者懾服雲南舊有學校而禮教不興思廉力
振起之始有從學問禮者成宗卽位除河東山西廉訪使太原歲飼諸王駝馬
一萬四千餘匹思廉爲請止飼千匹平陽諸郡歲輸租稅於北方民甚苦之思
廉爲請得輸河東近倉舊法決事咸有議劄權歸曹吏思廉自判牘尾某當某
罪吏皆束手思廉累任風憲剛正疾惡言事剴切如請早建儲貳訪求賢俊辨
車服議封謚養軍力定律令皆急務也與人交有終始或有疾病死喪問遺賙
卹往返數百里不憚勞仍爲之經紀家事撫視其子孫其於家族尤盡恩意好
薦達人物或者以爲好名思廉曰若避好名之譏人不復敢爲善矣卒年六十

二謚敬肅

烏古孫澤

烏古孫澤字潤甫臨潢人其先女真烏古部因以爲氏祖璧仕金爲明威將軍資用庫使從金主遷汴汴城陷轉徙居大名父仲倜儻有奇節遭金季世憒無所施用高言危行親交避之遂縱酒陽狂以自晦然教澤特嚴澤性剛毅讀書舉大略一切求諸己不事章句才幹過人世祖將取江南澤以選輸鈔至淮南餉軍丞相阿朮見而奇之補淮東大都督府掾至元十四年元帥唆都下兵閩越見澤與語而合卽辟元帥府提控案牘時宋廣王據福州改元炎興度我軍且至遂入于海復聚兵甲子門其將張世傑攻泉州興化守臣陳瓚舉郡應之文天祥置都督府于南劍州守臣張清行都督府事謀復建寧閩中郡縣往往復從宋江東大擾唆都時軍浙東建信告急唆都謀于衆曰我軍當何先澤曰彼據閩廣而我往浙右非策之善譬之伐木務除其根當先向南會行省檄唆都與左丞塔出會兵甲子門遂度兵閩關八戰而至南劍殺其守臣張清宋師

遂退冬十月收福州進攻興化拔之唆都怒其民反覆下令屠城澤屢諫不聽復前說曰世傑不虞我軍遽至方急攻泉州謀固其植我新得泉州民志未固旦暮且失守比我定興化整兵而南彼樹植將日固矣莫若開其遺民使走泉南扇動之世傑將膽落而走是我不戰而完泉州捷於吾兵之馳救也唆都喜開南門縱民去因得脫死者甚衆世傑得逃民知興化已破乃解泉州圍去唆都至泉州部署別將裝大艦趣甲子門自將下漳州軍于海豐引精騎與塔出會十二月入廣州十五年春正月還擊潮州守將馬發備禦甚固澤曰潮人所以城守不下者以外多壁壘爲之援應也第翦其外應潮必覆矣乃分兵攻其一大壘破之餘壘盡散走二旬而潮拔馬發死焉既而文天祥軍潰於江西廣王暨張世傑死于海中唆都還軍福建夏五月詔立行中書省于福建以唆都行參知政事澤行省都事從朝京師命知興化軍賜金織衣賞其善謀也繼改興化軍爲路授澤行總管府事民歌舞迎候于道曰是吾民復生之父母也喜極而繼以泣郡新殘于兵白骨在野首下令掩埋之又衣食其流離之民有棄

子于道者置慈幼曹籍而撫育之郡中惡年少喜爲不義以資求竄名卒伍冀後得計功版授官吏恐激變不敢詰澤悉追毀所授誅其尤無良者貪暴始戢始陳瓚以郡應張世傑民多戰死者至是吏援例將籍其產澤語吏曰國家至仁誅止陳瓚從瓚者猶蒙宥民奈何連坐亟爲令曰民不幸詿誤從陳瓚誅及鬭死無後者其田廬貲產並給其族姻有司無所與吏不能逆乃止當江南未定盜賊所在有之民自相什伍保衛鄉里及時平行省議籍爲兵上下洶洶澤白行省曰國兵非少今籍民以示少非所以安反側也且當籍者衆民或有他心議遂格澤又興學校召長老及諸生講肄經義行鄉飲酒禮旁郡聞而慕之興化故號多士士咸知嚮慕以澤與常袞方儀並肖像祠于學宮至元二十一年調永州路判官湖廣平章政事要束木貪縱淫虐誅求無厭或妄言初歸附時州縣長吏及吏胥富人比屋斂銀將輸之官銀已具而事遂中止要束木即下令責民自實使者旁午隨地置獄株連蔓引備極慘酷民以考掠瘐死者載道所獲不貲要束木盡掩有之有使至永澤戒吏美供帳豐酒食務順適其意

使者感愧無所發其毒因間以利害曉之一郡由是獲安是歲盜起寶慶武岡皆承旁郡也行省遣澤討平之俘獲五百餘人簡出其詿誤者百有五十人上書言狀誅其首惡者三十一人餘得減死二十六年丞相桑哥建議考校錢穀天下騷動澤歎曰民不堪命矣卽自上計行省要束木怒曰郡國錢糧無不增羨永州何爲獨不然此直孫府判倚其才辨慢我亟拘繫之非死不釋也明年桑哥敗要束木伏誅澤始得釋二十九年湖廣平章政事闊里吉思薦澤才堪將帥以行省員外郎從征海南黎黎人平軍還上功授廣南西道宣慰副使秋七月併左右兩道歸廣西宣慰司置元帥府澤爲廣西兩江道宣慰副使僉都元帥府事兩江荒遠瘴癘與百夷接不知禮法澤作司規三十有二章以漸爲教其民至今遵守之又省廢置二十二所以紓民力歲饑上言蠲其田租發象州賀州官粟三千五百石以賑饑者旣發乃上其事時行省平章哈剌哈孫察其心誠愛民不以專擅罪之邕管徼外蠻數爲寇澤循行並徼得阨塞處布畫遠邇募民伉健者四千六百餘戶置雷留那扶十屯列營堡以守之陂水墾田

築八堨以節潴洩得稻田若干畝歲收穀若干石爲軍儲邊民賴之海北元帥薛赤干贓利事覺行省檄澤驗治澤馳至雷州盡發其奸贓縱所掠男女四百八十二口牛數千頭金銀器物稱是海北之民欣忭相慶御史臺言烏古孫澤奉使知大體如汲長孺爲將計萬全如趙充國可屬大任詔擢爲海北海南廉訪使故例圭田至秋乃入租後遂計月受之澤視事三月民輸租計米五百石澤曰夫子有言事君者先其事後其食吾涖政日淺而受祿四倍非情所安量食而入餘悉委學官給諸生以勸業常曰士非儉無以養廉非廉無以養德身一布袍數年妻子朴素無華人皆言之澤不以爲意也雷州地近海潮汐齧其東南陂塘鹻農病焉而西北廣衍平衺宜爲陂塘澤行視城陰曰三溪徒走海而不以灌溉此史起所以薄西門豹也乃教民浚故湖築大堤堨三溪瀦之爲斗門七堤堨六以制其嬴耗釃爲渠二十有四以達其注輸渠皆支別爲牐設守視者時其啓閉計得良田數千頃瀕海廣潟並爲膏土民歌之曰鳥鹵爲田兮孫父之教渠之泱泱兮長我秔稻自今有生兮無旱無澇至大元年改福建

廉訪使澤宿有德於閭閻人安之有芝五色產於憲司之澄清堂士民以爲澤之所致以母年踰八十求歸養長沙歲餘母喪澤以哀毀卒妻杜以夫死飲食不入口者十有三日不死乃復食澤積官自承直郎至中大夫謚正憲子艮禎仕至中書右丞以功名終

趙炳

趙炳字彥明惠州灤陽人父弘有勇略國初爲征行兵馬都元帥積階奉國上將軍炳幼失怙恃鞠於從兄歲饑往平州就食遇盜欲殺之兄解衣就縛炳年十二泣請代兄盜驚異舍之而去甫弱冠以勳閥之子侍世祖於潛邸恪勤不怠遂蒙眷遇世祖次桓撫間以炳爲撫州長城邑規制爲之一新己未王師伐宋未幾北方有警括兵斂財燕薊騷動王師北還炳遠迓中途具以事聞追所括兵及橫斂財物悉歸於民世祖嘉其忠中統元年命判北京宣撫司事北京控制遼東番夷雜處號稱難治時參知政事楊果爲宣撫使聞炳至喜曰吾屬無憂矣三年括北京鷹坊等戶丁爲兵蠲其賦令炳總之時李璮叛據濟南炳

請討之國兵圍城炳將千人獨當北面有所俘獲即縱遣去曰脅從之徒不足治也濟南平入爲刑部侍郎兼中書省斷事官時有攜妓登龍舟者即按之以法未幾其人死其子犯蹕訴冤詔讓之炳曰臣執法尊君職當爲也帝怒命之出既而謂侍臣曰炳用法太峻然非徇情者改樞密院斷事官濟南妖民作亂賜金虎符加昭勇大將軍濟南路總管炳至止罪首惡餘黨解散歲凶發廪賑民而後以聞朝廷不之罪也遷遼東提刑按察使遼東聞其來豪猾屛跡至元九年帝念關中重地風俗強悍思得剛鯁舊臣以臨之授炳京兆路總管兼府尹皇子安西王開府於秦詔治宮室悉聽炳裁製王府吏卒橫暴擾民者即建白繩以法王命之曰後有犯者勿復啓請若自處之自是豪猾歛戢秦民以安有旨以解州鹽賦給王府經費歲久積逋二十餘萬緡有司追理僅獲三之一民已不堪炳密啓王曰十年之逋責償一日其孰能堪與其裒歛病民孰若惠澤加於民乎王善其言遽命免徵會王北伐詔以京兆一年之賦充軍資炳復請曰所徵逋課足佐軍用可貸歲賦以蘇民力令下秦民大悅十四年加鎮國

上將軍安西王相王府冬居京兆夏徙六盤山歲以爲常王旣北伐六盤守者
搆亂炳自京兆率兵往捕甫及再旬元惡授首十五年春六盤再亂復討平之
王還自北嘉賞戰功賚賜有加是歲十一月王薨十六年秋被旨入見便殿帝
勞之曰卿去數載衰白若此關中事煩可知已詢及民間利病炳悉陳之因言
王薨之後運使郭琮郎中郭叔雲竊弄威柄恣爲不法帝臥聽遽起曰聞卿斯
言使老者增健飲以上尊馬湩改中奉大夫安西王相兼陝西五路西蜀四川
課程屯田事餘職如故卽令乘傳偕勑使數人往按琮等至則琮假嗣王旨入
炳罪收炳妻孥因之時嗣王之六盤徙炳等於平涼北崆峒山因閉益嚴炳子
仁榮訴於上卽詔近侍二人馳馹而西脫炳且械琮黨偕來琮等留使者醉以
酒先遣人毒炳於平涼獄中其夜星隕有聲如雷年五十九實十七年三月也
帝聞之撫髀歎曰失我良臣俄械琮等百餘人至帝親鞫問盡得其情旣各伏
辜命仁榮手刃琮叔雲於東城籍其家以付仁榮仁榮曰不共戴天之人所蓄
之物皆取於民何忍受之帝善之別賜鈔二萬二千五百緡爲治喪具國朝舊

制無贖臣下禮蓋殊恩也六月詔雪炳冤特贈中書左丞諡忠愍子六人仁顯

早亡次仁表仁榮仁旭仁舉仁軌仁榮仕至中書平章政事餘俱登顯仕

元史卷一百六十三

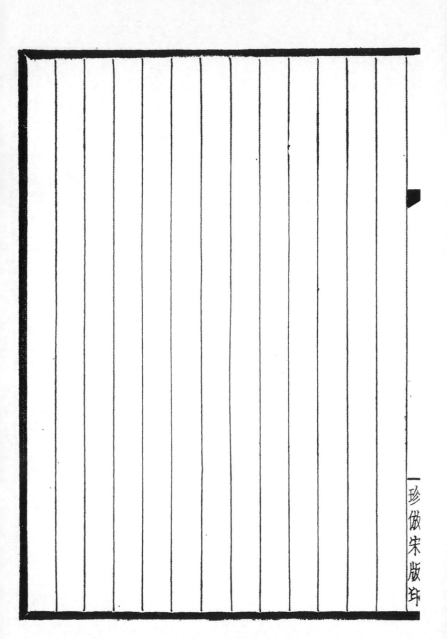

元史卷一百六十四

明翰林學士亞中大夫知制誥兼修國史宋　濂等修

列傳第五十一

楊恭懿

楊恭懿字元甫奉元人力學強記日數千言雖從親逃亂未嘗廢業年十七西還家貧服勞爲養暇則就學書無不讀尤深於易禮春秋後得朱熹集注四書歎曰人倫日用之常天道性命之妙皆萃此書矣父沒水漿不入口者五日居喪盡禮宣撫司行省以掌書記辟不就至元七年與許衡俱被召恭懿不至衡拜中書左丞日於右相安童前稱譽恭懿之賢丞相以聞十年詔遣使召之以疾不起十一年太子下教中書俾如漢惠聘四皓者以聘恭懿丞相遣郎中張元智爲書致命乃至京師既入見世祖遣國王和童勞其遠來繼又親詢其鄉里族氏師承子姓無不周悉十二年正月二日帝御香殿以大軍南征使久不至命筮之其言祕侍讀學士徒單公履請設取士科詔與恭懿議之恭懿言明

詔有謂士不治經學孔孟之道日爲賦詩空文斯言誠萬世治安之本今欲取士宜勑有司舉有行檢通經史之士使無投牒自售試以經義論策夫既從事實學則士風還淳民俗趨厚國家得才矣奏入帝善之會北征恭懿遂歸田里十六年詔安西王相敦遣赴闕入見詔於太史院改曆十七年二月進奏曰臣等徧考自漢以來曆書四十餘家精思推算舊儀難用而新者未備故日行盈縮月行遲疾五行周天其詳皆未精察今權以新儀木表與舊儀所測相較得今歲冬至晷景及日躔所在與列舍分度之差大都北極之高下晝夜刻長短參以古制創立新法推算成辛巳曆雖或未精然比之前改曆者附會元曆更日立法全踵故習顧亦無愧然必每歲測驗修改積三十年庶盡其法可使如三代日官世專其職測驗良久無改歲之事矣又合朔議曰日行曆四時一周謂之一歲月踰一周復與日合謂之一月言一月之始日月相合故謂合朔自秦廢曆紀漢太初止用平朔法大小相間或有二大者故日食多在晦日或二日測驗時刻亦鮮中宋何承天測驗四十餘年進元嘉曆始以月行遲速定小

餘以正朔望使食必在朔名定朔法有三大二小時以異舊法罷之梁虞劆造大同曆隋劉焯造皇極曆皆用定朔爲時所阻唐傅仁均造戊寅曆定朔始得行貞觀十九年四月頻大人皆異之竟改從平朔李淳風造麟德曆雖不用平朔遇四大則避人言以平朔間之又希合當世爲進朔法使無元日之食至一行造大衍曆謂天事誠密四大二小何傷誠爲確論然亦循常不改臣等更造新曆一依前賢定論推算皆改從實今十九年曆自八月後四月併大實日月合朔之數也詳見郭守敬傳是日方列跪未讀奏帝命許衡及恭懿起曰卿二老毋自勞也授集賢學士兼太史院事十八年辭歸二十年以太子賓客召二十二年以昭文館學士領太史院事召二十九年以議中書省事召皆不行三十一年卒年七十

王恂

王恂字敬甫中山唐縣人父良金末爲中山府掾時民遭亂後多以詿誤繫獄良前後所活數百人已而棄去吏業潛心伊洛之學及天文律曆無不精究年

九十二卒恂性穎悟生三歲家人示以書帙輒識風丁二字母劉氏授以千字
文再過目即成誦六歲就學十三學九數輒造其極歲己酉太保劉秉忠北上
途經中山見而奇之及南還從秉忠學於磁之紫金山癸丑秉忠薦之世祖召
見于六盤山命輔導裕宗爲太子伴讀中統二年擢太子贊善時年二十八三
年裕宗封燕王守中書令兼判樞密院事敕兩府大臣凡有咨稟必令王恂與
聞初中書左丞許衡集唐虞以來嘉言善政爲書以進世祖嘗令恂講解且命
太子受業焉又詔恂於太子起居飲食愼爲調護非所宜接之人勿令得侍左
右恂言太子天下本付託至重當延名德與之居處況兼領中書樞密之政詔
條所當徧覽庶務亦當屢省官吏以罪免者毋使更進軍官害人改用之際尤
不可非其人民至愚而神變亂之餘吾不之疑則反覆化爲忠厚帝深然之恂
早以算術名裕宗嘗問焉恂曰算數六藝之一定國家安人民乃大事也每侍
左右必發明三綱五常爲學之道及歷代治忽興亡之所以然又以遼金之事
近接耳目者區別其善惡論著其得失上之裕宗問以心之所守恂曰許衡嘗

言人心如印板惟板本不差則雖摹千萬紙皆不差本既差則摹之於紙無不差者裕宗深然之詔擇勳戚子弟使學於恂師道卓然及恂從裕宗撫軍稱海乃以諸生屬之許衡及衡告老而去復命恂領國子祭酒國學之制實始於此帝以國朝承用金大明曆歲久浸疏欲釐正之知恂精於算術遂以命之恂薦許衡能明曆之理詔驛召赴闕命領改曆事官屬悉聽恂辟置恂與衡及楊恭懿郭守敬等徧考曆書四十餘家晝夜測驗創立新法參以古制推算極爲精密詳在守敬傳十六年授嘉議大夫太史令十七年曆成賜名授時曆以其年冬頒行天下十八年居父喪哀毀日飲勺水帝遣內侍慰諭之未幾卒年四十七初恂病裕宗屢遣醫診治及葬賻鈔二千貫後帝思定曆之功以鈔五千貫賜其家延祐二年贈推忠守正功臣光祿大夫司徒上柱國定國公諡文肅子寬賓並從許衡游得星曆之傳於家學裕宗嘗召見語之曰汝父起於書生貧無貲蓄今賜汝鈔五千貫用盡可復以聞恩恤之厚如此寬由保章正歷兵部郎中知蠡州賓由保章副累遷祕書監

郭守敬

郭守敬字若思順德邢臺人生有異操不爲嬉戲事大父榮通五經精於算數水利時劉秉忠張文謙張易王恂同學於州西紫金山榮使守敬從秉忠學中統三年文謙薦守敬習水利巧思絶人世祖召見面陳水利六事其一中都舊漕河東至通州引玉泉水以通舟歲可省雇車錢六萬緡通州以南於蘭榆河口徑直開引由蒙村跳梁務至揚村還河以避浮鷄淘盤淺風浪遠轉之患其二順德達泉引入城中分爲三渠灌城東地其三順德澧河東至古任城失其故道没民田千三百餘頃此水開修成河其田即可耕種自小王村經滹沱合入御河通行舟栰其四磁州東北滏漳二水合流處引水由滏陽邯鄲洺州永年下經雞澤合入澧河可灌田三千餘頃其五懷孟沁河雖澆灌猶有漏堰餘水東與丹河餘水相合引東流至武陟縣北合入御河可灌田二千餘頃其六黃河自孟州西開引少分一渠經由新舊孟州中閒順河古岸下至温縣南復入大河其閒亦可灌田二千餘頃每奏一事世祖歎曰任事者如此人不爲素

餐矣授提舉諸路河渠四年加授銀符副河渠使至元元年從張文謙行省西
夏先是古渠在中興者一名唐來其長四百里一名漢延長二百五十里它州
正渠十皆長二百里支渠大小六十八灌田九萬餘頃兵亂以來廢壞淤淺守
敬更立牐堰皆復其舊二年授都水少監守敬言舟自中興沿河四晝夜至東
勝可通漕運及見查泊兀郎海古渠甚多宜加修理又言金時自燕京之西麻
峪村分引盧溝一支東流穿西山而出是謂金口其水自金口以東燕京以北
灌田若干頃其利不可勝計兵興以來典守者懼有所失因以大石塞之今若
按視故蹟使水得通流上可以致西山之利下可以廣京畿之漕又言當於金
口西預開減水口西南還大河令其深廣以防漲水突入之患帝善之十二年
丞相伯顏南征議立水站命守敬行視河北山東可通舟者爲圖奏之初秉忠
以大明曆自遼金承用二百餘年浸以後天議欲脩正而卒十三年江左既平
帝思用其言遂以守敬與王恂率南北日官分掌測驗推步於下而命文謙與
樞密張易爲之主領裁奏於上左丞許衡參預其事守敬首言曆之本在于測

驗而測驗之器莫先儀表今司天渾儀宋皇祐中汴京所造不與此處天度相符比量南北二極約差四度表石年深亦復欹側守敬乃盡考其失而移置之既又別圖高爽地以木爲重棚創作簡儀高表用相比覆又以爲天樞附極而動昔人嘗展管望之未得其的作候極儀極辰既位天體斯正作渾天象象雖形似莫適所用作玲瓏儀以表之矩方測天之正圜莫若以圜求圜作仰儀古有經緯結而不動守敬易之作立運儀日有中道月有九行守敬一之作證理儀表高景虛罔象非真作景符月雖有明察景則難作闚几曆法之驗在於交會作日月食儀天有赤道輪以當之兩極低昂標以指之作星晷定時儀又作正方案九表懸正儀座正儀爲四方行測者所用又作仰規覆矩圖異方渾蓋圖日出入永短圖與上諸儀互相參攷十六年改局爲太史院以恂爲太史令守敬爲同知太史院事給印章立官府及奏進儀表式守敬當帝前指陳理致至於日晏帝不爲倦守敬因奏唐一行開元間令南宮說天下測景書中見者凡十三處今疆宇比唐尤大若不遠方測驗日月交食分數時刻不同晝夜長

短不同日月星辰去天高下不同卽目測驗人少可先南北立表取直測景帝可其奏遂設監候官一十四員分道而出東至高麗西極滇池南踰朱崖北盡鐵勒四海測驗凡二十七所十七年新曆告成守敬與諸臣同上奏曰臣等竊聞帝王之事莫重於曆自黃帝迎日推策帝堯以閏月定四時成歲舜在璇璣玉衡以齊七政爰及三代曆無定法周秦之間閏餘乖次西漢造三統曆百三十年而後是非始定東漢造四分曆七十餘年而儀式方備又百二十一年劉洪造乾象曆始悟月行有遲速又百八十年姜岌造三紀甲子曆始悟以月食衝檢日宿度所在又五十七年何承天造元嘉曆始悟以朔望及弦皆定大小餘又六十五年祖沖之造大明曆始悟太陽有歲差之數極星去不動處一度餘又五十二年張子信始悟日月交道有表裏五星有遲疾留逆又三十三年劉焯造皇極曆始悟日行有盈縮又三十五年傅仁均造戊寅元曆頗采舊儀始用定制又四十六年李淳風造麟德曆以古曆章蔀元首分度不齊始爲總法用進朔以避晦晨月見又六十三年一行造大衍曆始以朔有四大三小定

九服交食之異又九十四年徐昻造宣明曆始悟日食有氣刻時三差又百三十六年姚舜輔造紀元曆始悟食甚泛餘差數以上計千一百八十二年曆經七十改其創法者十有三家自是又百七十四年聖朝專命臣等改治新曆臣等用創造簡儀高表憑其測實數所考正者凡七事一曰冬至自丙子年立冬後依每日測到晷景逐日取對冬至前後日差同者爲準得丁丑年冬至在戊戌日夜半後八刻半又定丁丑夏至在庚子日夜半後七十刻又定戊寅冬至在癸卯日夜半後三十三刻己卯冬至在戊申日夜半後五十七刻庚辰冬至在癸丑日夜半後八十一刻各減大明曆十八刻遠近相符前後應準二曰歲餘自大明曆以來凡測景驗氣得冬至時刻真數者有六用以相距各得其時合用歲餘今考驗四年相符不差仍自宋大明壬寅年距至今日八百一十年每歲合得三百六十五日二十四刻二十五分其二十五分爲今曆歲餘合用之數三曰日躔用至元丁丑四月癸酉望月食既推求日躔得冬至日躔赤道箕宿十度黃道箕九度有奇仍憑每日測到太陽躔度或憑星測月或憑月測

日或徑憑星度測日立術推算起自丁丑正月至己卯十二月凡三年共得一百三十四事皆躔於箕與日食相符四曰月離自丁丑以來至今憑每日測到逐時太陰行度推算變從黃道求入轉極遲疾并平行處前後凡十三轉計五十一事內除去不真的外有三十事得大明曆入轉後天又因考驗交食加大明曆三十刻與黃道合五曰入交自丁丑五月以來憑每日測到太陽去極度數比擬黃道去極度得月道交於黃道共得八事仍依日食法度推求皆有食分得入交時刻與大明曆所差不多六曰二十八宿距度自漢太初曆以來距度不同互有損益大明曆則於度下餘分附以太半少皆私意牽就未嘗實測其數今新儀皆細刻周天度分每度爲三十六分以距線代管窺宿度餘分並依實測不以私意牽就七曰日出入晝夜刻大明曆日出入晝夜刻皆據汴京爲準其刻數與大都不同今更以本方北極出地高下黃道出入內外度立術推求每日日出入晝夜刻得夏至極長日出寅正二刻日入戌初二刻晝六十二刻夜三十八刻冬至極短日出辰初二刻日入申正二刻晝三十八刻夜六

十二刻永爲定式所創法凡五事一曰太陽盈縮用四正定氣立爲升降限依立招差求得每日行分初末極差積度比古爲密二曰月行遲疾古曆皆用二十八限今以萬分日之八百二十分爲一限凡析爲三百三十六限依垜疊招差求得轉分進退其遲疾度數逐時不同蓋前所未有三曰黃赤道差舊法以一百一度相減相乘今依算術句股弧矢方圜斜直所容求到度率積差差率與天道實脗合四曰黃赤道內外度據累年實測內外極度二十三度九十分以圜容方直矢接句股爲法求每日去極與所測相符五曰白道交周舊法黃道變推白道以斜求斜今用立渾比量得月與赤道正交距春秋二正黃赤道正交一十四度六十六分擬以爲法推逐月每交二十八宿度分於理爲盡十九年恂卒時曆雖頒然其推步之式與夫立成之數尚皆未有定藁守敬於是比次篇類整齊分杪裁爲推步七卷立成二卷曆議擬藁三卷轉神選擇二卷上中下三曆注式十二卷二十三年繼爲太史令遂上表奏進又有時候箋注二卷修改源流一卷其測驗書有儀象法式二卷二至晷景考二十卷五星細

行考五十卷古今交食考一卷新測二十八舍雜坐諸星入宿去極一卷新測無名諸星一卷月離考一卷並藏之官二十八年有言灤河自永平挽舟踰山而上可至開平有言瀘溝自麻峪可至尋麻林朝廷遣守敬相視灤河既不可行瀘溝舟亦不通守敬因陳水利十有一事其一大都運糧河不用一畝泉舊原別引北山白浮泉水西折而南經甕山泊自西水門入城環匯於積水潭復東折而南出南水門合入舊運糧河每十里置一牐比至通州凡爲牐七距牐里許上重置斗門互爲提閼以過舟止水帝覽奏喜曰當速行之於是復置都水監俾守敬領之帝命丞相以下皆親操畚牐倡工待守敬指授而後行事先是通州至大都陸運官糧歲若干萬石方秋霖雨驢畜死者不可勝計至是皆罷之三十年帝還自上都過積水潭見舳艫蔽水大悅名曰通惠河賜守敬鈔萬二千五百貫仍以舊職兼提調通惠河漕運事守敬又言於澄清牐稍東引水與北垻河接且立牐麗正門西令舟楫得環城往來志不就而罷三十一年拜昭文館大學士知太史館事大德二年召守敬至上都議開鐵幡竿渠守敬

奏山水頻年暴下非大爲渠堰廣五七十步不可執政吝於工費以其言爲過縮其廣三之一明年大雨山水注下渠不能容漂沒人畜廬帳幾犯行殿成宗謂宰臣曰郭太史神人也惜其言不用耳七年詔內外官年及七十並聽致仕獨守敬不許其請自是翰林太史司天官不致仕定著爲令延祐三年卒年八十六

楊桓

楊桓字武子兗州人幼警悟讀論語至宰予晝寢章慨然有立志由是終身非疾病未嘗晝寢弱冠爲郡諸生一時名公咸稱譽之中統四年補濟州教授後由濟寧路教授召爲太史院校書郎奉敕撰儀表銘曆日序文辭典雅賜楮幣千五百緡辭不受還祕書監丞至元三十一年拜監察御史有得玉璽於木華黎曾孫碩德家者桓辨識其文曰受天之命既壽永昌乃頓首言曰此歷代傳國璽也亡之久矣今宮車晏駕皇太孫龍飛而璽復出天其彰瑞應於今日乎即爲文述璽始末奉上于徽仁裕聖皇后成宗即位桓疏上時務二十一事一

曰郊祀天地二曰親享太廟備四時之祭三曰先定首相四曰朝見羣臣訪問時政得失五曰詔儒臣以時侍講六曰設太學及府州儒學教養生徒七曰行誥命以褒善敘勞八曰異章服以別貴賤九曰正禮儀以肅宮庭十曰定官制以省內外冗員十一曰講究錢穀以裕國用十二曰訪求曉習音律者以協太常雅樂十三曰國子監不可隸集賢院宜正其名十四曰試補六部寺監及府州司縣吏十五曰增內外官吏俸祿十六曰禁父子骨肉奴婢相告訐者十七曰定婚姻聘財十八曰罷行用官錢營什一之利十九曰復笞杖以別輕重之罪二十曰郡縣吏自中統前仕宦者宜加優異二十一曰爲治之道宜各從本俗疏奏帝嘉納之未幾陞祕書少監預修大一統志秩滿歸兗州以貲業悉讓弟楷鄉里稱焉大德三年以國子司業召未赴卒年六十六桓爲人寬厚事親篤孝博覽羣籍尤精篆籀之學著六書統六書泝源書學正韻大抵推明許慎之說而意加深皆行于世

楊果

楊果字正卿祁州蒲陰人幼失怙恃自宋遷亳復徙居許昌以章句授徒爲業流寓轗軻十餘年金正大甲申登進士第會參政李蹊行大司農於許果以詩送之蹊大稱賞歸言於朝用爲偃師令到官以廉幹稱改滿城改陝皆劇縣也果有應變材能治煩劇諸縣以果治效爲最金亡歲己丑楊奐徵河南課稅起果爲經歷未幾史天澤經略河南果爲參議時兵革之餘法度草創果隨宜贊畫民賴以安世祖中統元年設十道宣撫使命果爲北京宣撫使明年拜參政知事及例罷猶詔與左丞姚樞等日赴省議事至元六年出爲懷孟路總管大修學廟以前嘗爲中書執政官移文申部特不署名以老致政卒于家年七十五謚文獻果性聰敏美風姿工文章尤長於樂府外若沈默內懷智用善諧謔聞者絕倒微時避亂河南娶覊旅中女後登科歷顯仕竟與偕老不易其初心人以是稱之有西菴集行於世

王構

王構字肯堂東平人父公淵遭金末之亂其兄三人挈家南奔公淵獨誓死守

墳墓伏草莽中諸兄呼之不出號慟而去卒得存其家而三兄不知所終構少穎悟風度凝厚學問該博文章典雅弱冠以詞賦中選爲東平行臺掌書記參政賈居貞一見器重俾其子受學焉至元十一年授翰林國史院編修官時遣丞相伯顏伐宋先下詔讓之命構屬草以進世祖大悅宋亡構與李槃同被旨至杭取三館圖籍太常天章禮器儀仗歸于京師凡所薦拔皆時之名士十三年秋還入覲還應奉翰林文字陞修撰丞相和禮霍孫由翰林學士承旨拜司徒辟構爲司直時丞相阿合馬爲盜擊死世祖亦悟其姦復相和禮霍孫更張庶務構之謀畫居多歷吏部禮部郎中審囚河南多所平反改太常少卿定親享太廟儀注擢淮東提刑按察副使召見便殿親授制書賜上尊酒以遣之尋以治書侍御史召屬桑哥爲相俾與平章卜忽木檢覆燕南錢穀而督其逋負以十一月晦行期歲終復命明年春還宿盧溝驛度逾期禍且不測謂卜忽木曰設有罪構當以身任之不以累公也會桑哥死乃免有旨出銓選江西入翰林爲侍講學士世祖崩構撰謚冊成宗立由侍講爲學士纂修實錄書成參議

中書省事時南士有陳利便請捜括田賦者執政欲從之構與平章何榮祖共
言其不可辨之甚力得不行以疾歸東平久之起爲濟南路總管諸王從者怙
勢行州縣民莫敢忤視構聞諸朝徙之北境學田爲牧地所侵者理而歸之官
貸民粟歲飢而責償不已構請輸以明年武宗卽位以纂修國史趣召赴闕拜
翰林學士承旨未幾以疾卒年六十三構歷事三朝練習臺閣典故凡祖宗諡
冊冊文皆所撰定朝廷每有大議必咨訪焉喜薦引寒士前後省臺翰苑所辟
無慮數十人後居清要皆有名于時子士熙仕至中書參政卒官南臺御史中
丞士點淮西廉訪司僉事皆能以文學世其家

魏初

魏初字大初弘州順聖人從祖璠金貞祐三年進士補尚書省令史金宣宗求
直言璠首論將相非人及不當立德陵事疏奏不報後復上言國勢危逼四方
未聞有勤王之舉隴右地險食足其帥完顏胡斜虎亦可委仗宜遣人往諭大
計大臣不悅而止閱數月胡斜虎兵來援已無及金主悔焉金將武仙軍次五

埰山不進求使仙者或薦播卽授朝列大夫翰林修撰給騎四人以從至則仙已遁去部曲亦多散亡播撫循招集得數千人推其中材勇者爲帥長仍制符印予之以矯制自劾金主謂其處置得宜繼聞仙率餘衆保留山播直趣仙所宣諭之或譏於仙謂播欲奪其軍仙怒命士拔刃若欲鏦播然且引一吏與播辨播不爲動大言曰王人雖微序于諸侯之上將軍縱不加禮柰何聽譏邪之言欲以小吏置對耶且將軍跳山谷而左右無異心者以天子大臣故也苟不知尊天子安知麾下無如將軍者不然吾有死無辱命仙不能屈播復激使進兵不應比還金主已遷歸德復遷蔡州金亡播無所歸乃北還鄉里庚戌歲世祖居潛邸聞播名徵至和林訪以當世之務播條陳便宜三十餘事舉名士六十餘人以對世祖嘉納後多采用焉以疾卒于和林年七十賜謚靖肅初其從孫也播無子以初爲後初好讀書尤長於春秋爲文簡而有法比冠有聲中統元年始立中書省辟爲掾史兼掌書記未幾以祖母老辭歸隱居教授會詔左丞許衡學士竇默及京師諸儒各陳經史所載前代帝王嘉言善政選進讀之

士有司以初應詔帝雅重璠名方之古直詢知初爲璠子歎獎久之卽授國史院編修官尋拜監察御史首言法者持天下之具御史臺則守法之司也方今法有未定百司無所持循宜參酌考定頒行天下帝宴羣臣於上都行宮有不能釂大巵者免其冠服初上疏曰臣聞君猶天也臣猶地也尊卑之禮不可不肅方今內有太常有史官有起居注以議典禮記言動外有高麗安南使者入貢以觀中國之儀昨聞錫宴大臣威儀弗謹非所以尊朝廷正上下也疏入帝欣納之仍諭侍臣自今毋復爲此舉時襄樊未下將括民爲兵或請自大輿始初言京師天下之本要在殷盛建邦之初詎宜騷動遂免括大輿兵初又言舊制常參官諸州刺史上任三日舉一人自代況風紀之職與常員異請自今監察御史按察司官在任一歲各舉一人自代所舉不當有罰不惟砥礪風節亦可爲國得人遂舉勸農副使劉宣自代出僉陝西四川按察司事歷陝西河東按察副使入爲治書侍御史又以侍御史行御史臺事于揚州擢江西按察使尋徵拜侍御史行臺移建康出爲中丞卒年六十一子必復集賢侍講學士

焦養直

焦養直字無咎東昌堂邑人夙以才器稱至元十八年世祖改符寶郎爲典瑞監思得一儒者居之近臣有以養直薦者帝卽命召見敷對稱旨以真定路儒學教授超拜典瑞少監二十四年從征乃顏二十八年賜宅一區入侍帷幄陳說古先帝王政治帝聽之每忘倦嘗語及漢高帝起自側微誦所舊聞養直從容論辨帝卽開納由是不薄高帝大德元年成宗幸柳林命養直進講資治通鑑因陳規諫之言詔賜酒及鈔萬七千五百貫二年賜金帶象笏三年遷集賢侍講學士賜通犀帶七年詔傅太子於宮中啓沃誠至帝聞之大悅八年代祀南海九年進集賢學士十一年陞太子諭德至大元年授集賢大學士諜議大政悉與焉告老歸而卒贈資德大夫河南等處行中書省右丞諡文靖子德方以廕爲興國路總管府判官

孟攀鱗

孟攀鱗字駕之雲內人曾祖彥甫以明法爲西北路招討司知事有疑獄當死

者百餘人彥甫執不從後三日得實皆釋之祖鶴父澤民皆金進士攀鱗幼日
誦萬言能綴文時號奇童金正大七年擢進士第仕至朝散大夫招討使歲壬
辰汴京下北歸居平陽丙午爲陝西帥府詳議官遂家長安世祖中統三年授
翰林待制同修國史至元初召見條陳七十事大抵勸上以郊祀天地祠太廟
制禮樂建學校行科舉擇守令以字民儲米粟以贍軍省無名之賦罷不急之
役百司庶府統於六部紀綱制度悉由中書是爲長久之計世祖悉嘉納之咨
問諄諄後論王百一許仲平優劣對曰百一文華之士可置翰苑仲平明經傳
道可爲後學矜式帝深然之又嘗召問宗廟郊祀儀制攀鱗悉據經典以對時
帝將親祀詔命攀鱗會太常議定禮儀攀鱗夜畫郊祀及宗廟圖以進帝皆親
覽焉復以病請西歸帝令就議陝西五路四川行中書省事四年卒年六十四
延祐三年贈翰林學士承旨資德大夫上護軍平原郡公謚文定

尚野

尚野字文蔚其先保定人徙滿城野幼穎異祖母劉厚資之使就學至元十八

年以處士徵爲國史院編修官二十年兼興文署丞出爲汝州判官廉介有爲憲司屢薦之二十八年遷南陽縣尹初至官獄訟充斥野裁決無留滯涉旬遂無事改懷孟河渠副使會遣使問民疾苦野建言水利有成法宜隸有司不宜復置河渠官事聞于朝河渠官遂罷大德六年遷國子助教諸生入宿衞者歲從幸上都丞相哈剌哈孫始命野分學於上都以教諸生仍鑄印給之上都分學自野始俄陞國子博士誨人先經學而後文藝每謂諸生曰學未有得徒事華藻若持錢買水所取有限能自鑿井及泉而汲之不可勝用矣時學舍未備野密請御史臺乞出帑藏所積大建學舍以廣教育仁宗在東宮野爲太子文學多所裨益時從賓客姚燧諭德蕭𣂏入見帝爲加禮至大元年除國子司業近臣奏分國學西序爲大都路學帝已可其奏野謂國學府學混居不合禮制事遂寢四年拜翰林直學士知制誥同修國史詔野赴吏部試用廕補官野多所優假或病其太寬野曰今初設此法蓋將來者習詩書知禮義耳非必責效目前也衆乃服皇慶元年陞翰林侍講學士延祐元年改集賢侍講學士兼國

子祭酒二年夏移疾歸滿城四方來學者益衆六年卒于家年七十六贈通奉大夫太常禮儀院使護軍追封上黨郡公謚文懿野性閑敏志趣正大事繼母以孝聞文辭典雅一本於理子師易蘄州路總管府判官師簡中奉大夫奎章閣侍書學士同知經筵事

李之紹

李之紹字伯宗東平平陰人自幼穎悟聰敏從東平李謙學家貧教授鄉里學者咸集至元三十一年纂修世祖實錄徵名儒充史職以馬紹李謙薦授將仕佐郎翰林國史院編修官直學士姚燧欲試其才凡翰林應酬之文積十餘事併以付之之紹援筆立成併以藁進燧驚喜曰可謂名下無虛士也大德二年聞祖母疾辭歸復除編修官陞將仕郎六年陞應奉翰林文字七年遷太常博士九年丁母憂累起復終不能奪至大三年仍授太常博士陞承事郎四年陞承直郎翰林待制皇慶元年遷國子司業延祐三年陞奉政大夫國子祭酒夙夜孳孳惟以教育人材爲心四年十二月陞朝列大夫同僉太常禮儀院事六

年改翰林直學士復以疾還七年召爲翰林直學士至治二年陞翰林侍講學士知制誥同修國史三年告老而歸泰定三年八月卒年七十三子㬅蔭父職同知諸暨州事之紹平日自以其性遇事優游少斷故號果齋以自勵有文集藏于家

元史卷一百六十四

元史卷一百六十五

明翰林學士亞中大夫知制誥兼修國史宋　濂等修

列傳第五十二

張禧

張禧東安州人父仁義金末徙家益都及太宗下山東仁義乃走信安時燕薊已下獨信安猶爲金守其主將知仁義勇而有謀用之左右國兵圍信安仁義率敢死士三百開門出戰圍解以功署軍馬總管守信安踰十年度不能支乃與主將舉城內附率其部曲從宗王合伍平定河南授管軍元帥後攻歸德飛矢入口折其二齒鏃出項後卒賜爵縣侯禧年十六從大將阿朮魯南攻徐州歸德復從元帥察罕攻壽春安豐廬滁黃泗諸州皆有功禧素峭直爲主將所忌誣以他罪欲寘之法時王鶚侍世祖於潛邸禧密往依之鶚請左丞闊闊薦禧與其子弘綱俱入見歲己未從世祖南伐濟江與宋兵始接戰卽擒其一將進攻鄂州諸軍穴城以入宋樹柵爲夾城於內入戰者輒不利乃命以厚賞募

敢死士禧與子弘綱俱應募由城東南入戰將至城下帝憫其父子俱入險地遣阿里海牙諭禧父子止一人進戰禧所執槍中弩矢而折取弘綱槍以入破城東南角有逗留不進者十餘人立城下弘綱復奪其槍入轉戰良久禧身中十八矢一矢鏃貫腹悶絕復甦曰得血竭飲之血出可生世祖亟命取血竭遣人往療之瘡既愈復從大將納剌忽與宋兵戰于金口李家洲皆捷世祖即位賜金符授新軍千戶三年從征李壇時宋乘壇判遣夏貴襲取蘄縣宿州等城禧移兵攻之貴走盡復諸城至元元年陞唐鄧等州盧氏保甲丁壯軍總管宋侵均州總管李玉山敗走帝命禧代之三年與宋將呂文煥戰于高頭赤山乘勝復均州四年改水軍總管益其軍二千五百令習水戰五年從攻襄樊六年七月夏貴率兵援襄陽禧從元帥阿朮戰却之八年江水暴溢宋遣范文虎以戰艦千餘艘來援元帥阿朮命禧率輕舟夜銜枚入其陣中插葦以識水之深淺及還阿朮即命禧率四翼水軍進戰宋兵潰追至淺水奪戰艦七十餘艘九年攻樊城焚其串樓敗宋將張貴于鹿門山十年行省集諸將問破襄陽之策

禧言襄樊夾漢江而城敵人橫鐵鎖置木橛于水中今斷鎖毀橛以絕其援則樊城必下樊城下則襄陽可圖矣行省用其計乃破樊城而襄陽繼降帝遣使錄諸將功授宣武將軍水軍萬戶佩金虎符丞相伯顏因命禧爲水軍先鋒十二年敗宋將孫虎臣于丁家洲尋移屯黃池以斷宋救兵九月從阿朮與宋都統姜才戰有功加信武將軍十三年從下溫台福建十四年加懷遠大將軍江陰路達魯花赤水軍萬戶十六年入朝進昭勇大將軍招討使十七年加鎮國上將軍都元帥時朝廷議征日本禧請行卽日拜行中書省平章政事與右丞范文虎左丞李庭同率舟師泛海東征至日本禧卽捨舟築壘平湖島約束戰艦各相去五十步止泊以避風濤觸擊八月颶風大作文虎庭戰艦悉壞禧所部獨完文虎等議還禧曰士卒溺死者半其脫死者皆壯士也曷若乘其無回顧心因糧於敵以進戰文虎等不從曰還朝問罪我輩當之公不與也禧乃分船與之時平湖島屯兵四千乏舟禧曰我安忍棄之遂悉棄舟中所有馬七十疋以濟其還至京師文虎等皆獲罪禧獨免子弘綱弘綱字憲臣年十八父禧

爲主將所誣繫獄將殺之弘綱直入獄中獄卒併繫之弘綱佯狂譃笑守者易之既寢遂與其父逸去後從其父攻城徇地屢有功自昭信校尉管軍總把佩銀符換金符爲千戶陞總管廣威將軍招討副使加定遠大將軍招討使襲鎮江陰盜起安吉弘綱率兵往捕未踰旬擒之從參政高興破建德溪寨諸賊後賜三珠虎符授昭勇大將軍河南諸翼征行萬戶從右丞劉深征八百媳婦國師次八番與叛蠻宋隆濟等力戰而歿贈宣忠秉義功臣資善大夫湖廣等處行中書省左丞上護軍追封齊郡公謚武宣子漢當襲職讓其弟鼎漢後爲監察御史累官至集賢直學士鼎襲江陰水軍萬戶

賈文備

賈文備字仲武祁州蒲陰人父輔仕金爲祁州刺史武仙憚輔膽略密令所親圖之輔以衆歸太祖詔隸張柔以兵攻蠡州慶都安平束鹿諸縣皆下之柔開帥府於滿城命輔行元帥府事於祁州從定山東遷左副元帥柔將兵在外輔常居守累功改行軍千戶賜金符尋領順天河南等路軍民萬戶卒文備襲父

千戶職張柔命屯三汊口備宋兵宋以雲梯三十餘來攻文備率兵鏖戰却之

憲宗賜弓矢銀盂歲乙卯復令襲父左副元帥職兼領順天路中統三年升開

元府路女真水達達等處宣撫使佩金虎符三年遷開元東京懿州等處宣慰

使四年改授萬戶領張柔所部軍屯亳州宋兵時鈔掠淮甸文備戰却之至元

二年加昭勇大將軍真定路總管兼府尹六年調衞輝路總管七年授西蜀成

都統軍以疾不赴八年授宿州萬戶尋改河南等路統軍圍襄樊九年移蔡州

兼水陸漕運宋兵時掠糧餉文備敗之併奪其船詔罷統軍文備入覲賜弓矢

金鞍錦衣白金十一年復授萬戶漢軍都元帥領劉整軍駐亳州宋將夏貴知

亳無備盛引兵來襲文備出奇邀擊大破之帝賜金鞍金織文段白金丞相伯

顏伐宋文備領左翼諸軍以從抵郢州宋築二城夾江布戰艦數千艘于江中

陳兵兩岸軍不得進文備泛舟由淪河徑出大江攻武磯堡乃從阿朮先渡江

大軍繼之遂取鄂漢以功賜白金加昭毅大將軍守鄂州十二年從平章政事

阿里海牙趨湖南至潭州城下文備冒鋒鏑砲傷右手流矢中左臂攻戰愈急

宋臣李芾死之轉運判官鍾蜚英等以城降十三年加昭武大將軍守潭州十四年衡永郴等郡寇發文備悉討平之十五年進鎮國上將軍湖南道宣慰使徇瓊崖等州及廣東瀕海諸城追宋衛王昺十六年召還拜淮東宣慰使加金吾上將軍鎮慶元十八年復授都元帥二十年改江東宣慰使討建寧盜黃華二十二年拜荊湖占城行中書省參知政事二十三年改湖廣行省參知政事二十四年致仕後十七年以疾卒延祐四年贈江西等處行中書省左丞追封武威郡公謚莊武

解誠

解誠易州定興人善水戰從伐宋設方略奪敵船千計以功授金符水軍萬戶兼都水監使焦湖之戰獲戰艦三百艘宋以舟師來援誠據舟厲聲呵之援兵不敢動急移舟抵岸乘勢追殺之奪其軍餉三百餘斛既又從攻安豐壽復泗亳諸州俱有功又從下雲南大理國以功賜金虎符從攻鄂奪敵艦千餘艘殺溺敵軍甚衆世祖嘉其功嘗降制奬之至元三十年卒贈推忠宣力功臣龍虎

衛上將軍同知樞密院事上護軍追封易國公諡武定子汝楫襲從討李璮平宋累獲功賞卒贈推忠效節功臣資德大夫中書右丞上護軍追封易國公諡忠毅子帖哥襲從征廣西下靜江府改授水軍招討使尋復爲萬戶從征交趾有功陞廣東道宣慰使卒贈資德大夫河南江北等處行中書省左丞上護軍平陽郡公諡武宣子世英由監察御史遷山南江北道僉事

管如德

管如德黃州黃陂縣人父景模爲宋將以蘄州降授淮西宣撫使如德爲江州都統制至元十二年亦以城降先是如德嘗被俘虜思其父與同輩七人間道南馳爲邏者所獲械送于郡如德伺邏者怠卽引械擊死數十人各破械脫走間關萬里達父所景模喜曰此真吾兒也至是入覲世祖笑曰是孝於父者必忠於我矣一日授以強弓二如德以左手兼握右手悉引滿之帝曰得無傷汝臂乎後毋復然嘗從獵遇大溝馬不可越如德卽解衣浮渡帝壯之由是稱爲拔都賞賚優渥帝問我何以得天下宋何以亡如德對曰陛下以福德勝之襄

樊宋咽喉也咽喉被塞不亡何待帝曰善帝又命習國書曰習成當爲朕言之一日帝語如德曰朕治天下重惜人命凡有罪者必令面對再四果實也而後罪之非如宋權姦擅權書片紙數字即殺人也汝但一心奉職毋懼忌嫉之口授湖北招討使總管本部軍馬佩金虎符是年六月丞相阿朮南攻宋如德以軍爲前鋒至揚州楊子橋與宋戰晝夜不息如德先登陷陣擒其帥張都統等宋軍遂潰七月進軍焦山江上復大戰奪宋帥夏都統牌印衣甲及餉軍海船悉送阿朮所事聞帝命賞之軍至鎮江如德招安諸郡守將皆望風降附丞相伯顏取臨安復選能招諸郡者衆推如德如德銜命往喻紹興諸郡皆下初世祖以寶刀賜如德及與敵戰刀刃盡缺宋平入覲如德以刀上呈曰陛下向所賜刀從軍以來刀缺如是矣帝嘉其朴十二年遷浙西宣慰使上時政五條一曰立額簿征二曰息兵懷遠三曰立法用人四曰省役恤民五曰設官制祿時法制未備仕多冗員又方用兵日本倭國而軍民之官廪祿未有定制故如德言及之權臣抑不得上二年丞相阿塔海命馳驛奏出征事入見世祖問曰江

南之民得無有二心乎如德對曰往歲旱澇相仍民不聊生今累歲豐稔民沐
聖恩多矣敢有貳志使果有貳志臣曷敢飾辭以欺陛下乎帝善其言且喻之
曰阿塔海有未及者卿善輔導之有當奏聞者卿勿憚勞宜馳捷足之馬來告
於朕二十四年遷江西行省參知政事破豪猾去姦吏居民大悅是時贛汀二
州盜起如德指揮諸將討平之其脅從者多所全宥二十六年遷江西行尙書
省左丞時鍾明亮以循州叛殺掠州縣千里丘墟帝命如德統四省兵討之諸
將欲直擣其巢穴如德曰嘻今田野之氓疲於轉輸介冑之士病於暴露重困
斯民而自爲功吾不爲也於是遣使喻以禍福賊感如德誠信卽擁十餘騎詣
贛州石城縣降平章政事奧魯赤怒其跋扈不臣欲以事殺明亮如德聞之曰
皇元仁厚未嘗殺降明亮叛人何足惜所重者信不可失耳年四十有四卒子
軍贈江西行省左丞平昌郡公謚武襄子九淳祖積官中順大夫龍興路富州
尹

趙匣剌

趙匣剌者始以父任爲千戸佩金符中統三年守東川四年宋夏貴以兵侵虎嘯山寨元帥欽察遣匣剌率兵往禦之貴敗走追至新明縣斬首三十餘級宋劉雄飛以兵犯青居山舊府匣剌與戰於都尉壩敗之斬首十餘級欽察攻釣魚山遣匣剌以兵千五百人略地至南壩擊敗宋軍生獲軍士五十七人老幼三百四十人從攻大良平宋昝萬壽運糧至渠江之鵞灘匣剌邀擊之斬首五十餘級宋兵大敗匣剌亦被三創矢鏃中左肩不出欽察惜其驍勇取死囚二人刲其肩視骨節淺深知可出卽爲鑿其創拔鏃出之匣剌神色不爲動至元三年爲東川路先鋒使四年元帥拜答攻開州至萬寶山遣匣剌以兵五百人擊宋軍生獲四十人五年兼管京兆延安兩路新軍戍東安虎嘯山兩城宋楊立以兵護糧送大良平匣剌察知之遂率所部兵與立戰於三重山斬首百五十級擒獲四十餘人立敗走棄其糧千餘石因盡奪其甲仗旗幟而還六年行院遣匣剌攻釣魚山之沙市焚其敵樓從左丞曲力吉思等入朝詔賞白金五十兩細甲一注九年統軍合剌攻釣魚山時匣剌爲先鋒領兵千人略地至葛

樹坪與宋兵遇生獲二十餘人斬首四十級十年三月復從行院合答攻釣魚山之沙市匣剌乘夜蟻附而登殺其守兵燒其積聚生獲二十餘人以歸又擊敗宋將張珏兵於武勝軍行院新拔禮義山砦命匣剌守之十二年率舟師會攻釣魚山戰數有功進圍重慶宋將趙安勒兵出戰匣剌迎擊之夜至二鼓敵衆大潰行院以其功上聞未報而疾作乃遣往瀘州治疾至之夕瀘州復叛匣剌輿疾出戰遂爲其所獲與從者二十人皆死之子世顯船橋副萬戶

周全

周全其先汝寧光州人仕宋爲武翼大夫廣南西路馬步軍副總管至元十二年丞相伯顏總兵下江南全率衆來歸遂以行省檄遙授衡州知州是年秋七月入覲賜金符授明威將軍遙授泉州知州兼管軍千戶冬十月從元帥宋都觕下江西諸城邑明年進兵福建宋制置使黃萬石降冬十月從大軍征廣東十一月至韶州城下嚴攻具率勇士先登與宋兵合戰斬馘甚衆殺其安撫使熊飛十二月以遊騎巡廣中過靈星海石門敵勢甚張全奮戈殺敵乘勝奪其

旗皷火其船及諸軍下廣州全功居多十四年從攻廣西靜江府宋安撫李夢龍率衆來降其有負固不下者悉戰敗之奪敵艦以千計殺敵溺死者無算兩廣以平第功賜虎符授管軍總管十五年盜據贑州崖石山寨全率兵討平之焚其寨十七年進廣威將軍管軍副萬戶鎮守龍興二十年以疾去官大德九年卒贈懷遠大將軍南安寨兵萬戶府萬戶輕車都尉追封汝南郡侯子祖瑞襲職

孔元

孔元字彥亨真定人驍勇有智略歲丁酉棄家從軍隸丞相史天澤麾下戊戌從取焦湖圍壽春先登拔其西堡己亥從征安豐力戰却敵己酉從圍泗州拔之辛亥從攻五堂山寨俘其衆以歸戊午從攻樊城親王塔察兒命取樊西堡元率死士挺槍大呼擊殺數百人斬首十九級以獻中統元年扈駕北征二年宣授管軍總把至元十一年從伐宋爲前鋒所向克捷十四年進武略將軍管軍千戶明年還軍北征進武義將軍侍衛親軍千戶賜佩金符又明年國兵討

叛王失里木等從行院別乞里迷失追其衆至兀速洋而還分軍之半扼其要害地餘衆遂潰獲輜重牛馬帝大悅賞賚甚厚加宣武將軍右衞親軍總管十九年以疾卒子鷹揚襲授昭信校尉右衞親軍弩軍千戶仍佩金符至大元年以疾卒子成祖襲延祐二年卒子那海襲

朱國寶

朱國寶其先徐州人後徙寶坻父存器歷官至修內司使嘗夜行盧溝橋獲金一囊坐而待其主以付之其人請中分存器笑而遣之憲宗將攻宋募兵習水戰國寶以職官子從軍隸水軍萬戶解誠麾下己未世祖以兵攻鄂國寶攝千戶率銳卒於中流與宋師鏖戰凡十七戰諸軍畢濟中統二年授千戶佩銀符三年圍李璮於濟南佩金符鎮戍海東從征襄陽攝四翼鎮撫督造戰艦築萬山堡至元十一年拔沙洋隳新城皆與有力焉初師次江上國寶請於丞相伯顏願當前鋒既而奪船二十艘以獻伯顏壯之宋據上流方舟數百結爲堡柵伯顏指示曰復能奪取是乎國寶卽奮往破柵既渡江下鄂漢十二年進兵臨

岳州與宋兵戰於岳之桃花灘獲其將高世傑進昭信校尉管軍總管既降湖
右加宣武將軍統蒙古諸軍鎮常德府知安撫司事時宋諸郡邑多堅守不下
國寶傳檄招諭踰月悉平惟辰沅靖鎮遠未下宋將李信李發結武岡洞蠻分
據扼寨國寶擊敗之其衆退保飛山新城思播蠻來援國寶復與戰破之擒張
星沈舉等三百餘人進攻新城獲信發等獻俘江陵行省奏功賜金虎符十四
年會諸道兵攻廣西靜江拔之進秩管軍萬戶鎮守梧州領安撫司事十五年
加懷遠大將軍初宋臨安之破也張世傑挾二王由閩蹈海衆復滋蔓時南恩
新州何華張翼舉兵興復軍勢甚盛國寶選精銳擊殺華翼擒其黨二人斬首
萬餘級俘五百餘人船七百艘奪其兵器無算降其將十餘軍士二百民三萬
餘戶十六年遷定遠大將軍海北海南道宣慰使蜑賊連結鬱林廉州諸洞恣
行剽掠國寶悉平之磔尸高化以懲反側任龍光等率所部五千戶降移瓊州
立官程更弊政訓兵息民具有條制南寧謝有奎負固不服國寶開示信義有
奎感悟以其屬來歸於是黎民降者三千戶蠻洞降者三十所十八年破臨高

蠻寇五百人招降居亥番亳銅鼓博吐桐油等十九洞遣部將韓旺率兵略大黎密塘横山誅首惡李實火其巢生致大鍾小鍾諸部長十有八人加鎮國上將軍海北海南道宣慰使都元帥供給占城軍餉事集而民不擾二十三年遷廣南西道宣慰使二十四年入覲帝慰勞之二十五年進輔國上將軍都元帥參知政事行尚書省事以軍事至贛州得疾卒于傳舍年五十九子斌襲職累官加賜金虎符海北海南宣慰使都元帥斌上副萬戶佩金虎符鎮福州次鼎次鉉

張立

張立泰安長清人初隸嚴實麾下略江淮有功署爲百戶歲戊午憲宗征蜀徵諸道兵立從行次大獲山宋人阻山爲城帶江爲池恃以自固立統銳卒攻蹈外堡奪戰船百餘艘復從攻釣魚山有功賜金帛中統初從世祖北征還授管軍總把賜銀符進侍衛軍鎮撫換金符改侍衛軍千戶尋遷左衛親軍副都指揮使賜金虎符十四年春率步卒十人轉粟赴和林道出應昌會酋帥畔換謀

不軌以射士三千踵其後欲乘間奪其資糧立覺其有異急命環車爲柵以備之賊衆已合矢如雨下初立之發上都也每車載二板以備不虞至是建板于車矢不能入騎卒稍前即以戈撞之強弩繼發賊不得近相持連日乃解去是歲增置前後衞兵進明威將軍後衞親軍都指揮使賜雙珠虎符加昭勇大將軍以老乞退子珪襲珪卒子伯潛襲

齊秉節

齊秉節字子度濱州蒲臺人父珪從嚴實攻歸德廬州有功授無棣縣尹攝征行千戶後兼總管鎮棗陽中統三年李璮以益都叛徵諸道兵進討棗陽精銳盡行僅留羸卒千餘珪時攝萬戶府事與宋襄郢對壘敵來覘虛實珪城守周密以東門外壕狹小可越命浚之爲備宋將聶都統陳總管果率兵萬餘抵城東門以板渡壕壕廣板不能及珪率衆力戰敵退走城賴以完事聞賜金符真授千戶至元三年告老舉秉節自代秉節魁偉沈毅涉獵書史稍知兵法襲父爵仍鎮棗陽五年從伐宋築新城白河口堡鹿門山略地郢州大洪山黃仙洞

數著戰功七年陞上千戶權萬戶十一年從丞相伯顏至郢漢舟由陸入江攻武磯堡擒宋將閻都統十二年國兵敗宋賈似道孫虎臣舟師于丁家洲命秉節屯建康與宋將趙淮戰于西離山追至溧陽自辰及午宋軍乃退八月遷武義將軍十二月從定太平安慶諸郡與宋將張咨議戰于崑山殺之十四年授宣武將軍管軍總管時黃州復叛令秉節往討斬余總轄于陣十七年授明威將軍二十三年移鎮饒州安仁劇賊蔡福一叛秉節與有司會兵討之擒福一餘黨悉平二十五年陞廣威將軍棗陽萬戶府副萬戶二十八年卒年六十二子英襲

張萬家奴

張萬家奴父札古帶事睿宗於潛邸從破金有功賜虎符授河南北路船橋隨路兵馬都總管萬戶東從西征下與元圍嘉定歿于軍萬家奴數從都元帥大答火魯征討有功中統二年從都元帥紐璘入朝授以父官宋兵入成都從行院阿脫擊破之至元四年帥師會立眉簡二州從也速答兒攻瀘州大敗宋軍

殺傷過半俘四十餘人以歸七年率諸軍城張廣平與宋人戰斬首三百餘級
獲都統一人從攻重慶破朝陽寨圍嘉定柵平康太和懷遠諸寨分兵以守之
且日出師水陸接戰功居多而諸將攻瀘州往往失利乃詣闕請自任以攻取
之效許之遂率舟師百五十艘自桃竹灘至折魚灘分守江面謹風火嚴號令
約日進攻先據神臂門爲梯衝登城殺二百餘人斬關而入遂拔之加昭勇大
將軍會圍重慶將其衆斷馬湖江分兵水陸往來爲游徼加昭毅大將軍以所
部轉餉成都及下流諸屯尋遷招討使與都元帥藥剌海討亦奚不薛蠻平之
進副都元帥詔其子孝忠爲船橋萬戶以萬家奴將四川湖南兵征哈剌章時
雲南惡昌多與羅羅諸蠻皆叛殺掠使者劫奪人民州郡莫能制遂以其兵討
之勦其衆民爲之立祠二十年從征緬戰死之雲南王命其子保童將其軍從
征入太公城有功襲副都元帥又從征至甘州山丹亦戰死孝忠少從父軍中
好攻戰至元十九年從都元帥也速答兒討亦奚不薛蠻遇其衆于會靈關追
至沙谿敗之進攻龍家寨阿那關克之遂攻亦奚不薛營大破之又以八百人

敗阿永蠻於鹿札河乘勝至打鼓寨連破之諸蠻平以功賜金帛弓矢鞍轡還軍成都二十二年從討烏蒙蠻復擊降大壩都掌蟻子諸蠻加明威將軍二十七年詔從西征至沙瓜諸州還賜虎符僉書四川等處行樞密院事院罷以本軍萬戶鎮成都卒

郭昂

郭昂字彥高彰德林州人習刀槊能挽強稍通經史尤工於詩至元二年上書言事平章廉希憲材之授山東統軍司知事尋改經歷還襄陽總軍司轉沅州安撫司同知佩金符招降溪洞八十餘柵播州張華聚衆容山昂率兵屠之山猫木猫土獠諸洞盡降十六年以諸洞酋入朝帝賜金綺衣鞍轡進安遠大將軍徇沅州西南界復新化安仁二縣擒劇賊張虎縱之曰汝非吾敵願降即來不然吾復擒汝不難也明日虎降并其衆三千餘人悉使歸民籍軍還衆斂白金以獻一無所受行至江陵衆復從致金而去昂悉上之行省宰臣令藏於庫以示諸將二十六年江西盜起昂討之進逼南安明揚上龍巖湖綠村石門鴈

湖赤水黑風峒諸蠻立太平寨而還會大饑以賊酋家資分賑之授萬戶賜金虎符鎮撫州未幾省檄昂赴廣東監造戰船行至廣東界遇賊移檄諭以禍福廣東素服其威信及見其檄即俱降授廣東宣慰使卒年六十一子震杭州路鎮守萬戶僉江西廉訪司事豫知寧都州

綦公直

綦公直益都樂安人世業農至元五年爲益都勸農官九年爲沂莒膠密寧海五州都城池所千戶十年賜金符命造征日本戰船于高麗時宋未下世祖知其勇遣使召見俾與乎不烈拔都等領兵同行荊南等處招討司事抵峽州青草灘霖雨不進還屯玉泉山率兵三千攻安進下寨破之殺宋軍百餘人獲牛馬七百還至襄陽樞密院命督造戰艦運舟襄陽旣下奉旨領鄧州光化唐州漢軍及郢復熟券軍九千二百人從諸軍南伐二十年冬至隆興宋軍突出城門逆戰公直敗之追抵城下遂踰壕拔木焚其樓櫓斬首萬餘級生擒七百人隆興降由是南安吉贛皆望風款附平堡柵六百餘所公直又令第三子忙古

台攻梅關破淮德山寨入廣東至南海皆下之詔授公直武毅將軍管軍上千
戶召入加昭勇大將軍管軍萬戶佩金虎符領侍衞親軍時伯延伯答罕禿忽
魯叛于西夏命公直率軍討平之十八年五月陞輔國上將軍都元帥宣慰使
鎭別十八里初帝詔以長子泰襲萬戶公直自陳父年老乞以泰爲樂安縣尹
就養其父制可仍終身勿徙他職至是乃以忙古台襲萬戶佩金虎符從之鎭
公直陛辭曰臣父喪五年願葬以行帝許之至家葬事畢遂計樂安稅課及貧
民逋負悉以賜金代輸之乃行二十三年諸王海都叛侵別十八里公直從丞
相伯顏進戰於洪水山敗之追擊浸遠援兵不至第五子瑗力戰而死公直與
妻及忙古台俱陷焉二十四年忙古台奔還授定遠大將軍中侍衞親軍副都
指揮使改湖州砲手軍匠萬戶討衢州山賊有功加昭勇大將軍泰後終於知
寧海州

楊賽因不花

楊賽因不花初名漢英字熙載賽因不花賜名也其先太原人唐季南詔陷播

州有楊端者以應募起竟復播州遂使領之五代以來世襲其職五傳至昭無子以族子貴遷嗣又八傳至粲粲生价生文文生邦憲皆仕宋爲播州安撫使至元十三年宋亡世祖詔諭之邦憲奉版籍內附授龍虎衞上將軍紹慶珍州南平等處沿邊宣慰使播州安撫使卒年四十三贈推忠效順功臣平章政事追封播國公諡惠敏漢英邦憲子也生五歲而父卒二十二年母田氏攜至上京見世祖於大安殿帝呼至御榻前熟視其眸子撫其頂者久之乃諭宰臣曰楊氏母子孤寡萬里來庭朕甚憫之遂命襲父職錫金虎符因賜名賽因不花及陛辭詔中書錫宴賜金幣綵繒賚其從者有差二十五年再入覲時年十二帝見其應對明敏稱善者三復因宰臣奏安邊事帝益嘉之是年改安撫司爲宣撫司授宣撫使尋陞侍衞親軍都指揮使成宗卽位賽因不花兩入見贈諡二代大德五年宋隆濟及折節等叛詔湖廣行省平章劉二拔都指揮使也先忽都魯率兵偕賽因不花討之六年秋九月師出播境連與賊遇破之前駐蹉泥賊騎猝至賽因不花奮擊先進大軍繼之賊遂潰乘勝逐北殺獲不可勝計

遂降阿苴下笮籠望塵送款者相繼七年正月進屯暮窩賊衆復合又與戰于墨特川大破之折節懼乞降斬之又擒斬隆濟等西南夷悉平八年賚因不花復入見進資德大夫至大四年加勳上護軍詔許世襲播南盧崩蠻內侵詔賚因不花暨恩州宣慰使田茂忠率兵討之以疾卒於軍年四十贈推誠秉義功臣銀青榮祿大夫平章政事柱國追封播國公謚忠宣子嘉貞嗣

鮮卑仲吉

鮮卑仲吉中山人歲乙亥國兵定中原仲吉首率平灤路軍民詣軍門降太祖命爲灤州節度使從阿朮魯南征充右副元帥攻取信安霸州諸城以功賜虎符授河北等路漢軍兵馬都元帥歲壬辰平蔡有功加金吾衞上將軍與平路都元帥右監軍永安軍節度使兼灤州管內觀察使提舉常平倉事開國侯尋卒子準充管軍千戶從札台火兒赤東征高麗中統元年賜金符扈駕征阿里不哥以功受上賞三年從征李壇至元十年授侍衞親軍千戶昭武大將軍大都屯田萬戶佩虎符卒子誠襲授宣武將軍高郵上萬戶府副萬戶佩虎符改

授懷遠大將軍僉武衛親軍都指揮使司事領兵征瓜哇攻八百媳婦國使廣
東克勤于役壽以疾卒子忽篤土襲

完顏石柱

完顏石柱祖德住仕金爲管軍千戸父拿住歸太祖從征西域河西又從太宗
攻下鳳翔同州有功賜號八都兒佩銀符爲同州管民達魯花赤改賜金符兼
征行千戸總管八都軍憲宗以拿住年老命石柱襲其職己未石柱從世祖征
合剌章還都元帥紐璘攻馬湖江石柱奪浮橋與宋兵戰有功賞白金七百五
十兩軍龍化縣與宋兵戰大敗之中統二年授征行萬戸佩金符三年從都元
帥帖哥攻嘉定有功改賜金虎符至元四年敗宋兵于九頂山生獲四十餘人
五年攻瀘州之水寨擊五獲寨渡馬湖江迎擊宋兵敗之從行省也速帶兒攻
建都建都降從攻嘉定復瀘州取重慶石柱之功居多十四年遷招勇大將軍
十六年授四川東道宣慰使十七年改鎮國上將軍四川西道宣慰使總管隨
路八都萬戸二十年拜四川行省參知政事卒弟真童襲爲隨路八都萬戸

元史卷一百六十五

元史卷一百六十六

明翰林學士亞中大夫知制誥兼修國史宋　濂等修

列傳第五十三

王綧

王綧高麗王瞮之猶子也美容儀慷慨有志略善騎射讀書通大義以質子入朝歲癸丑高麗權臣高令公叛憲宗命耶虎大王東征綧奉旨爲使講和仍鎮守其地時高麗人戶新附者就命綧總之中統元年授金符總管陞佩虎符兼領軍民三年率兵征濟南李璮至元七年高麗臣林衍叛世祖遣頭輦哥國王討之綧簽領部民一千三百戶與國王同行是年十一月以疾辭還家居二十年九月卒壽六十一子三人阿剌帖木兒襲職授虎符總管高麗人戶至元八年將兵討叛賊金通精賊敗走躭羅十一年進昭勇大將軍從都元帥忽都征日本國預有戰功五年加鎮國上將軍安撫使高麗軍民總管尋陞輔國上將軍東征左副都元帥十八年復征日本遇風濤遂沒于軍闊闊帖木兒入侍武

宗潛邸積勞授太中大夫管民總管兀愛襲兄阿剌帖木兒職佩金虎符授安
遠大將軍安撫使高麗軍民總管東征左副都元帥二十四年乃顏叛力戰屢
捷復從月魯兒那演討塔不歹朵歡大王于蒙可山那江統兵五千餘衆與八
剌哈赤脫歡相拒絶流戰黑龍江箭中右臂忍傷復戰敵大敗二十五年征哈
丹秃魯隸平章闊里帖木兒麾下論功居多冬十二月賊軍古都禿魯干次於
斡禿魯塞平章率兀愛討降之明年加授昭武大將軍遼陽等處行中書省事
又明年哈丹等入寇高麗國境遣兀愛鎭守仍修城壁嚴卒伍軍威大振賊遂
潛遁九月哈丹禿魯干復寇纏春兀愛引兵擊却之二十八年入覲世祖于內
殿嘉其戰功賜尙方玉帶及銀酒器二十九年改東征左副都元帥府立總管
高麗女直漢軍萬戶府乃授兀愛三珠虎符陞鎭國上將軍總管高麗女直漢
軍萬戶府兼瀋陽安撫使高麗軍民總管

隋世昌

隋世昌其先登州棲霞人父寶徙居萊陽金末隸軍伍主帥奇其貌以爲管軍

謀克俄授懷遠大將軍管軍都總領鎭行村海口太宗下山東寶遂來歸授萊陽令歷萊州節度判官終高密令世昌其第四子也涉獵書史善騎射身長八尺鍛渾鐵爲鎗重四十餘斤能左右擊刺歲癸丑選充隊長宋兵來攻海州世昌戰却之壬戌克東海世昌先登陞馬軍隊官己未攻漣水城世昌樹雲梯攀緣而上身被數鎗衆從之遂克其城陞馬軍千戶中統元年宋將夏貴軍淮南新城世昌夜乘艨艟抵城下宋兵出戰斬首數百級刺殺其守將二人未幾漣水復叛歸宋世昌軍于東馬寨城外宋兵來攻世昌擊走之三年改步軍千戶還鎭行村海口至元元年朝議分揀正軍奧魯授萊陽縣諸軍奧魯長官六年伐宋七年以世昌爲淄萊萬戶府副都鎭撫守萬山堡建言修一字城以圍襄樊陞管軍千戶九年敗宋兵于鹿門山元帥劉整築新門使世昌總其役樊城出兵來爭且拒且築不終夜而就整授軍二百令世昌立礮簾於樊城欄馬牆外夜大雪城中矢石如雨軍校多死傷達旦而礮簾立宋人列艦江上世昌乘風縱火燒其船百餘樊城出兵鏖戰欄馬牆下世昌流血滿甲勇氣愈壯而樊

城竟破襄陽亦下遷武略將軍引兵由黃涴堡入漢江破沙洋攻新城世昌坎其城而先登中數矢傷臂兜鍪皆裂昏眩墜地少蘇復進遂下新城明日丞相伯顏視所坎城高一丈五尺餘論功為上從諸軍渡江抵南岸宋兵聯舟來拒世昌合舟師率蒙古哈必赤軍步戰斬其將一人宋師潰世昌追之復與戰大敗之十三年從戰于丁家洲以功陞管軍千戶佩金符十三年圍揚州世昌絕其糧道兼搜湖泊宋兵聞鐵鎗名不敢近揚州平充四城兵馬使從平章阿朮入見授宣武將軍管軍總管十四年戍揚州擊野人原司空山等七寨皆下之進安撫使佩金虎符鎮瀲浦十七年拜定遠大將軍管軍萬戶尋以獲海賊功進階安遠大將軍二十三年改沂郯上副萬戶世昌前後數百戰體皆金瘡竟以是疾卒年六十一封定海郡侯諡忠勇子國英嗣

羅璧

羅璧字仲玉鎮江人父大義為宋將璧年十三而孤長從朱禩孫入蜀累官武翼大夫利州西路馬步軍副總管禩孫移荊湖璧從之至江陵右丞阿里海牙

領軍江陵璧從禩孫降授宣武將軍管軍千戶隸丞相阿朮麾下招收進軍討歙寇有功領本州安撫事至元五年從元帥張弘範定廣南賜金符陞明威將軍管軍總管鎮金山居四年海盜屏絕徙鎮上海督造海舟六十艘兩月而畢至元十二年始運江南糧而河運弗便十九年用丞相伯顏言初通海道漕運抵直沽以達京城立運糧萬戶三而以璧與朱清張瑄爲之乃首部漕舟由海洋抵楊村不數十日入京師賜金虎符進懷遠大將軍管軍萬戶兼管海道運糧二十四年乃顏叛璧復以漕舟至遼陽浮海抵錦州小凌河至廣寧十寨諸軍賴以濟加昭勇大將軍二十五年督漕至直沽倉潞河決水溢幾及倉璧樹柵率所部畚土築堤捍之陞昭毅大將軍同知淮西道宣慰司事請兩淮荒閑之田給貧民耕墾三年而後量收其入從之歲得粟數十萬斛陞鎮國上將軍海北海南道宣慰使都元帥大德三年除饒州路總管改廣東道宣慰使都元帥山海獠夷不沾王化負固反側乃誘致諸洞蠻夷酋長假以官位曉以禍福由是咸率衆以歸除都水監改正奉大夫通州復多水患鑿二渠以分水勢又

浚阜通河而廣之歲增漕六十餘萬石奉命括兩淮屯田得疾歸鎮江而卒年六十六子坤載

劉恩

劉恩字仁甫洛之洛水人後徙威州父辛歸國署貝州長恩幼知讀書勇而有謀以材武隸軍籍累功爲百戶俄遷管軍總管佩銀符太傅府經歷從入蜀數有戰功宋劉整將兵守瀘州中統三年都元帥紐璘遣恩諭整降以功易賜金符至元三年宋將以戰船五百艘載甲士三萬人夾江上游先以一萬人據雲頂山欲取漢州恩率千人渡江與戰殺其將二人士卒三千餘人溺死者不可勝計授成都路管軍副萬戶六年從平章賽典赤攻嘉定過九頂山與宋軍遇生擒其部將十八人械送京師賞賚甚厚九年從皇子西平王行省也速帶兒征建都恩將游兵爲先鋒師次其地一日三戰皆捷建都兵夜來犯圍恩禦之死者千餘人時師久駐食且盡恩畫策招諭沿江諸蠻得糧三萬石牛羊二萬頭士氣益振建都因山爲城山有七巔恩奪其五斷其汲道建都窮蹙乃降入

朝升管軍萬戶戍眉州十二年昝萬壽以嘉定降恩移戍嘉定安西王遣使召恩至六盤山問曰江南已平四川未下奈何恩曰若以重臣之不徇私者奉詔督責之則半年可下矣王卽遣恩與府僚木兒赤乘傳以聞帝以爲然命丞相不花等行樞密院於西川授恩同僉院事十五年重慶降守將張萬走夔府以兵固守不花遣恩招之萬以城降旬月之閒得其大小州邑六十四十六年入朝賞賚有加授四川西道宣慰使改副都元帥率蒙古漢軍萬人征斡端進都元帥宣慰使如故賜宿烈孫皮衣一錦衣一及弓刀諸物師次甘州奉詔留屯田得粟二萬餘石十八年命恩進兵斡端海都將玉論亦撒率兵萬人迎戰游騎先至恩設伏以待大敗之海都又遣八把率衆三萬來侵恩以衆寡不敵成師而還二十二年僉行樞密院事卒子德祿襲成都管軍萬戶

石高山

石高山德興府人父忽魯虎以侍衞軍從太祖定中原太宗賜以東昌廣平四十餘戶遂徙居廣平之洺水中統三年高山因平章塔察兒入見世祖因奏曰

在昔太祖皇帝所集按察兒孛羅窟里台孛羅海拔都闊闊不花五部探馬赤軍金亡之後散居牧地多有入民籍者國家土宇未一宜加招集以備驅策帝大悅曰聞卿此言猶寐而覺卽命與諸路同招集之既籍其數仍命高山佩銀符領之四年授管軍總管鎮息州軍令嚴肅寇不敢窺居四年邊境晏然賜金符以獎之至元八年從取光州克棗陽進攻襄樊皆有功十年從阿朮略地淮上十一年從下江南以功陞顯武將軍十二年冬丞相伯顏命以所部兵取寧國下令無虜掠既至城下喻以禍福寧國開門迎降秋毫無犯復令兵從至焦山與宋將孫虎臣張世傑轉戰百餘里殺獲甚多以功賜金虎符進信武將軍鎮高郵宋平伯顏等朝京師帝問有瘦而善戰者朕忘其名伯顏以高山對且盛稱其功帝卽召見命高山自擇一大郡以佚老而以所部軍俾其子領之高山辭曰臣筋力尚壯猶能爲國驅馳豈敢爲自安計帝從之進顯武將軍領兵北征屯亦脫山十六年命同忽都魯領三衛軍戍和林因屯田以給軍儲歲不乏用乃顏叛督戰有功賜三珠虎符蒙古侍衛親軍都指揮使守衛東宮成宗

憫其老以其子闊闊不花襲職賜鈔三百錠大德七年卒於家年七十六
鞏彥暉
鞏彥暉易州人與兄彥榮俱以武勇稱初彥榮以百夫長隸千戶何伯祥麾下累有戰功後告老以彥暉代之諸軍伐宋彥暉從破棗陽斬首甚衆萬戶張柔之駐曹武也彥暉與伯祥別將一軍破大洪諸寨宋人出荊鄂選兵二萬救之彥暉與伯祥逆戰斬首五百級生擒曹路分等一十六人是夜宋兵來攻彥暉率甲士三十人追擊于曹武鎮敵潰走擒其主將以歸戰光州柔軍于東北夜二鼓命彥暉率勁卒二百伏西南五鼓東北聲振天地彥暉植梯先登衆繼之破其外城遂急攻并其子城破之戰滁州彥暉率浮渾脫者十人夜渡池水入欄馬牆殺守軍三鋪焚其東南角排寨木簾大軍繼之比明拔其城會大軍攻黃州諸將壁壘未定有舟來覘柔遣彥暉伏甲二百於赤壁之下敵軍夜半果水陸並至彥暉等曳鎗俟其半過而擊之敵大撓死者無算生擒十七人師還又破張家寨以守將獻從攻壽州奪其門生擒三人以出泗州之役諸將自四

鼓集城下爲塹水所阻黎明無敢度者兩軍交射如雨彥暉被重甲徑渡敵將來禦彥暉刺其胷搏殺之衆畢渡至晡得其外城尋登其月城彥暉將下顧伯祥失所在乃與王進反求之敵復追襲彥暉力戰翼伯祥以出由是伯祥與彥暉如親昆弟然事聞賜彥暉銀符牌俾兼鎮撫事歲己未十一月兵渡江次武昌宋援兵四集彥暉逆戰有舟數十來挑戰彥暉逐之入湖中伏出圍彥暉數匝左右莫能近彥暉矢盡短兵接身被重傷度不可免遂投水中敵援之出載歸江州見宋官不屈問以事不對竟死年五十六長子信襲授銀符易州等處管軍總把中統三年從征李璮至元四年從元帥阿朮南征九年從攻樊城先登奪其土城焚西南角樓殺敵軍十人擒五人宋將矮張以舟兵來援自高頭堡戰鬬八十餘里抵襄陽城下奪戰艦二獲其裨將二人軍八人十一年從丞相伯顏攻沙陽堡率勇士五十人火焚其寨敵軍大亂遂破之是年從渡江與宋兵戰俘生口十一奪戰艦二繼又領軍由陸進直抵鄂城下殺宋兵數十人擒江路分一人以歸十二年戰丁家洲殺宋兵七十餘人奪戰艦二江南平以

功陞武略將軍管軍千戶鎮太平州十六年以疾辭子思明思溫思恭思明初患目疾以思溫襲及思溫卒而思明疾愈復以思明襲思明卒以思恭襲懷孟萬戶府管軍下千戶佩金符

蔡珍

蔡珍彰德安陽人父與幼隸軍籍從宗王口溫不花出征權管軍百戶與告老以珍代之珍素驍勇歲戊午從憲宗攻宋合州釣魚山中統元年從世祖征阿里不哥三年從征李璮後從鎮襄陽徇安慶攻五河所至有功南方平遂入備宿衞十四年授忠顯校尉管軍總把尋命權千戶是年冬扈駕駐黑城珍遣兵士儲芻蒿築土室軍府賴其用道遇凍者必扶入密室溫煦之軍糧必爲撙節不使頓絕以致饑困十五年充本衞都鎮撫十七年陞忠武校尉中衞親軍總把俄改屬後衞賜銀符時白海初建行營命珍督役卒事民不知擾雖草木無纖介損帝臨幸問其故近臣以蔡珍號令嚴肅爲對帝嘉之賞以鈔若干二十一年改授膠東海道都漕運司丁壯萬戶府都鎮撫二十七年進後衞親軍千

戶佩金符元貞元年進階武略俄告老而歸子恕襲

張泰亨

張泰亨堂邑縣人父山爲管軍百戶泰亨襲職從攻宋釣魚山及樊城征女兒
阿塔有功中統二年授銀符侍衛軍總把三年從圍李璮有功至元四年賜金
符陞京東歸德等處新軍千戶從征西川有功授元帥府鎮撫六年改省都鎮
撫七年從攻襄陽矢中右臂十年從攻樊城十二年進武略將軍管軍總管尋
進明威將軍從攻潭州矢中鼻拔矢奮戰却敵兵十三年賜虎符進階武德從
征廣西破靜江府十四年還軍潭州金瘡發卒子繼祖襲移鎮鄂州舟過洞庭
溺死子震幼以兄顯祖代之二十四年從征交趾陷沒震襲職授金符昭信校
尉管軍上千戶延祐二年覃恩加武略將軍尋進階武德五年陞武節將軍潁
州萬戶府副萬戶天歷二年卒子珽襲

賀祉

賀祉益都人父進嘗平漣水有功爲元帥左監軍守淄州改千戶守膠州祉初

以質子入宿衞至元六年襲父職爲千戶仍守膠州七年宋兵攻膠州祉固守
戰退之十年領舟師五百艘爲先鋒攻五河口城軍還殿後時宋兵以巨索橫
截淮水號混江龍祉用大刀斷之却其救兵淸河城遂降攻高郵寶應戰淮安
城下尸塡壕中丞相伯顏以其功上聞授武節將軍攻泗州獲戰船五百艘還
從右丞別乞里迷失入朝帝賜以弓矢錦衣鞍勒加宣武將軍鎭新城絕淮安
寶應糧道降之得戰船六百艘及器械上於行樞密院遂命領寶應軍民事十
四年特賜金虎符懷遠大將軍二十年建寧路黃華反以所領軍捕之有功二
十四年以征交趾請行湖廣行省檄令守輜重屯思明州軍還至建康卒

孟德

孟德濟南人國初由鄒平縣令淄州節度使累官至同知濟南路事太宗卽位
之八年諸王闊端命德爲元帥佩金符領濟南軍攻宋徐州光州降其衆而有
其地歲甲辰定宗母六皇后稱制大王按只台以德爲萬戶攻濠蘄黃等州積
有戰功憲宗卽位之三年命德守睢州五年移守海州宋安撫呂文德以兵擾

邊德敗之俘其太尉劉海丁巳從伯顏攻襄樊己未與子義從世祖攻鄂州先登中統三年從征李璮璮平德以老告歸義襲爲萬戶領兵守沂郯四年賜虎符至元元年城郯六年從山東統軍帖赤如五河宋軍拒南岸義率兵渡河擊之凡數戰有功九年授懷遠大將軍遷宿州萬戶十一年宋制置夏貴攻正陽義奪戰艦數艘遂敗之十二年掠地至安慶等處攻楊子橋獲功十三年三月改守杭州九月從下福建温台等處十四年四月授昭勇大將軍瑞州路達魯花赤十月徙鎮閬州十六年授昭勇大將軍招討使二十二年復爲沂郯萬戶元貞元年以老辭職子智襲職授三珠虎符宣武將軍爲萬戶延祐二年進明威將軍以病去職子安世襲

鄭義

鄭義河間人也初事太宗佩金符山東路都元帥兼景州軍民人匠長官從伐金歲壬辰與敵戰于歸德死之弟德温襲甲午從攻徐州陷陣而死子澤襲從萬戶史天澤出征多立戰功年老弟江代其職世祖北征賜金符授侍衛親軍

副都指揮使判武衛軍事兼景州軍民人匠長官中統三年李璮據濟南叛世祖令各州縣長官子弟充千戶於是以江子郇爲千戶領景州新簽軍千餘敗賊衆于王馬橋諸王哈必赤賞銀五十兩璮平郇以例罷江陞爲武衛親軍都指揮使賜虎符尋改屬左衛至元八年從攻襄陽歿于陣郇襲其職

張榮實 子玉附

張榮實霸州保定縣人父進金季封北平公守信安城壬辰歲率所部兵民降太宗命爲征行萬戶甲午征河南與金將國用安戰徐州死焉榮實始以質子入宿衛繼授金符充征行水軍千戶丁酉改雄州保定新城長官庚子復命統領水軍甲辰從大將察罕軍至淮上遇宋將呂文德與戰俘五十餘人賞銀椀戰馬從攻江陵略襄陽宋以舟師橫截漢水兵不得度榮實戰却之獲人百餘戰船數十艘察罕以聞賜錦袍及銀十五斤破宋軍于太湖賞銀百兩乙未從世祖南征駐陽羅渡宋兵十萬舟二千迎戰横截江水帝以榮實習於水命居前列遂取輕舟率麾下水校鏖戰北岸獲宋大船二十俘二百溺死不可勝計

斬宋將呂文信中統元年帝卽位錄其勳勞授金虎符水軍萬戶仍以其子顏
代爲霸州七處管民萬戶三年李璮叛榮實從史天澤討平之賞金盌及銀二
百五十兩馬一疋命鎭膠西至元五年從丞相阿朮攻襄陽敗夏貴擒張順又
攻樊城俘其二將賞銀百兩及弓矢鞍勒十一年增領新軍從丞相伯顏南征
榮實以所部軍先進諸將飛渡鄂漢皆降論功授昭毅大將軍從阿里海牙攻
岳州降宋將高世傑破沙洋新市降江陵以功加昭武大將軍偕元帥宋都台
征江西隆興擒宋將密佑撫州降十三年授同知江西道宣慰使司事未旬日
陞鎭國上將軍福建道宣慰使進兵廣東破降韶州十四年改江東宣慰使行
省參知政事帝以廣東餘黨未附命與右丞塔出撫定之十五年入覲帝賜酒
慰勞授湖北道宣慰使諸路水軍萬戶是年以疾卒年六十一子顏玉珪
玉襲父職爲懷遠大將軍諸路水軍萬戶十六年討吉安叛賊有功入朝賜金
織文衣弓矢佩刀加輔國上將軍都元帥兼水軍萬戶鎭黃州繼奉旨與元帥
唐兀台改立蘄黃等路都元帥府仍管領本道鎭守軍馬二十年廣東盜起遏

絶占城糧運二十一年玉率兵討平之從參知政事也的迷失入朝賜金織文衣鞍勒弓刀會元帥罷命玉充保定水軍上萬戶二十二年番陽湖賊起詔徙水軍萬戶府於南康二十四年從參知政事烏馬兒征交趾累戰有功二十五年師還安南以兵迎戰大戰連日水涸舟不能行玉死焉子輔襲萬戶輔卒子道重襲

石抹狗狗

石抹狗狗契丹人其先曰高奴歲辛未太祖至威寧高奴與劉伯林夾谷常哥等以城降會置三萬戶三十六千戶以總天下兵遂以高奴爲千戶遙授青州防禦使佩金符己丑從太宗伐金爲征行千戶卒于軍子常山襲爲千戶癸丑陞總管領與元諸軍奧魯屯田并寶雞驛軍權都總管萬戶歲餘卒子乞兒襲領本萬戶諸翼軍馬從都元帥紐璘攻重慶瀘敘諸城數有戰功時忽都叛於臨洮乞兒等以蒙古漢軍從往討之至元二年從都元帥按敦移鎮潼川四年九月從攻蓬溪砦死焉子狗狗襲狗狗少從征伐以壯勇稱八年從僉省嚴忠

範以兵圍重慶攻朝陽砦先登九年宋將昝萬壽率衆襲成都狗狗以蒙古軍二千擊敗之十六年朝廷錄其前後功賜金虎符授宣武將軍管軍總管戍遂寧十七年進明威將軍管軍副萬戶亦奚不薛蠻叛從招討使藥剌海討平之行省也速帶兒討都掌烏蒙蟻子諸蠻戰于鴨樓關狗狗最有功二十一年以蒙古軍八百從征散猫蠻戰於菜園坪滲水溪皆敗之壁守石砦月餘散猫降大盤諸蠻亦降二十四年遷懷遠大將軍夔路萬戶移戍重慶二十六年卒子安童襲

楚鼎

楚鼎安豐蒙城人父玠仕金爲鎮國上將軍壽春府防禦使金亡歸宋命守宿州歲己亥以州降阿朮魯命玠守之宋兵來攻宿州城破玠死之宋人囚鼎於鎮江府凡十有四年會赦免至元十二年師渡江鼎從知太平州孟之縉降行省遣鼎諭寧國府守將孫世賢下之承制授鼎管軍總管制下加懷遠大將軍領兵鎮寧國平建平南湖廣德諸盜鼎與權萬戶孛羅台護送徽州招撫使李

銓男漢英歸徽州諭銓下其城十三年漢英與李世達叛旌德太平兩縣附之鼎與兀忽納進兵用徽人鄭安之策按兵而入兵不血刃而亂定十五年鼎始受符印十八年東征日本鼎率千餘人從左丞范文虎渡海大風忽至舟壞鼎挾破舟板漂流三晝夜至一山會文虎船因得達高麗之金州合浦海屯駐散兵亦漂泛來集遂領之以歸

樊楫

樊楫冠州人初爲軍吏從參政阿里海牙下鄂江陵有功以行省命爲都事宋平從入朝改員外郎從定廣西陞郎中從攻匡山進參議行中書省事同知湖南宣慰司事二十一年擢僉荆湖占城行中書省事從阿里海牙征交趾無功而還二十四年復征交趾進行中書省參知政事時三道進兵皇子鎮南王與右丞程鵬飛分二道一入永平一入女兒關楫與參政烏馬兒將舟師入海與賊舟遇安邦口楫擊之斬首四千餘級及生擒百餘人獲船百餘艘兵仗無算遂至萬劫山合鎮南王兵十二月進攻交趾陳日烜棄城走敢喃堡二十五年

正月王攻敢喃堡破之日烜走入海中交人皆匿其粟而逃張文虎餽餉不至二月天暑食且盡於是王命班師楫與烏馬兒將舟師還爲賊邀遮白藤江潮下楫舟膠賊舟大集矢下如雨力戰自卯至酉楫被創投水中賊鉤執毒殺之至順元年贈推忠宣力効節功臣資德大夫江浙行省右丞上黨郡公諡忠定

張均

張均濟南人也父山從軍伐宋以功爲百戶俄陞總把戰死均襲百戶從親王塔察兒攻鄂州面中流矢中統三年從征李壇有功以總帥命陞千戶領兵守淄州至元六年從左丞董文炳攻宋五河口轉戰濠州北遇其伏兵均率衆力戰敗之十年攻連州奪孫村堡十二年賜金符授忠翊校尉沂郯翼千戶從攻蕪湖奪宋戰船俘四十餘人又從丞相阿塔海戰有功加武略將軍十四年賜虎符加宣武將軍二十二年陞松江萬戶二十四年從鎮南王征交趾二十六年從北征擢明威將軍前衛親軍副都指揮使三十年世祖親征乃顏以扈從受賞成宗即位命屯田和林規畫備悉有法諸王藥木忽兒北征給餉賴之未

嘗乏絕帝加其能賜予有加大德元年改和林等處副元帥歷宣慰司同知陞都元帥加鎭國上將軍延祐元年卒子世忠襲前衞親軍副都指揮使

信苴日

信苴日僰人也姓段氏其先世爲大理國王後累爲權臣高氏所廢歲癸丑當憲宗朝世祖奉命南征誅其臣高祥以段興智主國事乙卯興智與其季父信直福入覲詔賜金符使歸國丙辰獻地圖請悉平諸部幷條奏治民立賦之法憲宗大喜賜興智名摩訶羅嵯命悉主諸蠻白爨等部以信苴福領其軍興智遂委國任其弟信苴日自與信苴福率僰爨軍二萬爲前鋒導大將兀良合台討平諸郡之未附者攻降交趾入朝興智在道上卒中統二年信苴日入覲世祖復賜虎符詔領大理善闡威楚統失會川建昌騰越等城自各萬戶以下皆受其節制至元元年舍利畏結威楚統失善闡及三十七部諸爨各殺守將以叛善闡屯守官不能禦遣使告急信苴日率衆進討大敗之於威楚寶滿裔復遣孛羅攻賊於統失城又大破之遂定統失其秋舍利畏又以衆十萬謀攻大

理詔都元帥也先與信苴日討之師至安寧遇舍利畏擊破走之遂復善闡降威楚定新興進攻石城肥膩皆下之爨部平三年信苴日入覲錄功賜金銀衣服鞍勒兵器十一年賽典赤爲雲南行省平章政事更定諸路名號以信苴日爲大理總管未幾舍利畏復叛信苴日遣石買等詭爲商旅執贄往見挺矛撞殺之及其黨一人梟首于市行省以聞復賜金一錠及金織紋衣於是置郡縣署守令行賦役施政化與中州等十三年緬國擁象騎數萬掠金齒南甸欲襲大理行省遣信苴日與萬戶忽都領騎兵千人禦之信苴日以功授大理蒙化等處宣撫使十八年信苴日與其子阿慶復入覲帝嘉其忠勤進大理威楚金齒等處宣慰使都元帥留阿慶宿衛東宮及陛辭復拜爲雲南諸路行中書省參知政事十九年詔同右丞拜答兒迎雲南征緬之師行至金齒以疾卒信苴日治大理凡二十三年子阿慶襲爵累授鎮國上將軍大理金齒等處宣慰使都元帥佩金虎符

王昔剌

王昔剌保定人初事世祖以其有勇略遂賜名昔剌拔都從攻釣魚山及阿里不哥累功賜金符授武衛親軍千戶中統三年從征李璮於濟南屢捷四年春元帥阿朮駐兵河南遣昔剌將蒙古漢軍復立宿州至元六年賜虎符陞海州萬戶引兵攻鹽林山寨多所俘獲十年授東川行樞密院同僉十五年征夔府有功十六年徙鎮萬州卒于軍子二曰宏曰寧宏先佩金符爲左衛千戶及樞密院擬寧襲武職寧讓其兄宏於是授宏中衛都指揮使佩父虎符而以寧代宏爲千戶佩金符寧從阿剌台憨合孫北征追擊脫脫木兒之軍于阿納禿阿之地師還又從別急里迷失等擊賊外剌斬首百餘級復從忽魯忽孫北征有功陞右衛親軍總管後改前衛都指揮使司僉事子處恭襲宏職仕至侍御史

趙宏偉

趙宏偉字子英甘陵人後徙穎川至元十三年國兵攻宋宏偉以書謁元帥宋都解於軍中奇之俾以兵略地臨江至吉州宋主將管忠節路分鄒超悉衆出戰宏偉敗之追北二十餘里薄其城示以禍福知州周天驥以城降宋都解嘉

宏偉有功賞銀三十兩署爲吉州參佐官吉民有爲亂者宏偉設伏橋下以火攻之賊戰退走伏發衆蹂踐幾盡乘勝擣其巢穴餘黨悉出拒戰宏偉旋兵襲其背斬其渠魁一州遂安宋廂禁軍總管王昌勇敢軍總管張雲誘新附五營軍爲亂事覺昌就擒宏偉夜襲雲斬首以獻俘其黨五百人宋都觧欲盡誅之宏偉曰此屬詿誤非得已也今悉就誅何以安反側衆得免死以功授泰和縣尹宋相文天祥署其將羅開禮葉艮臣集衆謀復吉贛臨江宏偉斬艮臣俘開禮釋其餘衆十五年以功賜金符遷瓜州河渡提舉十七年改衡州路總管府治中羣盜出沒其境宏偉計其地與屯田民旣足食盜亦爲農郡遂寧謐大德五年用中丞董士恆薦起僉浙西道肅政廉訪司事鎭江旱蠲民租九萬餘石吏畏飛語復徵于民民無所出行臺令宏偉核實卒蠲之大風海溢潤常江陰等州廬舍多蕩沒民乏食宏偉將發廩以賑有司以未得報爲辭宏偉曰民旦暮饑擅發有罪我先坐遂發之全活者十餘萬遷江南行臺都事十一年江南大饑宏偉請以贓罰錢賑之民賴以生至大二年召爲內臺都事仁宗在東宮

時聞其名遇之甚厚常以字呼之及出爲浙東廉訪副使陛辭之日仁宗出幣帛俾擇所欲者卽賜之宏偉至浙東聞郡人許謙得朱熹道學之傳延致爲師於是人知向慕未幾擢江南行臺治書侍御史皇慶二年致仕延祐二年復起爲福建道肅政廉訪使未幾以疾辭泰定三年卒年四十四贈嘉議大夫禮部尙書上輕車都尉追封天水郡侯諡貞獻子思恭追封天水郡侯思敬以處士徵爲教授趙璉別有傳

元史卷一百六十六

元史卷一百六十七

明翰林學士亞中大夫知制誥兼修國史宋　濂等修

列傳第五十四

張立道

張立道字顯卿其先陳留人後徙大名父善登金進士第歲壬辰國兵下河南善以策干太弟拖雷命爲必闍赤立道年十七以父任備宿衞世祖即位立道從北征未嘗去左右至元四年命立道使西夏給所部軍儲以幹敏稱皇子忽哥赤封雲南王往鎮其地詔以立道爲王府文學立道勸王務農以厚民即署立道大理等處勸農官兼領屯田事佩銀符尋與侍郎甯端甫使安南定歲貢之禮雲南三十七部都元帥寶合丁專制歲久有竊據之志忌忽哥赤來爲王設宴置毒酒中且賂王相府官無泄其事立道聞之趨入見守門者拒之立道怒與爭王聞其聲使人召立道乃得入爲王言之王引其手使探口中肉已腐矣是夕王薨寶合丁遂據王座使人諷王妃索王印立道潛結義士得十三人

約共討賊刺臂血和金屑飲之推一人走京師告變事頗露寶合丁乃囚立道將殺之人匠提舉張忠者燕人也於立道爲族兄結壯士夜劫諸獄出之共亡至土番界遇帝所遣御史大夫博羅歡王傅别怙與告變人俱來二人者遂與立道俱還按寶合丁及王府官嘗受賂者皆伏誅有旨召立道等入朝問王薨時狀帝聞立道言泣數行下歔欷久之曰汝等爲我家事甚勞苦今欲事朕乎事太子乎事安西王乎惟汝意所向立道等奏願留事陛下於是賜立道金五十兩以旌其忠張忠等亦皆授官有差八年復使安南宣建國號詔立道並黑水跨雲南以至其國歲貢之禮遂定十年三月領大司農事中書以立道熟於雲南奏授大理等處巡行勸農使佩金符其地有昆明池介碧鷄金馬之間環五百餘里夏潦暴至必冒城郭立道求泉源所自出役丁夫二千人治之洩其水得壤地萬餘頃皆爲良田爨僰之人雖知蠶桑而未得其法立道始教之飼養收利十倍於舊雲南之人由是益富庶羅羅諸山蠻慕之相率來降收其地悉爲郡縣十五年除忠慶路總管佩虎符先是雲南未知尊孔子祀王逸少爲

先師立道首建孔子廟置學舍勸士人子弟以學擇蜀士之賢者迎以爲弟子
師歲時率諸生行釋菜禮人習禮讓風俗稍變矣行省平章賽典赤表言於朝
有旨進官以褒之十七年入朝力請於帝以雲南王子也先帖木兒襲王爵帝
從之遂命立道爲臨安廣西道宣撫使兼管軍招討使仍佩虎符陛辭賜以弓
矢衣服鞍馬始赴任會禾泥路大首領必思反扇動諸蠻夷亟發兵討之拔其
城邑鼓行而前徇金齒甸七十城越麻甸抵可蒲皆下之有遺以馴象金鳳異
物者悉獻諸朝二十二年又籍兩江儂士貴岑從毅李維屏所部戸二十五萬
有奇以其籍歸有司遷臨安廣西道軍民宣撫使復創廟學於建水路書清白
之訓于公廨以警貪墨風化大行入朝值權臣用事遂退居散地條陳十二策
皆切當世之務帝嘉納焉二十七年北京地陷人民震驚命立道爲本路總管
未行安南世子陳日燇遣其臣嚴仲羅陳子良等詣京師告襲爵先是其國主
陳日烜累召不至僅遣其族父遺愛入貢朝廷因封爲安南王遺愛還日烜陰
害之遣使問罪日烜拒使者不受命遂遣將討之失利而還帝怒欲再發兵丞

相完澤平章不忽木言蠻夷小邦不足以勞中國張立道嘗再使安南有功今復使往宜無不奉命帝召至香殿諭之曰小國不恭今遣汝往諭朕意宜盡乃心立道對曰君父之命雖蹈水火不敢辭臣愚恐不足專任乞重臣一人與俱臣爲之副帝曰卿朕腹心臣使一人居卿上必敗卿謀遂授禮部尚書佩三珠虎符賜衣段金鞍弓矢以行至安南界謂郊勞者曰語爾世子當出郭迎詔日燇乃率其屬焚香伏謁道左既抵府日燇拜跪聽詔如禮立道傳上命數其罪爲書曉之日燇曰比三世辱公使公大國之卿小國之師也何以教我立道曰昔鎮南王奉詞致討汝非能勝之也由其不用鄉導率衆深入不見一人遲疑而還曾未出險風雨驟至弓矢盡壞衆不戰而自潰天子亦既知之汝所恃者山海之險瘴癘之惡耳且雲南與嶺南之人習俗同而技力等今發而用之繼以北方之勁卒汝復能抗哉汝戰不利不過遁入海中島夷乘釁必來寇抄汝汝食少不能支必爲彼屈汝爲其臣孰若爲天子臣乎今海上諸夷歲貢於汝者亦畏我大國之爾與也聖天子有德於汝甚厚前年之師殊非上意邊將讒

汝爾汝曾不悟不能遣一介之使謝罪請命輒稱兵抗拒逐我使人以怒我大
國之師今禍且至矣惟世子計之日燇拜且泣涕而言曰公之言良是也爲我
計者皆不知出此前日之戰救死而已寧不知懼天子使公來必能活我北面
再拜誓死不敢忘天子之德遂迎立道入出奇寶爲賄立道一無所受但要日
燇入朝日燇曰貪生畏死人之常情誠有詔貸以不死臣將何辭乃先遣其臣
阮代之何惟巖等隨立道上表謝罪脩歲貢之禮如初且言所以願朝之意廷
臣有害其功者以爲必先朝而後赦日燇懼卒不敢至議者惜之二十八年遣
立道奉使按行兩浙尋以爲四川南道宣慰使遷陝西漢中道肅政廉訪使三
十年皇曾孫松山封梁王出鎭雲南大德二年廷議求舊臣可爲梁王輔行者
立道遂以陝西行臺侍御史拜雲南行省參政視事期月卒于官立道凡二使
安南宦雲南最久頗得土人之心爲之立祠廟鄯善城西立道所著詩文有效
古集平蜀總論安南錄雲南風土記六詔通說若干卷子元雲南行省左右司
郎中

張庭珍 庭瑞

張庭珍字國寶臨潢全州人父楫金商州南倉使歲壬辰籍其民數千來降太宗命監榷北京等路賦課俄改北京都轉運使因家北京歲辛亥憲宗卽位以庭珍爲必闍赤高麗不請命擅徙居海中江華島遣庭珍往問之其王言臣事本朝未嘗不謹而大軍歲入侵掠避而走險不得已也且賂庭珍金銀數千兩庭珍却之而歸以狀聞帝爲禁戍兵無擅入其地高麗以安帝伐宋至閬州授安撫使世祖卽位自將北伐以庭珍熟知西京入漠南路遣立沙井諸驛兼給糧運俄授同僉土蕃經略使至元六年安南入貢不時以庭珍爲朝列大夫安南國達魯花赤佩金符由吐蕃大理諸蠻至于安南世子光昞立受詔庭珍責之曰皇帝不欲以汝土地爲郡縣而聽汝稱藩遣使喻旨德至厚也王猶與宋爲脣齒妄自尊大今百萬之師圍襄陽拔在旦夕席卷渡江則宋亡矣王將何恃且雲南之兵不兩月可至汝境覆汝宗祀有不難者其審謀之光昞惶恐下拜受詔旣而語庭珍曰聖天子憐我而使者來多無禮汝官朝列我王也相與

抗禮古有之乎庭珍曰有之王人雖微序於諸侯之上光昞曰汝過益州見雲南王拜否庭珍曰雲南王天子之子汝蠻夷小邦特假以王號豈得比雲南王況天子命我爲安南之長位居汝上耶光昞曰旣稱大國何索吾犀象庭珍曰貢獻方物藩臣職也光昞無以對益慚憤使衞兵露刃環立以恐庭珍庭珍解所佩弓刀坦臥室中曰聽汝何爲光昞及羣下皆服明年遣使隨庭珍入貢庭珍見帝以所對光昞之言聞帝大悅命付翰林承旨王磐紀之授襄陽行省郎中與阿里海牙從數騎抵襄陽南門呼宋將呂文煥語曰我師所攻無不取者汝孤城路絕外無一兵之援而欲以死守求空名如闔郡之人何汝宜早圖之文煥帳前將田世英曹彪執其總管武榮來降文煥益孤明日遣黑楊都統來議納款將遣之還報庭珍曰彼來或以計覘我未能必其果降此人呂氏腹心不如留之以伐其謀元帥阿朮然之乃留不遣又明日文煥舉城降以功遷中順大夫遙授知歸德府行樞密院經歷諸軍南渡復爲行省郎中俄授金虎符襄陽總管兼府尹改郢復二州達魯花赤宋平遷平江路達魯花赤改同知浙

東宣慰使司事未行拜大司農卿連居親憂起復南京路總管兼開封府尹開封有控鶴軍士十餘人賃大宅聚居縱橫街陌庭珍始至察其必爲盜急捕之得寶玩器服子女滿室窮索其黨俱殺之民以爲神河決灌太康漂溺千里庭珍括商人漁子船及縛木爲筏載糗糧四出救之全活甚衆水入善利門庭珍親督夫運薪土捍之不能止乃頹城爲堰水既退卽發民增外防百三十里人免水憂俄卒於官庭珍性清慎丞相伯顏嘗語人曰諸將渡江無不荒貪唯我與國寶始終自守聞者以爲知言弟庭瑞

庭瑞字天表幼以功業自許兵法地志星曆卜筮無不推究以宿衞從憲宗伐蜀爲先鋒中統二年授元帥府參議留戍青居諸軍攻開州達州庭瑞將兵築城虎嘯山扼二州路宋將夏貴以師數萬圍之城當砲皆穿築柵守之柵壞乃依大樹張牛馬皮以拒砲貴以城中人飲于澗外絶其水庭瑞取人畜溲沸煑之瀉土中以洩臭人日飲數合脣皆瘡裂堅守踰月援兵不敢進庭瑞度宋兵稍懈三分其兵夜劫貴營宋兵驚潰殺都統欒俊雍貴胡世雄等五人斬千餘

級庭瑞亦被傷數處以功授奉議大夫知高唐州改濮州尹遷陝西四川道按察副使政過於猛上官弗便陷以罪徙四川屯田經略副使東西川行樞密院發兵圍重慶朝廷知庭瑞練習軍事換成都總管佩虎符舟楫兵仗糧儲皆倚以辦蜀平陞諸蠻夷部宣慰使甚得蠻夷心碉門羌與婦人老幼入市爭價殺入碉門魚通司繫其人羌酋怒斷繩橋謀入劫之魚通司來告急左丞汪惟正問計庭瑞曰羌俗暴悍以鬭殺爲勇今如蜂毒一人而卽以門牆之寇待之不可宜遣使往諭禍福彼悟當自回矣惟正曰使者無過於君遂從數騎抵羌界羌陳兵以待庭瑞進前語之曰殺人償死羌與中國之法同有司繫諸人欲以爲見證耳而汝卽肆無禮如行省聞于朝召近郡兵空汝巢穴矣其酋長棄槍弩羅拜曰我近者生裂羊脾卜之視肉之文理何如則吉其兆曰有白馬將軍來可不勞兵而罷今公馬果白敢不從命乃論殺人者餘盡縱遣之遂與約自今交市者以碉門爲界無相出入官買蜀茶增價鬻於羌人以爲患庭瑞更變引法使每引納二緡而付文券與民聽其自市於羌羌蜀便之先時運糧由楊

山泝江往往覆陷庭瑞始立屯田人得免患都掌蠻叛蠻酋飛鎗聯松枝爲牌自蔽行省命庭瑞討之庭瑞所射矢出其牌半幹蠻驚曰何物弓矢如此之力卽請服惟斬其酋蘭德酉等十餘人而招復其餘民授敘州等處蠻夷部宣撫使改潭州路總管時湖廣省臣方剝民爲功庭瑞知不可拒乃辭歸關中三年思成都遂從漢中分家奴往居焉以疾卒庭瑞初屯青居其土多橘時中州艱得蜀藥其價倍常庭瑞課閑卒日入橘皮若干升儲之人莫曉也賈人有喪其資不能歸者人給橘皮一石得錢以濟莫不感之家有愛妾一日見老人與之語乃其父也妾以告庭瑞召視之其貌甚似問欲得汝女歸耶其人以爲幸侍左右非敢求與歸庭瑞曰汝女居吾家不過羣婢歸嫁則良人矣盡取奩裝書券還之時人以爲難

張惠

張惠字廷傑成都新繁人宋尚書右僕射商英之裔孫也其先徙居青河後徙蜀歲丙申惠年十四兵入蜀被俘至杭海居數年盡通諸國語丞相蒙速速愛

而薦之入侍世祖藩邸以謹敏稱賜名兀魯忽訥特世祖卽位授燕京宣慰副使爲政寬簡奏免分數錢罷硝碱局俄遷侍中至元元年冬遷參知政事行省山東以銀贖俘囚三百餘家爲民其不能歸者使爲僧建寺居之李壇之亂山東民被軍士虜掠者甚衆惠至大括軍中悉縱之又奏選良吏去冗官以蘇民瘼遷制國用司副使會改制國用司爲尚書省拜參知政事遷中書左丞進右丞伯顏帥師伐宋十二年夏詔惠主其饋餉凡江淮錢穀皆領之十二年春宋降伯顏命惠與參知政事阿剌罕等入城按閱府庫版籍收其太廟及景靈宮禮樂器物冊寶郊天儀仗籍江南民爲工匠凡三十萬戶惠選有藝業者僅十餘萬戶餘悉奏還爲民伯顏以宋主北還俾惠居守惠不待命輒啓府庫封鑰伯顏以聞詔左丞相阿朮平章政事阿塔海詰之徵還京師二十年拜榮祿大夫平章政事行省揚州二十二年入朝復命以平章政事行省杭州至無錫卒年六十二惠所至有能聲及老頗以沉浮取譏子遵誨

劉好禮

劉好禮字敬之汴梁祥符人父仲澤金大理評事遙授同知許州徙家保定之完州好禮幼有志知讀書通國言憲宗時廉訪府辟爲參議歲乙卯改永興府達魯花赤至元元年以侍儀廉希逸薦召見言舉人材數事稱旨五年應詔建言凡有司奏請宜先啓皇太子俾得閱習庶政以爲社稷生民之福陝西重地宜封皇子諸王以鎮之創築都城宜給直以市民地選格不宜以中統三年爲限後是者不錄帝是其言勑中書施行七年遷益蘭州等五部斷事官以比古之都護治益蘭其地距京師九千餘里民俗不知陶冶水無舟航好禮請工匠於朝以教其民迄今稱便或言榷鹽酒可以佐經費好禮曰朝廷設官要荒務以綏遠寧欲奪其利耶言者慚服十年北方諸王叛執好禮軍中幾死其大將以好禮善應對釋之十六年春叛王召好禮至欠欠州曰皇帝疑我至有今日好禮曰不疑果疑王召王至京師肯還之耶十七年春好禮率衆走別部守阨以待兵至遇叛王軍迫好禮西踰雪嶺好禮自度踰是則無望其還遂以衣服賂叛王千戶始獲東出鐵壁山口間道南走數日從者繼至且千人中道糧

絶捕獵以爲食七月至菊海始與戍兵接得乘傳至昌州入見帝賜之食與鈔十八年授嘉議大夫澧州路總管十九年入爲刑部尚書俄改禮部又改吏部好禮建言中書象力最巨上往還兩都乘輿象駕萬有一變從者雖多力何能及未幾象驚幾傷從者二十一年出爲北京路總管再入爲戶部尚書二十五年六月卒年六十二子晟爲河西隴右道肅政廉訪使

王國昌 子通

王國昌膠州高密人初爲膠州千戶中統元年入覲世祖察其能遷左武衛親軍千戶佩金符召問軍旅之事國昌奏對甚悉帝嘉之賜白金錦袍至元五年人有上書言高麗境內黑山海道至宋境爲近帝命國昌往視之泛海千餘里風濤洶湧從者恐勸還國昌神色自若徐曰奉天子威命未畢事而遽返可乎遂至黑山乃還帝延見慰勞而東夷皆內屬惟日本不受正朔帝知隋時曾與中國通遣使諭以威德令國昌率兵護送道經高麗時高麗有叛臣據珍島城帝因命國昌與經略使卯突史史樞等攻拔之八年復遣使入日本乃命國昌屯

於高麗之義安郡以爲援冬十月卒于軍子通嗣

通初襲爵爲左衛親軍千戶十二年從諸軍伐宋渡江鎮鄂州時潭州不下兵薄其城通以所將千人破其棚宋兵遁去通縱兵追擊殺獲甚衆以功進武節將軍從攻靜江下之十四年改侍衛親軍千戶明年通上書言今南方已定而北陲未安請屯田于和林率所部自効帝慰勞遣之從破敵兵于金山俘獲生口及馬羊牛駝不可勝計進顯武將軍賜金虎符陞僉左衛親軍都指揮使從討叛王乃顏還副都指揮使明年屯田瓜沙諸州進階明威將軍武宗卽位命總京城衛兵樞密院復奏通攝左丞領諸衛屯田兵尋遷屯儲衛親軍都指揮使鎮海口以疾卒子燕出不花襲武德將軍左衛親軍副都指揮使

姜彧

姜彧字文卿萊州萊陽人也父椿避亂往依濟南張榮因家焉彧幼穎悟好學榮守濟南辟爲掾陞左右司知事尋遷郎中進參議官中統三年彧與榮孫宏入朝因言益都李璮反狀已露宜先其未發制之未報明年春璮果反時諸郡

不爲兵備璮卽襲據濟南或棄家從榮招集散亡迎諸王哈必赤進兵討之秋七月捕得生口言城中糧盡勢蹙或乃昏夜請見王曰聞王陛辭時面受詔曰發兵誅璮耳毋及無辜今旦夕城且破王宜早諭諸將分守城門勿令縱兵不然城中無噍類矣王曰汝言城破解陰陽耶或曰以人事知之若待城破言於王晚矣王悟明日賊衆開門出降王下令諸軍敢入城者論以軍法璮就擒城中按堵如故或以功授大都督府參議改知濱州時行營軍士多占民田爲牧地縱牛馬壞民禾稼桑棗或言於中書遣官分畫疆畔捕其強猾不法者寘之法乃課民種桑歲餘新桑徧野人名爲太守桑及還東平府判官民遮請留馬爲之不行至元五年召拜治書侍御史出爲河北河南道提刑按察使賜金虎符改信州路總管後累遷陝西漢中河東山西道提刑按察使拜行臺御史中丞後以老病歸濟南尋擢燕南河北道提刑按察使三十年二月以疾卒年七十六子迪吉

張礎

張礎字可用其先渤海人金末曾祖琛從燕之通州祖伯達從忽都忽那顏略
地燕薊金守其蒲察斤以城降忽都忽承制以伯達爲通州節度判官遂知通
州父範爲真定勸農官因家焉礎業儒丙辰歲平章廉希憲薦于世祖潛邸時
真定爲諸王阿里不哥分地阿里不哥以礎不附己銜之遣使言於世祖曰張
礎我分地中人當以歸我世祖命使者復曰兄弟至親寧有彼此之間且我方
有事於宋如礎者實所倚任待天下平定當遣還也己未從世祖伐宋凡徵發
軍旅文檄悉出其手中統元年立中書省以礎權左右司事尋出爲彰德路拘
榷官復入爲三部員外郎賜金符爲平陽路同知轉運使改知獻州同知東平
府事又改知威州有婦人乘驢過市者投下官暗赤之奴引鳴鏑射婦人墜地
奴匿暗赤家礎將以其事聞暗赤懼乃出其奴論如法至元十四年立諸道提
刑按察司以礎爲江南浙西道提刑按察副使佩金符宣慰使失里貪暴掠良
民爲奴礎劾黜之遂安縣民聚衆負險爲亂命礎與同知浙西道宣慰使劉宣
領兵捕之宣卽欲進兵礎曰江南新附守吏或失撫字宜遣人招諭以全衆命

宣不可礎曰諭之不來加誅未晚遂遣人諭之逆黨果自縛請罪礎釋之宣乃歎服還嶺南廣西道提刑按察使廣西宣慰使也里脫強奪民財礎按其罪還嶺北湖南道提刑按察副使授濱州路總管不赴拜國子祭酒尋出爲安豐路總管三十一年卒于官年六十三贈昭文館大學士正奉大夫封清河郡公謚文敏子淑衞輝路推官

呂域

呂域字伯充河內人七世祖公緒與宋丞相公著爲從昆弟祖庭金末避亂去鄉里父佑歸附初隸兵籍轉徙北郡復至關中家焉廉希憲宣撫京兆聘許衡教授生徒域從衡學衡爲國子祭酒舉域爲伴讀輔成教養域之功爲多至元十三年擢陝西道按察司知事未行會宋降者言襄漢新附民情未安有呂子開者向爲襄陽制置司參謀官今退居鄂其人悉知宋事宜徵用之朝廷議遣使而難其人或言子開舊名偉金亂入宋更名文蔚字子開於域爲從叔父宜遣域行時江淮兵猶未戢域聞之慨然請行子開既入覲陳安撫襄漢便宜詔

以子開爲翰林直學士辭不就十四年授堅四川行樞密院都事時宋制置使張珏守重慶安撫使王立守合州詔樞府分兵取之李德輝行西院事于成都獲立偵卒張郃等數人將殺之堅曰彼不卽降者以昔嘗抗命城降懼誅耳今宜釋郃等俾歸諭立未幾立果遣郃等賫蠟書至成都德輝請與東院同受降後期不至德輝承制授立仍爲安撫使知合州開倉賑民禁戢剽掠而瀘敘崇慶思播夔萬等郡聞之相繼送款巴黔民感堅與德輝之惠並祠事之東院恥其無功誣德輝越境邀功械立于長安獄將誅之堅適以事至京師言于許衡衡白留守賀仁傑遂奏釋立賜金虎符仍舊官堅亦以平定四川功詔賜金織衣弓刀鞍勒白金陞奉訓大夫四川行省左右司郎中十九年調同知順慶路總管府事以疾辭二十年徵爲國子司業以未終喪辭三十年改華州知州勸農興學具有成效及代民爭留之大德中河東關隴地震月餘不止堅與集賢學士蕭𣂏各設問答數千言以究其理且移書廟堂陳救災弭患之道仁宗卽位召拜翰林侍讀學士時方議行科舉堅曰經明行修質而少華非惟士有實

行國家當得眞才以登治平未幾致仕延祐元年遣使給驛送還關中十二月以疾卒年七十八贈陝西行省參知政事追封東平郡公諡文穆子三人杲果楨皆顯仕孫魯濟寧路總管

譚資榮

譚資榮字茂卿與德懷來人敦厚寡言頗知讀書仕金爲縣令歲己卯河朔歸版圖資榮率衆款附主帥稔聞其名卽日以金符授元帥左都監爲縣令如故後從征以功賜金虎符陞行元帥府事復以其弟資用代充元帥左監軍歲壬辰資榮從攻汴梁有功既而舉資用自代退而耕田讀書以爲逸老計時年四十子二人曰澄曰山臯澄好讀書又習國語爲監縣多善政世祖在潛邸時澄入見世祖嘉其容止安詳留居藩府稱其官而不名以其弟山臯代爲縣遣邇臣出使必以澄偕中統元年制書褒美以爲懷孟路總管明年入覲賜金符四年易虎符居官時訟至立決教民力田務本歷彰德同知遷河南路總管兼府尹明年奔父喪中書不聽其終制奏其復涖職後歷司農少卿遷陝西四川提

刑按察使踰年西南夷羅羅斯內附帝以澄文武兼資可使鎮撫新國以爲副
都元帥同知宣慰使司事至其境諭之曰皇元一視同仁不間遠近特置大帥
安集招懷以捍外侮非利徵求於汝也夷人大悅尋以疾卒子克脩事裕宗于
東宮出爲江南湖北河北河南陝西漢中三道提刑按察使孫男三人曰忠曰
質曰文

王惲

王惲字仲謀衞州汲縣人曾祖經祖宇仕金官敦武校尉父天鐸金正大初以
律學中首選仕至戶部主事惲有材幹操履端方好學善屬文與東魯王博文
渤海王旭齊名史天澤將兵攻宋過衞一見接以賓禮中統元年左丞姚樞宣
撫東平辟爲詳議官時省部初建令諸路各上儒吏之能理財者一人惲以選
至京師上書論時政與渤海周正並擢爲中書省詳定官二年春轉翰林修撰
同知制誥兼國史院編修官尋兼中書省左右司都事治錢穀擢材能議典禮
考制度咸究所長同僚服之至元五年建御史臺首拜監察御史知無不言論

死凡百五十餘章時都水劉晸交結權勢任用頗專陷沒官糧四十餘萬石惲劾之晸其姦利權貴側目又言晸監修太廟畢功特轉官錫賞今纔數年梁柱摧朽事涉不敬宜論如法晸竟以憂卒秩滿陳天祐雷膺交薦於朝九年授承直郎平陽路總管府判官初絳之太平縣民有陳氏者殺其兄行賂緩獄蔓引逮繫者三百餘人至五年不決朝廷委惲鞫之一訊即得其實乃盡出所逮繫者時絳久旱一夕大雨十三年奉命試儒人于河南十四年除翰林待制拜朝列大夫河南北道提刑按察副使尋改置諸道制下遷燕南河北道按部諸郡贓吏多所罷黜十八年拜中議大夫行御史臺治書侍御史不赴裕宗在東宮惲進承華事略其目曰廣孝立愛端本進學擇術謹習聽政達聰撫軍崇儒親賢去邪納誨幾諫從諫推恩尙儉戒逸知賢審官凡二十篇裕宗覽之至漢成帝不絕馳道唐肅宗改服絳紗爲朱明服心甚喜曰我若遇是禮亦當如是又至邢峙止齊太子食邪蒿顧侍臣曰一菜之名遽能邪人耶詹事丞孔九思從旁對曰正臣防微理固當然太子善其說賜酒慰諭之令諸皇孫傳觀稱其書

弘益居多十九年春改山東東西道提刑按察副使在官一年以疾還衛二十
二年春以左司郎中召時右丞盧世榮以聚斂進用屢趣之不赴或問其故惲
曰力小任大剝衆利己未聞能全者遠之尚恐見浼況可近乎既而果敗衆服
其識二十六年授少中大夫福建閩海道提刑按察使黜官吏貪汙不法者凡
數十人察繫囚之冤滯者決而遣之戒戍兵無得寓民家而創營屋以居之每
謂爲治之本在於得人乃進言於朝曰福建所轄郡縣五十餘連山距海實爲
邊徼重地而民情輕詭由平定以來官吏貪殘故山寇往往嘯聚愚民因而蟻
附剽掠村落官兵致討復蹂踐之甚非朝廷一視同仁之意也今雖不能一一
擇任守令而行省官僚如平章左丞尚缺宜特選清望素著簡在帝心文足以
撫綏黎庶武足以折衝外侮者使鎮靜之庶幾治安可期矣時行省討劇賊鍾
明亮無功惲復條陳利害曰福建歸附之民戶幾百萬黃華一變十去四五今
劇賊猖獗又酷於華其可以尋常草竊視之況其地有溪山之險東擊西走出
沒難測招之不降攻之不克宜選精兵申明號令專命重臣節制以計討之使

彼勢窮力竭庶可取也二十八年召至京師二十九年春見帝於柳林行宮遂
上萬言書極陳時政授翰林學士嘉議大夫成宗卽位獻守成事鑑一十五篇
所論悉本諸經旨元貞元年加通議大夫知制誥同修國史奉旨纂修世祖實
錄因集聖訓六卷上之大德元年進中奉大夫二年賜鈔萬貫乞致仕不許五
年再上章求退遂授其子公孺爲衞州推官以便養仍官其孫笴祕書郎大德
八年六月卒贈翰林學士承旨資善大夫追封太原郡公謚文定其著述有相
鑑五十卷汲郡志十五卷承華事略中堂事記烏臺筆補玉堂嘉話幷雜著詩
文合爲一百卷

元史卷一百六十七

元史卷一百六十八

明翰林學士亞中大夫知制誥兼修國史宋　濂等修

列傳第五十五

陳祜天祥

陳祜一名天祐字慶甫趙州寧晉人世業農祖忠博究經史鄉黨皆尊而師之既歿門人諡曰茂行先生祜少好學家貧母張氏嘗剪髮易書使讀之長遂博通經史時諸王得自辟官屬歲癸丑穆王府署祜爲其府尚書賜其父母銀十鋌錦衣一襲王既分土於陜洛表祜爲河南府總管下車之日首禮金季名士李國維楊杲李微薛玄咨訪治道商議古今奏免征西軍數百家及椒竹諸稅糧料等錢又上便民二十餘事朝廷皆從之世祖卽位分陜洛爲河南西路中統元年眞除祜爲總管時州縣官以未給俸多貪暴祜獨以清愼見稱在官八年如始至之日至元二年調官法行改南京路治中適東方大蝗徐邳尤甚責捕至急祜部民丁數萬人至其地謂左右曰捕蝗慮其傷稼也今蝗雖盛而穀

已熟不如令早刈之庶力省而有得或以事涉專擅不可祐曰救民獲罪亦所甘心即諭之使散去兩州之民皆賴焉三年朝廷以祐降官無名乃賜虎符授嘉議大夫衞輝路總管衞當四方之衝號爲難治祐申明法令創立孔子廟修比干墓且請于朝著于祀典及去官民爲立碑頌德嘗上書世祖言樹太平之本有三一曰太子國本建立宜早二曰中書政本責成宜專三曰人材治本選舉宜審事雖未能盡行時論稱之六年置提刑按察司首以祐爲山東東西道提刑按察使時中書尚書二省並立世祖厭其煩欲合爲一集大臣雜議之祐還朝特命預其議阿合馬爲尚書平章政事欲奏陞中書右丞相安童爲太師因罷中書省懼祐有異議許進祐爲尚書參知政事以啗之及入議祐極言中書政本祖宗所立不可罷三公古官今徒存其虛位未須設事遂罷阿合馬怒其忤己除祐僉中興等路行尚書省事西涼隸永昌王府其達魯花赤及總管爲人誣搆家各百餘口王欲悉致之法祐力辯其冤王怒甚祐執議彌固王亦尋悟二人皆獲免持祐泣曰公再生父母也朝廷大舉伐宋遣祐僉軍山東民

多逃匿聞祐來皆曰陳按察來必無私遂皆出應期而辦十二年授南京總管
兼開封府尹吏多震慴失措祐因謂曰何必若是前爲盜跖今爲顔子吾以顔
子待之前爲顔子今爲盜跖吾以盜跖待之由是吏知修飭不敢弄法許蔡間
有巨盜聚衆刦掠祐捕之急逃入宋境宋亡隨制置夏貴過汴祐斥下馬撾殺
之於市民間帖然十四年遷浙東道宣慰使時江南初附軍士俘虜温台民男
女數千口祐悉奪還之未幾行省榷民商酒稅祐請曰兵火之餘傷殘之民宜
從寬恤不報遣祐檢覆慶元台州民田及還至新昌值玉山鄉盜倉猝不及爲
備遂遇害年五十六詔贈推忠秉義全節功臣江浙等處行中書省左丞追封
河南郡公謚忠定父老請留葬會稽不得乃立祠祀之祐能詩文有節齋集子
夔芍陂屯田萬戶初在揚州聞祐遇盜死泣請于行省願復父讐擒其賊魁戮
于紹興市皐昌國州知州贇侍儀司通事舍人孫思魯襲芍陂屯田萬戶思謙
湖廣行省參知政事弟天祥
天祥字吉甫因兄祐仕河南自寧晉徙家洛陽天祥少隸軍籍善騎射中統三

年李壇叛據濟南結宋爲外援河北河南宣慰司承制以天祥爲千戶屯三汊口防遏宋兵事平罷歸居偃師南山有田百餘畝躬耕讀書從之遊者甚衆其居近緱氏山因號曰緱山先生初天祥未知學祜未之奇也別去數歲獻所爲詩於祜祜疑假手宅人及與語出入經史談辯該博乃大稱異至元十一年起家從仕郎郢復州等處招討司經歷從國兵渡江因論軍中事深爲行省參政賈居貞所器重十三年興國軍以籍兵器致亂行省命天祥權知本軍事天祥領軍士纔十人入其境去城近百里止二日乃至城中父老來謁天祥諭之曰捍衛鄉井誠不可無兵任事者籍之過當故致亂爾今令汝輩權置兵仗以自衛何如民皆稱便乃條陳其事於行省曰鎮遏姦邪當實根本若內無備禦之資則外生窺覦之釁此理勢必然者也推此軍變亂之故正由當時處置失宜踈於外而急於內凡在軍中者寸鐵尺杖不得在手遂使姦人得以竊發公私同被其害今軍中再經殘破單弱至此若猶相防而不相保信豈惟外寇可憂第恐舟中之人皆敵國矣莫若布推赤心於人使戮力同心與均禍福人則我

之人兵則我之兵靖亂止姦無施不可惟冀少加優容然後責其必成之效行省許以從便處置天祥凡所設施皆合衆望由是流移復業以至鄰郡之民來歸者相繼伐茅斬木結屋以居天祥命以十家爲甲十甲有長弛兵禁以從民便人心既安軍勢稍振用土兵收李必聰山寨不戮一人他寨聞之各自散去境內悉平時州縣官吏未有俸祿天祥從便規措而月給之以止其貪民用弗擾鄰邑分寧爲變諜者時至吏請捕之天祥曰彼以官吏貪暴故叛今我一軍三縣官無侵漁民樂其業使之歸告其黨則謀者反爲我用矣遂一無所問及敗逃入與國境者數千人天祥命驗口給糧仍戒土人勿侵陵事定皆得保全而歸莫不服其威信居歲餘詔改本軍爲路有代天祥爲總管者務變更舊政治隱匿兵者甚急天祥去未久而與國復變鄰郡壽昌府及大江南北諸城邑多乘勢殺守將以應之時方改行省爲宣慰司參政忽都帖木兒買居貞萬戶鄭鼎臣爲宣慰使鼎臣帥兵討之至樊口兵敗死黃州遂聲言攻陽羅堡鄂州大震時忽都帖木兒恇怯不敢出兵天祥言於居貞曰陽羅堡依山爲壘素有

嚴備彼若來攻我之利也且南人浮躁輕進易退官軍憑高據險而區區烏合
之衆與之相敵不二三日死傷必多遁逃者十八九我出精兵以擊之惟疾走
者乃始得脫乘此一勝則大勢已定然後取黃州壽昌如摧枯拉朽耳居貞深
然之而忽都帖木兒意猶未決聞至陽羅堡居貞力趣之乃引兵宿於青山明
日大敗其衆皆如天祥所料初行省聞變盡執鄂州城中南人將殺之以防內
應居貞救之不能得天祥曰是州之人與彼勢本不相接欲殺之者利其財耳
力止之至是被執者皆縱去復遣天祥權知壽昌府事授兵二百餘人爲亂者
聞官軍至皆棄城依險而自保天祥以衆寡不敵非可以力服乃遣諭其徒使
各歸田里惟生擒其長毛遇順周監斬于鄂州市得金二百兩詢知爲鄂州賈
人之物召而還之其黨王宗一等十三人繼亦就擒以冬至日放令還家約三
日來歸獄皆如期而至白宣慰司盡縱之由是無復叛者百姓爲立生祠二十
一年三月拜監察御史會右丞盧世榮以掊克聚斂驟陞執政權傾一時御史
中丞崔彧言之帝怒欲致之法世榮勢燄益張左司郎中周戭因議事微有可

否世榮誣以沮法奏令杖一百然後斬之於是臣僚震懾無敢言者二十二年四月天祥上疏極言世榮姦惡其略曰盧世榮素無文藝亦無武功惟以商販所獲之貲趨附權臣營求入仕輿贓輦賄輸送權門所獻不充又別立欠少文券銀一千錠由白身擢江西榷茶轉運使於其任專務貪饕所犯贓私動以萬計其隱秘者固難悉舉惟發露者乃可明言凡其掊取於人及所盜官物略計鈔以錠計者二萬五千一百一十九金以錠計者二十五銀以錠計者一百六十八茶以引計者一萬二千四百五十有八馬以疋計者十五玉器七事其餘繁雜物件稱是已經追納及未納見追者人所共知今竟不悔前非狂悖愈甚以苛刻為自安之策以誅求為干進之門既懷無饜之心廣畜攘掊之計而又身當要路手握重權雖位在丞相之下朝省大政實得專之是猶以盜跖而掌阿衡之任不止流殃於當代亦恐取笑於將來朝廷信其虛誑之說俾居相位名為試驗實授正權校其所能敗闕如此考其所行毫髮無稱此皆既往之真跡可謂已試之明驗若謂必須再試止可敘以他官宰相之權豈宜輕授夫宰

天下譬猶製錦初欲驗其能否先當試以布帛如無能效所損或輕今捐相位以試驗賢愚猶試美錦以校量工拙脫致隳壞悔將何追國家之與百姓上下如同一身民乃國之血氣國乃民之膚體血氣充實則膚體康強血氣損傷則膚體羸病未有耗其血氣能使膚體豐榮者是故民富則國富民貧則國貧民安則國安民困則國困其理然也昔魯哀公欲重斂於民問於有若對曰百姓足君孰與不足百姓不足君孰與足以此推之民必須賦輕而後足國必待民足而後豐書曰民爲邦本本固邦寧歷考前代因百姓富安以致亂百姓困窮以致治自有天地以來未之聞也夫財者土地所生民力所集天地之間歲有常數惟其取之有節故其用之不乏今世榮欲以一歲之期將致十年之積危萬民之命易一己之榮廣邀增羨之功不恤顛連之患期錙銖之誅取誘上下以交征視民如讐爲國斂怨果欲不爲國家之遠慮惟取速效於目前肆意誅求何所不得然其生財之本既已不存斂財之方復何所賴將見民閒由此凋耗天下由此空虛安危利害之機殆有不可勝言者計其任事以來百有餘日

驗其事跡備有顯明今取其所行與所言而已不相副者略舉數端始言能令鈔法如舊鈔今愈虛始言能令百物自賤物今愈貴始言課程增添三百萬錠不取於民而辦今却迫脅諸路官司增數包認始言能令民快樂凡今所爲無非敗法擾民者若不早有更張須其自敗正猶蠹雖除去木病亦深始嫌曲突徙薪終見焦頭爛額事至於此救將何及臣亦知阿附權要則榮寵可期違忤重臣則禍患難測緘默自固亦豈不能正以事在國家關繫不淺憂深慮切不得無言世祖聞其語遣使召天祥與世榮俱至上都面質之旣至卽日有內官傳旨縛世榮於宮門外明日入對天祥於帝前再舉其所言與未及盡言者帝皆稱善世榮遂伏誅五月朝廷錄天祥從軍渡江及平與國壽昌之功進秩五品擢吏部郎中二十三年四月除治書侍御史六月命理算湖北湖南行省錢糧天祥至鄂州卽上疏劾平章岳束木凶暴不法時桑哥竊國柄與岳束木姻黨爲其爪牙羽翼誣天祥以罪欲致之死繫獄幾四百日二十五年春正月遇赦得釋二十八年擢行臺侍御史未幾以疾辭歸三十年授燕南河北道廉訪

使元貞元年改山東西道廉訪使時盜賊羣起山東居多詔求弭盜方略天祥上奏曰古者盜賊之起各有所因除歲凶饑饉誘之天時宜且勿論他如軍旅不息工役薦興聚歛無厭刑法紊亂之類此皆羣盜所起之因中間保護存養之者赦令是也赦者小人之幸君子之不幸一歲再赦善人喑啞前人言之備矣彼強梁之徒各執兵杖殺人取貨不顧其生有司盡力以擒之朝廷加恩以釋之旦脫縲囚暮卽行刦又復督勒有司給限追捕賊皆經慣習以爲常旣不感恩又不畏法兇殘悖逆性已頑定誠非善化能移惟以嚴刑可制所擬事條皆切於時用於是嚴督有司捕得盜賊甚衆皆杖殺之其亡入他境者揣知所向選捕盜官及弓兵密授方略示以賞罰使追捕之南至漢江二千餘里悉皆就擒無得免者由是東方羣盜屏息平陰縣女子劉金蓮假妖術以惑衆所至官爲建立神堂愚民皆奔走奉事之天祥謂同僚曰此婦以神怪惑衆聲勢如此若復有狡猾之人輔翼之倣漢張角晉孫恩之爲必成大害遂命捕繫而杖於市自此神怪屏息天祥言山東宣慰司官冗宜罷因劾奏其使貪暴不法事

格不行遂以任滿辭去大德三年六月遷河北河南廉訪使以疾不起人有冤抑往往就天祥家求直天祥以不在其位却去之六年陞河南行臺御史中丞上章論征西南夷事曰兵有不得已而不已者亦有得已而不已者惟能得已則已可使兵力永強行備不得已而不已之用是之謂善用兵者也去歲行省右丞劉深遠征八百媳婦國此乃得已而不已之兵也彼荒裔小邦遠在雲南之西南又數千里其地爲僻陋無用之地人皆頑愚無知取之不足以爲利不取不足以爲害深欺上罔下帥兵伐之經過八番縱横自恣恃其威力虐害居民中途變生所在皆叛深既不能制亂反爲亂衆所制軍中乏糧人自相食計窮勢蹙倉皇退走土兵隨擊以致大敗深棄衆奔逃僅以身免喪兵十八九棄地千餘里朝廷再發陝西河南江西湖廣四省諸軍使劉二霸都總管以圖收復叛地湖北湖南大起丁夫運送軍糧至播州交納其正夫與擔負自己糧食者通計二十餘萬正當農時興此大役驅愁苦之人往迴數千里中何事不有或所負之米盡到固爲幸矣然數萬之軍止仰今次一運之米自此以後又當

如何比問西征敗卒及其將校頗知西南遠夷之地重山複嶺陡澗深林竹木叢茂皆有長刺軍行徑路在於其間窄處僅容一人一騎上如登天下如入井賊若乘險邀擊我軍雖衆亦難施爲也又其毒霧烟瘴之氣皆能傷人羣蠻旣知大軍將至若皆清野遠遁阻其要害以老我師或進不得前旁無所掠士卒饑餒疫病死亡將有不戰自困之勢不可不爲深慮也且自征伐倭國占城交趾瓜哇緬國以來近三十年未嘗見有尺土一民內屬之益計其所費錢財死損軍數可勝言哉去歲西征及今此舉亦復何異前鑑不遠非難見也軍勞民擾未見休期只深一人是其禍本又聞八番羅國之人向爲征西之軍擾害捐棄生業相繼逃叛怨深入於骨髓皆欲得其肉而分食之人心皆惡天意亦憎惟須上承天意下順人心早正深之罪續下明詔示彼一方以聖朝數十年撫養之恩仍諭自今再無遠征之役以此招之自有相續歸順之日使其官民上下皆知未須遠勞王師與區區小醜爭一旦之勝負也昔大舜退師而苗民格充國緩戰而羌衆安事載經傳爲萬世法爲今之計宜且駐兵近境使其水路

遠近得通或用鹽引茶引或用寶鈔多增米價和市軍糧但法令嚴明官不失信可使米船蔽江而上軍自足食民亦不擾內安根本外固邊陲以我之鎮靜御彼之猖狂布恩以柔其心畜威以制其力期之以久漸次服之此王者之師萬全之利也若謂業已如此欲罷不能亦當慮其關繫之大審詳成敗算定而行彼溪洞諸蠻各有種類今之相聚者皆烏合之徒必無久能同心敵我之理但急之則相救緩之則相疑以計使之互相讐怨待彼有可乘之隙我有可動之時徐命諸軍數道俱進服從者恩之以仁拒敵者威之以武恩威相濟功乃易成若舍恩任威以蹈深之覆轍恐他日之患有甚於今日也不報遂謝病去

七年召拜集賢大學士商議中書省事八月地震河東尤甚詔問弭災之道天祥上章極言陰陽不和天地不位皆人事失宜所致執政者以其言切直抑不以聞天祥自被召還京至是且一歲未嘗得見帝言事輸忠無地常鬱鬱不自釋又不欲苟糜廩祿八年正月移疾謝去至通州中書遣使追留不還帝聞之賜鈔五千貫仍命給傳專官護送至其家天祥望闕拜謝辭所賜鈔而行九年

五月拜中書右丞議樞密院事提調諸衛屯田使者五致詔以年老不能辭十一年仁宗在懷州遣使賜幣帛上尊酒至大四年仁宗卽位復遣使召之辭以老疾不起延祐三年四月卒于家年八十累贈推忠正義全德佐理功臣河南江北等處行中書省平章政事追封趙國公謚文忠

劉宣

劉宣字伯宣其先潞人也因出戍留居忻金末避地于陝後徙太原宣沉毅清介居家孝友自幼喜讀書有經世之志宣撫張德輝至河東見而器重之還朝薦爲中書省掾宣暇則往從國子祭酒許衡講明理學初命爲河北河南道巡行勸農副使至元十二年入爲中書戶部郎中改行省郎中從丞相伯顏平章伯朮統軍平江南贊畫居多伯顏嘗命宣詣闕上捷書世祖召見親問以南征事應對稱旨賜器服寵嘉之江南平命宣沙汰江淮冗官其所存革悉合公論除知松江府未幾同知浙西宣慰司事在官五年威惠並著陞江淮行省參議擢江西湖東道提刑按察使二十三年入爲禮部尚書遂遷吏部時將伐交趾

宣上言曰連年日本之役百姓愁戚官府擾攘今春停罷江浙軍民歡聲如雷安南小邦臣事有年歲貢未嘗愆期邊帥生事興兵彼因避竄海島使大舉無功將士傷殘今又下令再征聞者莫不恐懼自古興兵必須天時中原平土猶避盛夏交廣炎瘴之地毒氣害人甚於兵刃今以七月會諸道兵于靜江比至安南病死必衆緩急遇敵何以應之又交趾無糧水路難通無車馬牛畜馱載不免陸運一夫擔米五斗往還自食外官得其半若十萬石用四十萬人止可供一二月軍糧搬載船料軍須通用五六十萬衆廣西湖南調度頻數民多離散戶令供役亦不能辦況湖廣密邇溪洞寇盜常多萬一姦人伺隙大兵一出乘虛生變雖有留後人馬疲弱衰老卒難應變何不與彼中軍官深知事體者論量萬全方略不然將復蹈前轍矣及再征日本宣又上言其略曰近議復置征東行省再興日本之師此役不息安危繫焉唆都建伐占城海牙言平交趾三數年間湖廣江西供給船隻軍須糧運官民大擾廣東羣盜並起軍兵遠涉江海瘴毒之地死傷過半即日連兵未解且交趾與我接境蕞爾小邦遣親王

提兵深入未見報功唆都爲賊所殺自遺羞辱況日本海洋萬里疆土闊遠非二國可比今次出師動衆履險縱不遇風可到彼岸倭國地廣徒衆猥多彼兵四集我師無援萬一不利欲發救兵其能飛渡耶隋伐高麗三次大舉數見敗北喪師百萬唐太宗以英武自負親征高麗雖取數城而還徒增追悔且高麗平壤諸城皆居陸地去中原不遠以二國之衆加之尚不能克況日本僻在海隅與中國相懸萬里哉帝嘉納其言二十三年十二月中書傳旨議更鈔用錢宣獻議曰原交鈔所起漢唐以來皆未嘗有宋紹興初軍餉不繼造此以誘商旅爲沿邊糴買之計比銅錢易於齎擎民甚便之稍有滯礙卽用見錢尚存古人子母相權之意日增月益其法寖弊欲求目前速效未見良策新鈔必欲創造用權舊鈔只是改換名目無金銀作本稱提軍國支用不復抑損三數年後亦如元寶矣宋金之弊足爲殷鑒鑄造銅錢又當詳究秦漢隋唐金宋利病著在史策不待縷陳國朝廢錢已久一旦行之功費不貲非爲遠計大抵利民權物其要自不妄用始若欲濟丘壑之用非惟鑄造不敷抑亦不久自弊矣屬桑

哥謀立尚書省以專國柄錢議遂罷二十五年由集賢學士除行臺御史中丞時江浙行省丞相忙古臺悍戾縱恣常慮臺臣糾言其罪而尤忌宣一日御史大夫與中丞出建康城點視軍船羣御史從有以軍船載葦者御史張諒詰之知爲行省官所使詰揚州覆實忙古臺盛怒卽圖報復時大夫之父官于屬郡隨被按劾遣其黨造建康伺臺中違失臺官皆竦懼陰往懇求自解惟宣屹然不動忙古臺怨宣愈甚羅織宣之子繫揚州獄又令建康酒務淘金等官及錄事司官以罪免者誣告行臺沮壞錢糧以聞于朝必欲寘宣死地朝廷爲遣官二員置獄于行省鞫問其事宣及御史六人俱就逮旣登舟行省以軍船列兵衞驅迫之至則分異各處不使往來九月朔宣自剄于舟中始宣將行時書後事緘付從子自誠令勿啓視宣死視其書辭云觸怒大臣誣搆成罪豈能與經斷小人交口辯訟屈膝爲容於怨家之前身爲臺臣義不受辱當自引決但不獲以身殉國爲恨耳嗚呼天乎實鑒此心且別有公文言忙古臺罪伏後得其藁塗注勾抹辭句難辯前治書侍御史霍肅爲敘次其文讀者悲憤宣旣引決

行省白于朝以爲宣知罪重自殺前後搆成其事者郎中張斯立也然宣忠義節操爲世所重聞者莫不嗟悼延祐四年從子自持上宣行實御史臺以聞制贈資善大夫御史中丞上護軍追封彭城郡公謚忠憲

何榮祖

何榮祖字繼先其先太原人父瑛金貞祐間試文法入優等補吏後授明威將軍守鉅鹿尹權軍器監主事金亡徙家廣平榮祖狀貌魁偉額有赤文如雙樹背負隆起有相者謂曰子位極人臣且壽相也何氏世業吏榮祖尤所通習遂以吏累遷中書省掾擢御史臺都事始折節讀書日記數千言阿合馬方用事置總庫于其家以收四方之利號曰和市監察御史范方等斥其非論甚力阿合馬知榮祖主其謀奏爲左右司都事以隸己未幾御史臺除治書侍御史升侍御史又出爲山東按察使而阿合馬莫逞其志矣有帖木剌思者以貪墨爲僉事李唐卿所劾帖木剌思計無所出適濟南有上變告者唐卿察其妄取訟牒焚之帖木剌思乃摭取爲辭告唐卿縱反者逮繫數十人獄久不決詔榮祖

與左丞郝禎參政耿仁傑鞫之榮祖得其情欲抵告者罪禎仁傑議以失口亂
言之罪坐之榮祖不可俄遷河南按察使二執政竟以失口亂言杖其人而株
連者俱得釋唐卿之誣遂白平涼府言有南人二十餘輩叛歸江南安西行省
欲上聞會榮祖來爲參政止之曰何必上聞朝廷此輩去者皆人奴耳今聞江
南平遁往求其家移文召捕之可也已而逃者俱獲果人奴也治以本罪而付
其主其於事明決多類此除雲南行省參知政事以母老辭又拜御史中丞復
出爲山東東西道按察使時宣慰使樂實姚演開膠州海道有制禁戢諸人沮
撓糧船遇暴風多漂覆樂實弗信督諸漕卒償之搒掠慘毒自殺者相繼按察
官懼違制莫敢言榮祖曰第言之若朝廷見譴吾自當之卽草辭以奏詔免其
徵召入爲尙書參知政事時桑哥專政亟於理算錢穀人受其害榮祖數請罷
之帝不從屢懇請不已乃稍緩之而畿內民苦尤甚榮祖每以爲辭同僚曰上
旣爲免諸路惟未及在京可少止勿言也榮祖執愈堅至於忤旨不少屈竟不
署其牘未踰月而害民之弊皆聞帝乃思榮祖言召問所宜榮祖請於歲終立

局考校人以爲便立爲常式詔賜以鈔萬一千貫榮祖條中外有官規程欲矯
時敝桑哥抑不爲通榮祖既與之異議乃以病告特授集賢大學士未幾起爲
尙書右丞桑哥敗改中書右丞奏行所定至元新格請改提刑按察司爲肅政
廉訪司而立監治之法又上言國家用度不可不足天下百姓不可不安今理
財者弗顧民力之困言治者弗圖國計之大且當用之人恆多而得用之人恆
少要之省部實爲根本必擇材而用之按察司雖監臨一道其職在於除蠹弊
安斯民茍有弗至則臺省又當遣官體察之庶有所益帝深然之屢以老疾乞
解機務詔免署事惟預議中書而食其祿尋拜昭文館大學士預中書省事又
加平章政事以水旱請罷不允先是榮祖奉旨定大德律令書成已久至是乃
得請于上詔元老大臣聚聽之未及頒行適子祕書少監惠沒遂歸廣平卒年
七十九贈光祿大夫大司徒柱國追封趙國公謚文憲榮祖身至大官而僦第
以居飲器用青瓷杯中官聞之賜以上尊及金五十兩銀五百兩鈔二萬五千
貫俾置器買宅以旌其廉所著書有大畜十集又有學易記載道集觀物外篇

等書

陳思濟

陳思濟字濟民柘城人也幼讀書卽曉大義以才器見稱于時輩間世祖在潛邸聞其名召之以備顧問旣卽位始建省部俾掌敷奏世祖以京兆爲國重鎭命廉希憲等行中書省于陝西思濟實與偕行多所贊畫中統三年詔誅王文統召廉希憲入中書思濟還仍掌敷奏事無巨細悉就準繩姚樞許衡皆器重之會阿合馬入省恥其位在希憲左每欲肆意而行希憲守正不從及希憲去位省臣晨集掾屬皆憚阿合馬不敢前思濟獨先以文牘進阿合馬輒于希憲位署押思濟據掩以手曰此非君相署位也阿合馬怒目視之衆爲之懼思濟神色自若除右司都事從希憲行省山東未幾召還至元五年分命中書省總百揆御史臺正百官一時黜陟登庸憲章程式多出其手遷承務郎同知高唐州事以績最聞拜監察御史時阿合馬立尚書省權在中書右思濟與魏初等劾其不法帝命近臣正之御史各以次對思濟獨厲聲曰御史言官也非爲辯

訟設拂袖而出授奉訓大夫知沁州爲政簡要不務苛察遷中順大夫同知紹
興路總管府事承檄讞獄桐廬有因羸瘠將死縱遣還家候期來決因拜請曰
聞公名久矣若不早決恐終不可保爲閱其案而釋之轉同知兩浙都轉運司
事胥吏侵漁民困于賦役悉蠲除之調陝西漢中道提刑按察副使丁母憂去
官二十三年加少中大夫同知浙東道宣慰司事時浙西大水民饑浙東倉廩
殷實卽轉輸以賑之全活者衆檄上中書奏允之浙東復旱禱于名山雨大澍
民賴以甦兩淮鹽課不敷授嘉議大夫兩淮都轉運使奸弊盡革商賈通行歲
課以足擢嶺北湖南道肅政廉訪使改池州路總管江浙行省平章也速答兒
威勢赫然摘淘金戶三千括民間田畝檄下力上章以止之累遷中議大夫僉
河南江北等處行中書省事大德五年冬以疾卒年七十贈正議大夫吏部尙
書上輕車都尉追封潁川郡侯諡文肅子誠襲蔭入官拜監察御史朝列大夫
僉廣西道肅政廉訪司事

秦長卿

秦長卿洛陽人也恣貌魁偉性倜儻有大志世祖在京兆潛藩已聞其名既即位務收攬時才以布衣徵至京師長卿尚風節好論事與劉宣同在宿衞以氣岸相高是時尚書省立阿合馬專政長卿上書曰臣愚贛能識阿合馬其爲政擅生殺人人畏憚之固莫敢言然怨毒亦已甚矣觀其禁絶異議杜塞忠言其情似秦趙高私蓄踰公家貲覬覦非望其事似漢董卓春秋人臣無將請及其未發誅之爲便事下中書阿合馬爲人便佞善伺人主意又其貲足以動人中貴人力爲救解事遂寢然由是大恨長卿除與和宣德同知鐵冶事竟誣以折閱課額數萬緡逮長卿下吏籍其家產償官又使獄吏殺之獄吏濡紙塞其口鼻即死未幾王著聚徒殺阿合馬帝後悟亦追罪之斲棺戮屍并誅其子而長卿寃終不白長卿從子山甫爲建康府判官聞長卿寃狀即日棄官累薦不起以卒山甫子從龍仕至南臺治書侍御史從德江浙行省參知政事

趙與票

趙與票字晦叔宋宗室子嘗登進士第爲鄂州教授至元十一年丞相伯顔既

渡江與槩率其宗人之在鄂州者詣軍門上書力陳不嗜殺人可以一天下且乞全其宗黨後伯顏朝京師世祖問宋宗室之賢者伯顏首以與槩對十三年秋九月遣使召至上京幅巾深衣以見言宋敗亡之故悉由誤用權奸詞旨激切令人感動世祖念之即授翰林待制朝廷立法多所咨訪與槩忠言讜論無所顧惜進直學士轉侍講疏陳江南科斂急督移括大姓宋世丘壟暴露皆大臣擅易明詔所爲二十七年京師霧四塞明年正月甲寅虎入南城與槩又疏言權臣專政之咎退而家居待罪未幾桑哥敗平章不忽木奏與槩貧窶有守有抱負世祖曰得非指權臣爲虎者耶賜鈔萬三千貫歲給其妻子衣糧後累遷翰林學士其伯祖師淵嘗從朱熹學家庭授受具有端緒於是與許衡論伊洛闗奧衡雅敬之與槩既老成宗命特官其子孟實以終養大德七年以疾卒家貧無以爲葬成宗命有司賻鈔五千貫給舟車還葬台州之黄岩贈通議大夫禮部尚書上輕車都尉天水郡侯謚文簡

姚天福

姚天福字君祥絳州人父居實避兵徙鴈門天福幼讀春秋通大義及長以材辟懷仁丞至元五年詔立御史臺以天福爲架閣管勾尋拜監察御史每廷折權臣帝嘉其直錫名巴兒思謂其不畏強悍猶虎也仍厚賜以旌其忠天福曰臣職居糾彈惟負爵祿是懼敢貪厚賞以重臣罪時御史臺置二大夫綱紀無統天福言于世祖曰古稱一蛇九尾首動尾隨一蛇二首不能寸進今臺綱不張有一蛇二首之患陛下不急拯之久則紊不可理帝詔玉速帖木兒及孛羅諭之孛羅以年幼自劾天福時按行畿內有出使者凌民取賄天福乃易服間行得其狀奏戮之以徇豪右慴服十二年詔罷各道按察司天福白大夫玉速帖木兒曰是司之設所以廣視聽虞非常慮至深遠不但繩有司而已也大夫駭然曰微公言幾失之夜入帝臥內奏其言帝大悟詔復立之權臣不悅左遷天福朝列大夫衡州路同知不就起爲河東道提刑按察副使時北鄙兵與轉輸煩急河東民苦徭役天福以反側爲憂劾執政失計奏罷其役徵拜中順大夫治書侍御史十六年江南既平授嘉議大夫淮西道按察使淮甸當兵衝將

吏有豪猾爲民害者悉劾除之民大悅轉湖北道按察使發省臣贓事數十以
聞帝以其嘗有勳勞特原之而流其黨與州郡稱治二十年遷山北道按察使
其民鮮知稼穡天福教以樹藝皆致蕃富民爲建祠而刻石以紀之二十二年
入爲刑部尚書尋出爲揚州路總管二十六年復爲淮西按察使按鉅姦一人
没其家貲政化大行二十八年桑哥敗考訊黨援平陽爲多以天福爲平陽總
管俾窮治其事俄拜甘肅行省參知政事以母老辭三十一年授陝西漢中道
肅政廉訪使尋除真定路總管真定驛傳之需多爲民害天福更議措置之方
使不擾民憲長爭之省臣以其事聞詔從之頒其制爲天下式大德二年授江
西行省參政以疾辭四年拜參知政事大都路總管兼大興府尹畿甸大治後
之尹京者以天福爲稱首六年以疾卒年七十三初天福拜御史時其母戒之
曰古稱公爾忘私委質爲臣當罄所衷以塞其職勿以未亡人爲卹俾吾追縱
陵母死之日猶生之年也天福亦請於憲府曰監察責當言路有犯無隱苟獲
譴乞不爲親累或以聞帝嘆曰巴兒思母子雖生今世其義烈之言當於古人

中求之子祖舜祕書監著作郎侃內藏庫副使

許國禎

許國禎字進之絳州曲沃人也祖濟金絳州節度使父日嚴榮州節度判官皆業醫國禎博通經史尤精醫術金亂避地嵩州永寧縣河南平歸寓太原世祖在潛邸國禎以醫徵至翰海留守掌醫藥莊聖太后有疾國禎治之刻期而愈乃張宴賜坐太后時年五十三遂以白金鋌如年數賜之伯撒王妃病目治者鍼誤損其明世祖怒欲坐以死罪國禎從容諫曰罪固當死然原其情乃恐怖失次所致卽誅之後誰敢復進世祖意解且獎之曰國禎之直可作諫官宗王昔班屢請以國禎隸帳下世祖重違其請將遣之辭曰國禎蒙恩拔擢誓盡心以報不敢易所事乃不果遣世祖過飲馬湩得足疾國禎進藥味苦却不服國禎曰古人有言良藥苦口利於病忠言逆耳利於行已而足疾再作召國禎入視世祖曰不聽汝言果困斯疾對曰良藥苦口既知之矣忠言逆耳願留意焉世祖大悅以七寶馬鞍賜之憲宗三年癸丑從征雲南機密皆得參與朝夕未

嘗離左右或在告帝輒爲之不悅九年己未世祖帥師圍鄂州獲宋人數百族
諸將欲盡阬之國禎力請止誅其兇暴餘皆獲免及師還招降民數十萬口疲
餓顛仆者滿道國禎曰發蔡州軍儲糧賑之全活甚衆世祖卽位錄前勞授榮
祿大夫提點太醫院事賜金符至元三年改授金虎符十二年遷禮部尚書國
禎嘗上疏言愼財賦禁服色明法律嚴武備設諫官均衞兵建學校立朝儀事
多施行凡所薦引皆知名士士亦歸重之帝與近臣言及勳舊大臣因謂國禎
曰朕昔出征同履艱難者惟卿數人在爾遂拜集賢大學士進階光祿大夫每
進見帝呼爲許光祿而不名由是內外諸王大臣皆以許光祿呼之陞翰林集
賢大學士卒年七十六時大臣非有勳德爲帝所知者罕得贈謚特贈國禎金
紫光祿大夫謚忠憲人以爲榮後加贈推誠廣德協恭翊亮功臣翰林學士承
旨上柱國追封薊國公初國禎母韓氏亦以能醫侍莊憲太后又善調和食味
稱旨凡四方所獻珍膳旨酒皆命掌之太后閔其勞賜以真定宅一區歲給衣
廩終身國禎由是家焉子扆

展字君黼一名忽魯火孫從其父國禎事世祖于潛邸進退莊重世祖喜之賜今名俾從許衡學入備宿衞忠愼小心嘗因事忤旨欲罪之帝後悔謂近侍帖哥曰朕欲罪忽魯火孫汝何不言汝二人自今結爲兄弟有所譴責則更相進諫乃置金酒中賜二人飲以爲盟時裕宗居東宮帝又諭忽魯火孫曰若太子罪汝將誰諫耶遂命東宮臣慶山奴亦同飲金酒俄除禮部尚書提點太醫院事賜日月龍鳳紋綺衣二襲每外國使至必命與之語辭理明辨莫不傾服改尙醫太監帝嘗命畫工寫其像賜之轉正議大夫仍提點太醫院事有竊大安閣禮神之幣者將誅之羣臣莫敢言忽魯火孫獨諫曰敬神善事也因置人於死地臣恐神不享所祭帝卽命釋之忽魯火孫與丞相安童善國政多所贊益桑哥忌之數譖於上帝不之信桑哥敗繫于左掖門帝命忽魯火孫往唾其面辭不可帝稱其仁厚賜以白玉帶且諭之曰以汝明潔無瑕有類此玉故以賜汝也成宗卽位遷中書右丞行太常卿力辭乃命以中書右丞署太常事俄改陜西行中書省右丞時關中饑議發倉粟賑之同列以未得請于朝不可忽魯

火孫曰民爲邦本今饑餒如此若俟命下無及矣擅發之罪吾當獨任之不以
累公等遂大發粟不數日命亦下明年旱禱于終南山而雨歲以大熟民皆畫
像祀之忽魯火孫不事生業田宅皆上所賜有足疾不能行仁宗以爲先朝老
臣特敕乘小輿入禁中訪以舊事後足益弱不可出每國有大政詔使近侍即
其家問之特授榮祿大夫大司徒食其祿終身贈推忠守正佐理功臣光祿大
夫陝西等處行中書省平章政事柱國追封趙國公謚僖簡

元史卷一百六十八

元史卷一百六十九

明翰林學士亞中大夫知制誥兼修國史宋　濂等修

列傳第五十六

賀仁傑

賀仁傑字寬甫，其先河東隰州人。祖種德，徙關中，遂爲京兆鄠人。父賁，有材略，善攻戰，數從軍有功。關中兵後，積屍滿野，賁買地金天門外，爲大塚收瘞之。遠近聞者爭舁屍來葬。復以私錢勞之。嘗治室，於毀垣中得白金七千五百兩，謂其妻鄭曰：「語云匹夫無故獲千金，必有非常之禍。」時世祖以皇太弟受詔征雲南，駐六盤山，乃持五千兩往獻之。世祖曰：「天以賜汝，焉用獻。」對曰：「殿下新封秦，金出秦地，此天以授殿下，臣不敢私，願以助軍。」且言其子仁傑可用，狀即召入宿衛。其軍帥怒賁不先白己而專獻金，下賁獄。世祖聞之，大怒，執帥將殺之，以勳舊而止。世祖即位，賜賁金符，總管京兆諸軍奧魯，卒，贈輸忠立義功臣、銀青榮祿大夫、大司徒，追封雍國公，謚貞憲。仁傑從世祖南征雲南，北征乃顏，皆著勞績後與董文忠居中事上同志協力知無不言言無不聽多所裨益而言不外泄帝深愛重之至元十三年宋平惟川蜀久不下四川制置使張珏守重慶合州安撫使王立守釣魚山相拒二十餘年詔建東西行樞密院督兵進伐合丹閥里吉思領東院攻釣魚山不花李德輝領西院攻重慶德輝分守成都獲王立鈔卒張合縱之使諭立降立復遣張合等奉蠟書告德輝能自來卽降德輝遂從五百騎至釣魚山與東院同受立降東院復奏誅立幷言德輝越境邀功下立長安獄西院從事呂𡎺至都以兵事告許衡許衡告仁傑仁傑爲言於帝帝召樞密臣責之曰汝等以人命爲戲耶今召王立立生則已死則汝等亦從之立至賜金虎符仍以爲合州安撫使帝一日召仁傑至榻前出白金謂之曰此汝父六盤所獻者聞汝母來可持以歸養辭不許乃歸白母盡散之宗族帝欲選民間童女充後宮及有司買物多非其土產山後鹽禁久爲民害皆奏罷之民爲之立祠十七年上都留守闕宰相擬廷臣以十數皆不納帝顧仁傑曰無以易卿者特授正議大夫上都留守兼本路總管開平府尹明年賜三珠

虎符進資德大夫兼虎賁親軍都指揮使尋加榮祿大夫中書右丞留守如故

尙書省立桑哥用事奏上都留守司錢穀多失實召留守剌忽耳及仁傑廷辨

仁傑曰臣漢人不能禁吏戢姦致錢穀耗傷臣之罪忽剌忽耳曰臣爲長印在

臣手事未有不關白而能行者臣之罪帝曰以爵讓人者有之未有爭引咎歸

己者置勿問仁傑在官五十餘年爲留守者居半車駕春秋行幸出入供億未

嘗致上怒其妻劉沒帝欲爲娶貴族固辭乃娶民閒女已而喪明夫妻相敬如

初未嘗置媵妾大德九年年七十二請老拜光祿大夫平章政事商議陝西行

中書省事賜白金楮幣錦袍玉帶歸第以子勝襲上都留守虎賁指揮使後成

宗崩仁宗入清內難念世祖舊臣欲有所咨訪召赴闕行至樊橋而卒贈恭勤

竭力功臣儀同三司太保上柱國追封雍國公諡忠貞延祐六年加贈推誠宣

力翊運功臣太師開府儀同三司上柱國追封奉元王子勝自有傳

賈昔剌

賈昔剌燕之大興人也本姓賈氏其父仕金爲庖人昔剌體貌魁碩有志於當

世歲甲申因近臣入見莊聖太后遂從睿宗於和林典司御膳以其鬚黃賜名
昔剌俾氏族與蒙古人同甚親幸之又慮其漢人不習於風土令徙居濂州帝
復思之曰昔剌在吾左右飲食殊安適促召入供奉諸庵人皆隸焉世祖在潛
邸知其重厚使從迎皇后於弘吉剌之地自是預謀帷幄動中機會內出銀三
千兩使買珍膳乘傳上太官恣其出入不問又賜以牝馬及駒三十匹幷牧戶
與之是時兵餘數以所賜分遺鄉里世祖卽位立尚食尚藥二局賜金符提點
局事兼領進納御膳生料年老謝事病篤索所賜衣衣之而卒追封聞喜郡侯
諡敬懿子丑妮子方幼時世祖愛之嘗坐之御席傍從征雲南躍馬入水斫戰
船破其軍帝奇其勇敢而戒其輕銳己未從伐宋還自鄂州卒追封臨汾郡公
諡顯毅子虎林赤智勇絕人阿里不哥之叛出其家名馬以助官軍從幸和林
中道值大風晝晦敵猝至擊走之還佩其大父金符提點尚食尚藥二局歷尚
膳使兼司農嘗入侍帝問治天下何爲本曰重農爲本何爲先曰用賢爲先用
賢則天下治重農則百姓足帝深善之超拜宣徽使辭改僉院事仍領尚膳使

卒子禿堅不花襲世職爲尙藥尙食局提點世祖以故家子獨奇之謂他日可大用使在左右從征乃顏軍次杭海敵猝至帝令急擊之諸近侍見其勢盛多畏避禿堅不花卽馳入其陣疾戰破走之擒其首將以歸移軍哈罕大風晝晦敵兵千人鼓譟以進禿堅不花奮擊身被十餘瘡猶力戰復大破之帝奇其勇杭海叛者請降衆議以爲親犯王師宜誅之禿堅不花獨曰杭海本吾人或誘之以叛豈其本心哉且兵法殺降不祥宜赦之帝曰禿堅不花議是以此益知其可用陞同僉宣徽院事每論政帝前言直而氣不懾帝亦知其直令察宿衛之士有才器者以名聞所論薦數十人用之皆稱職時論歸之成宗卽位諸侯王會于上京凡芻餼宴享之節賜予多寡疏戚之分無一不當其意帝喜曰宣徽得禿堅不花足矣進同知宣徽院事四年帝弗豫召入侍疾一食一飲必嘗乃進帝體既安賜錢不受解衣賜之嘗從巡幸禁中衛士感奮有所欲言帝命進而問之皆曰臣等宿衛有年矣日膳充歲賜以時者誠荷陛下厚恩亦由宣徽有能官禿堅不花其人也帝悅賜珠袍超拜宣徽使辭曰先臣服勤於茲三

世矣位不過僉佐臣何敢有加於先臣乎帝嘉其退讓乃允其請九年北方乞祿倫部大雪奏買駝馬補其死損出衣幣於內府身往給之全活者數萬人還賜七寶笠十年帝病甚入侍疾愈謹及大漸內難將作揆以正義無所回撓武宗入卽位深嘉其忠進階榮祿大夫遙授平章政事商議宣徽院事行金復州新附軍萬戶府達魯花赤至大二年詔出金帛大賚北邊諸軍以禿堅不花明習事宜能不憚勞苦使卽軍中與其帥月赤察兒定議而給之諸部大悅帝深器之拜宣徽使出內藏兼金帶賜之爲同官賈廷瑞所嫉廷瑞請以宣徽院爲門下省尚書省奏廷瑞擅易官制帝大怒欲殺之禿堅不花力諫不可帝曰賈廷瑞毀卿不直一錢卿何力言邪對曰廷瑞所坐不當死不敢以臣私隙誤陛下失刑廷瑞遂得免帝訪羣臣以治道禿堅不花以爲治國安民之實在於生財節用帝嘉納焉轉光祿大夫仁宗卽位加金紫光祿大夫延祐四年朔方又被風雪爲災禿堅不花請賑之如大德時且出私家馬二百匹以爲助賜錢酬其價不受解御衣賜之托恩幸以求賞者輒抑弗予帖失王廷顯皆同官也帝

賜帖失海船禿堅不花曰此軍國之所資上不宜賜下不宜受帝賜廷顯玉帶

廷顯欲取太官羊錢一萬五千緡充其價又執不可於是怨之者衆七年以疾

去官英宗卽位帖失竟譖殺之後帖失以大逆伏誅事乃白贈推忠宣力守諒

功臣太傅開府儀同三司上柱國追封冀國公諡忠隱後進封冀安王加贈其

曾祖昔剌推忠翊運功臣金紫光祿大夫太保進封絳國公祖丑妮子崇德效

節功臣儀同三司太傅柱國追封絳國公父虎林赤推誠宣力守德功臣太師

開府儀同三司上柱國進封臨汾王子班卜忽里台也速古禿忽赤皆至顯官

劉哈剌八都魯

劉哈剌八都魯河東人本姓劉氏家世業醫至元八年世祖駐蹕白海以近臣

言得召見世祖謂其目有火光異之遂留侍左右初賜名哈剌斡脫赤十七年

擢太醫院管勾昔里吉叛宗王別里鐵穆而奉命往征之帝諭哈剌八都魯曰

當行者多避事汝善醫復習騎射能從行乎對曰事君不辭難臣不行將何爲

卽請受甲帝曰汝安用甲對曰臣願備一戰士帝曰醫汝事也甲不可得惟賜

以環刀弓矢裘馬等物將行聞母疾請歸省帝命給驛而歸既見母不敢以遠役告母亦微知之謂曰汝第行我疾安矣遂卽辭去忍淚不下而鼻血暴出數里弗止馳至王所一日獵於野有狐竄草中王射之不中哈剌八都魯一發中之王大喜王妃有疾與藥卽愈王又喜奏爲其府長史及將戰從王請甲王曰上不與汝我何敢與因留之使領輜重哈剌八都魯不肯曰大丈夫當効命行陳乃守營帳如婦人耶見有甲者飲以酒高價取之明日被以往王望見其介而馳走使人問之免冑曰我也因慨然曰一人與善萬人可激我爲萬人激耳中道三遇賊賊射之皆不中王喜甚解衣衣之曰此所以識也師次金山路隘頓兵未能進有使者云自脫忽王所來曰我受大祖分地守此不敢失凡上所使與昔里吉之過我者吾並飲食供給之無二心也且願見天子而道遠無援今聞王來甚喜得一見可乎王以爲信左右曰此詐也脫忽所居要害殆與昔里吉爲耳目願勿聽乃羈其人遣兵間道窺之獲其游騎三十人訊之得其情知脫忽方飲酣遂出其不意進擊大敗之因獲昔里吉所遣使知其不爲備又

乘勢進擊大破擒之王乃命哈剌八都魯獻俘行宮帝見其瘠甚輟御膳羊胾以賜既拜受先割其美者懷之帝問之故對曰臣始與母訣今歸母幸存請以君賜遺之帝嘉其志命自今凡賜之食必先賜其母以功授和林等處宣慰副使賜與甚厚二十三年陞同知宣慰司事二十四年又陞宣慰使二十五年海都犯邊尚書省以和林屯糧當得知緩急輕重者掌其出納奏用怯伯帝曰錢穀非怯伯所知哈剌斡脫赤可使也進階嘉議大夫職如故使怯伯與俱二十六年海都兵至皇子北安王使報怯伯率其民避去怯伯與哈剌八都魯南行六日止八兒不剌距海都軍五六十里怯伯大懼曰事急矣不如順之哈剌八都魯語其弟欽祖榮祖曰怯伯有二心矣遂潛遁與探馬赤千戶忽剌思遇從騎百餘人問之忽剌思曰吾在海都軍中聞怯伯反宣慰脫身歸報天子我故追以來哈剌八都魯察其誠與之謀結陳乘高立於西南令之曰吾將往責怯伯汝曹勿動見吾執弓而起卽相應也既見怯伯怯伯盛言海都之令以威之哈剌八都魯詭辭自解得間疾趨忽剌思整陣以出怯伯遣騎來追屢拒却之

道遇送軍裝者因護之至鹽海及入見帝喜曰人言汝陷賊乃能來耶命與酒饌顧謂侍臣曰譬諸畜犬得美食而棄其主怯伯是也雖未得食而不忘其主此人是也更其名曰察罕斡脫赤賜以鈔五千貫頓首辭謝乞以所賜與同來者帝特命受之而令中書定其同來者之賞有差二十七年遷正奉大夫河東山西道宣慰使奏曰臣累戰而歸衣裘盡弊河東臣故鄉也願乞錦衣以爲榮帝以金織文衣賜之居二年召還帝諭之曰自此而北乃顏故地曰阿八剌忽者產魚吾今立城而以兀速憨哈納思乞里吉里三部人居之名其城曰肇州汝往爲宣慰使仍別賜汝名曰小龍兒或曰哈剌八都魯汝可自擇之對曰龍非臣下所敢承帝曰然則哈剌八都魯可也復賜以繡衣玉帶及鈔五千貫其爲人主所眷注如此既至定市里安民居一日得魚九尾皆千斤遣使來獻俄召還三十一年春世祖崩太傅伯顏奉皇太后旨命之曰東方汝嘗鎮之今以屬汝勿俟制命乃以爲咸平宣慰使元貞元年召爲御史中丞行至懿州病卒

石抹明里

石抹明里契丹人姓石抹世典內膳國制內膳爲近臣非篤敬素著者不得爲

明里祖曷魯事太祖睿宗嘗求之於帝帝聽以其僚十人往勅之曰皇子方總

兵闢地朕輟爾以事之能以事朕之恭事之將用黃金覆周汝身矣顯懿莊聖

皇后語憲宗世祖曰曷魯事太祖聖躬或小不豫其烹庖之精百倍平日汝兄

弟當終始遇之睿宗嘗從太宗西征在道絕汲曷魯晨起聚草上霜煮羹以進

睿宗問曰何從得水因告之故師還賜金帛甚厚年八十卒中統初明里入見

世祖令侍臣送明里於裕宗且曰明里朕親臣之子也今以事汝令典膳事已

而世祖嘗命裕宗令從人十人來朕將行賞焉十人者至帝前四人列於明里

上帝曰第五人非明里耶對曰然帝曰上之明里越一人立帝又曰更上之明

里又越一人立帝曰止賜金紋衣一襲明里出侍臣以明里後來反居上相與

耳語帝聞之曰明里之祖曷魯事太祖睿宗以及朕兄弟爾時汝輩安在顧謂

後來耶帝親討反者於北方明里請備持矛師還第功賜白金百兩至元二十

八年爲典膳令成宗卽位加朝列大夫賜金帶又賜御衣一襲鈔萬五千貫詔

曰明里舊臣其令諸子入宿衛可假禮部尚書進階嘉議大夫食尚書祿以老武宗即位詔曰明里夫婦歷事帝后保抱朕躬朕甚德之可特令明里榮祿大夫司徒其妻梅仙封順國夫人賜黃金二百五十兩白金千五百兩衣一襲仁宗在東宮語宮人曰昔朕有疾甚危徽仁裕聖皇后憂之梅仙守視不解帶者七十日今不敢忘其賜明里寶帶錦衣輿及四騾至大三年二月卒年六十有九子皆顯貴

謝仲温

謝仲温字君玉豐州豐縣人父睦歡以貲雄鄉曲閒大兵南下轉客兀剌城太祖攻西夏過其城睦歡與其帥迎降從攻西京睦歡力戰先登連中三矢仆城下太宗見而憐之命軍校拔其矢縛牛刳其腸裸而納諸牛腹中良久乃甦誓以死報每遇敵必身先之官至太原路金銀鐵冶達魯花赤仲温豐頤廣顙聲音洪亮略涉書史壬子歲見世祖於野狐嶺命備宿衛凡所行幸必在左右丙辰城上都仲温爲工部提領董其役帝曰汝但執梃雖百千人寧不懼汝耶己

未大軍圍鄂令督諸將時守江軍士乏食仲温教之罾魚以充其食帝喜謂侍臣曰朕思不及此飲以駝乳他日不忘汝也一夕帝聞敵軍讙譟命警備仲温奉繩床帝憑其肩以行至旦不能寐中統元年擢平陽太原兩路宣撫使二年改西京至元九年遷順德路總管時方用兵江淮有寡婦鬻子以償轉輸之直仲温出俸金贖還之十六年爲湖南宣慰使二十二年改淮東歲旱仲温導白水塘溉民田公私賴焉三十年春入見帝曰汝非謝仲温乎朕謂汝死矣從容語及攻鄂時事帝喜甚諭曰汝將復官乎朕當爲卿擇之對曰臣老矣無能爲也一子早亡惟有孫孛完幸陛下憐之卽日命備宿衛大德六年卒年八十子蘭江州達魯花達先卒孫孛完承事郎冀寧等路管民提舉司達魯花赤

高觿

高觿字彥解渤海人世仕金祖彝徙居上黨父守忠國初爲千戶太祖九年從親王口温不花攻黃州歿于兵觿事世祖備宿衛頗見親幸至元初立燕王爲皇太子詔選才儁士充宮屬以觿掌藝文兼領中醞宮衛監門事又監作皇太

子宮規制有法帝嘉之錫以金幣廏馬因賜名失剌十八年授中議大夫工部
侍郎行同知王府都總管府事十九年春皇太子從帝北幸時丞相阿合馬留
守大都專權貪恣人厭苦之益都千戶王著與高和尚等因搆變謀殺之三月
十七日𩦡宿衛宮中西番僧二人至中書省言今夕皇太子與國師來建佛事
省中疑之俾嘗出入東宮者雜識視之𩦡等皆不識也乃作西番語詢二僧曰
皇太子及國師今至何處二僧失色又以漢語詰之倉皇莫能對遂執二僧屬
吏訊之皆不伏𩦡恐有變乃與尚書忙兀兒張九思集衛士及官兵各執弓矢
以備頃之樞密副使張易亦領兵駐宮外𩦡問果何爲易曰夜後當自見𩦡固
問乃附耳語曰皇太子來誅阿合馬也夜二鼓忽聞人馬聲遥見燭籠儀仗將
至宮門其一人前呼啓關𩦡謂九思曰他時殿下還宮必以完澤賽羊二人先
請得見二人然後啓關𩦡呼二人不應卽語之曰皇太子平日未嘗行此門今
何來此也賊計窮趨南門𩦡留張子政等守西門亟走南門伺之但聞傳呼省
官姓名燭影下遥見阿合馬及左丞郝禎已被殺𩦡乃與九思大呼曰此賊也

叱衛士急捕之高和尚等皆潰去惟王著就擒黎明中丞也先帖木兒與觽等馳驛往上都以其事聞帝以中外未安當益嚴武備遂勞使遣亟還高和尚等尋皆伏誅二十二年遷嘉議大夫同知大都留守司事兼少傅監久之遷中奉大夫河南等路宣慰使卒年五十三

張九思

張九思字子有燕宛平人父滋薊州節度使至元二年九思入備宿衛裕皇居東宮一見奇之以父蔭當補外特留不遣江南既平宋庫藏金帛輸內府而分授東宮者多置都總管府以主之九思以工部尚書兼府事十九年春世祖巡幸上都皇太子從丞相阿合馬留守妖僧高和尚千戶王著等謀殺之夜聚數百人爲儀衛稱太子入建德門直趨東宮傳令啓關甚遽九思適直宿宮中命主者不得擅啓關語在高觽傳賊知不可紿循垣趨南門外擊殺丞相阿合馬左丞郝禎時變起倉卒且昏夜衆莫知所爲九思審其詐叱宿衛士併力擊賊盡獲之賊之入也矯太子命徵兵樞密副使張易易不加審遽以兵與之易既

坐誅而刑官復論以知情將傳首四方九思啓太子曰張易應變不審而授賊以兵死復何辭若坐以與謀則過矣請免傳首皇太子言於帝遂從之九思討賊時右衛指揮使顏進在行中流矢卒怨家誣爲賊黨將籍其孥九思力辯之得不坐阿合馬既敗和禮霍孫拜右丞相中書庶務更新省部用人多所推薦是年冬立詹事院以九思爲丞遂舉名儒上黨宋道保定劉因曹南夾谷之奇東平李謙分任東宮官屬二十二年皇太子薨朝議欲罷詹事院九思抗言曰皇孫宗社人心所屬詹事所以輔成道德者也柰何罷之衆以爲允三十年進拜中書左丞兼詹事丞明年世祖崩成宗嗣位改詹事院爲徽政以九思爲副使十一月進資德大夫中書左丞會修世祖裕宗實錄命九思兼領史事大德二年拜榮祿大夫中書平章政事五年加大司徒六年進階光祿大夫薨年六十一子金界奴光祿大夫河南省右丞

王伯勝

王伯勝霸州文安人兄伯順給事內廷爲世祖所親幸因以伯勝入見命使宿

衞時伯勝年十一廣顙巨鼻狀貌屹然帝顧謂伯順曰此兒當勝卿可名伯勝帝嘗沃盥水溫冷甚稱旨問進水爲誰內侍李邦寧曰伯勝帝曰此兒他日必知爲政達人情矣至元二十五年從征乃顏以功授朝列大夫拱衞直都指揮使元貞元年賜金虎符進階嘉議大夫成宗卽位復進通議大夫初拱衞直隸教坊衞卒多市井無賴竄名宿衞及伯勝爲指揮使乃盡募良家子易之五年扈從上都天久雨夜聞城西北有聲如戰鼙然伯勝率衞卒百人出視之乃大水暴至立具畚鍤集土石甓罽以塞門分決壕隍以泄其勢至旦始定而民弗知丞相完澤以聞帝嘉之九年以侍成宗疾忤安西王出爲大寧路總管伯順亦出爲梁王傅武宗卽位召拜通奉大夫也可札魯花赤刑部尚書至大二年加右丞明年進銀青榮祿大夫大都留守兼少府監初大都土城歲必衣葦以禦雨日久土益堅勞費益甚伯勝奏罷之仁宗立正百官品秩降授資德大夫尋復陞榮祿大夫拜遼陽等處行中書省平章政事遼陽省治懿州州弊陋民不知學伯勝始至爲增郡學弟子員擇賢師以教之使客至無所舍皆館于民

民苦之伯勝乃擇隙地爲館廄度閑田百頃募民耕種以廩餼之歲大旱伯勝
齋戒以禱禱畢卽雨人謂之平章雨延祐二年召爲大都留守遼陽民狀其行
事言於中書乞留伯勝不報民涕泣而去三年特授銀青榮祿大夫至治二年
賜金虎符授武衛親軍都指揮使兼大都屯田事仍大都留守奉詔監修文武
樓㧛咸寧殿建太廟泰定三年冬以疾卒賜翊忠宣力保惠功臣太保金紫光
祿大夫上柱國追封薊國公諡忠敏長子恪初名安童累官至兵部尚書南臺
治書侍御史僉宣徽院事次馬兒以宣武將軍襲武衛親軍都指揮使孫善果
襲伯順官至大司徒

元史卷一百六十九

元史卷一百七十

明翰林學士亞中大夫知制誥兼修國史宋　濂等修

列傳第五十七

尙文

尙文字周卿世爲祁州深澤人後徙保定遂占籍焉文幼穎悟負奇志張文謙宣撫河東參政王椅薦其才遂辟掌書記未幾西夏行中書省復辟之至元六年始立朝儀太保劉秉忠言於世祖詔文與諸儒採唐開元禮及近代禮儀之可行於今者斟酌損益凡文武儀仗服色差等皆文掌焉七年春二月朝儀成百官肄習帝臨觀之大悅遂爲定制冬十一月立侍儀司擢右直侍儀使轉司農都事十七年出守輝州時河朔大旱輝獨以禱得雨境內大稔懷孟民馬氏宋氏誣伏殺人積歲獄不能決提刑使者命文讞以論報文推迹究情得獄吏獄卒羅織狀兩獄皆釋十九年進戶部郎中奏罷懷衞竹稅提舉司民便之二十二年除御史臺都事行臺御史上封事言上春秋高宜禪位皇太子太子聞

之懼中臺祕其章不發答卽古阿散等知之請收內外百司吏案大索天下埋沒錢糧而實欲發其事乃悉拘封御史臺吏案文拘留祕章不與答卽古聞于帝命宗正薛徹干取其章文曰事急矣卽白御史大夫曰是欲上危太子下陷大臣流毒天下之民其謀至奸也且答卽古乃阿合馬餘黨贓罪狼籍宜先發以奪其謀大夫遂與丞相議卽入言狀帝震怒曰汝等無罪耶丞相進曰臣等無所逃罪但此輩名載刑書此舉動搖人心宜選重臣爲之長庶靖紛擾帝怒稍解可其奏旣而答卽古受人金與其黨竟坐姦贓論死其機實自文發之陞大司農丞轉少卿遷吏部侍郞改江南湖北道肅政廉訪使三十一年召爲刑部尚書元貞初拜中臺侍御史時行臺御史及浙西憲司劾江浙行省平章不法者十七事制遣文往詰之左驗明著猶力爭不服文以上聞平章乃言御史違制取會防鎭軍數成宗命省臺大臣雜議咸曰平章勳臣之後所犯者輕事宜宥御史取會軍數法當死文抗言平章罪狀明白不受簿責無人臣禮其罪非輕御史糾事之官因兵卒爭愬責其帥如舊均役情無害法卽有罪亦輕廷

辯數四與省臺入奏帝意始悟平章御史各杖遣之其守正不阿類如此元貞二年建言治平之世不宜數赦不急之役宜且停罷咸爲成宗所嘉納授河北河南肅政廉訪使大德元年河決蒲口臺檄令文按視防河之策文建言長河萬里西來其勢湍猛至孟津而下地平土疏移徙不常失禹故道爲中國患不知幾千百年矣自古治河處得其當則用力少而患遲事失其宜則用力多而患速此不易之定論也今陳留抵睢東西百有餘里南岸舊河口十一已塞者二自涸者六通川者三岸高於水計六七尺或四五尺北岸故堤其水比田高三四尺或高下等大槩南高於北約八九尺堤安得不壞水安得不北也蒲口今決千有餘步迅疾東行得河舊瀆行二百里至歸德橫堤之下復合正流或強湮遏上決下潰功不可成揆今之計河西郡縣順水之性遠築長垣以禦泛濫歸德徐邳民避衝潰聽從安便被患之家宜於河南退灘地內給付頃畝以爲永業異時河決他所者亦如之信能行此亦一時救荒之良策也蒲口不塞便朝廷從之會河朔郡縣山東憲部爭言不塞則河北桑田盡爲魚鱉之區塞

之便帝復從之明年蒲口復決塞河之役無歲無之是後水北入復河故道竟如文言三年調山東憲使歷行省參知政事行御史臺中丞七年召拜資善大夫中書右丞淛西饑發廩不足募民入粟補官以賑之山東歲凶盜賊竊發出鈔八百五十餘萬貫以弭之選十道使者奏請巡行天下問民疾苦又奏斥罷南方白雲宗與民均事賦役西域賈人有奉珍寶進售者其價六十萬錠省臣平章顧謂文曰此所謂押忽大珠也六十萬酬之不爲過矣一坐傳玩文問何所用之平章曰含之可不渴熨面可使目有光文曰一人含之十萬人不渴則誠寶也若一寶止濟一人則用已微矣吾之所謂寶者米粟是也一日不食則饑三日不食則疾七日則死有則百姓安無則天下亂以功用較之豈不愈於彼乎平章固請觀之文竟不爲動年六十九因疾告老而歸十年拜昭文館大學士中書右丞商議中書省事召不起武宗仁宗之世屢延致訪以國事賜燕及金帛有加進階自光祿大夫轉銀青榮祿大夫仍中書左丞丐還田里延祐六年拜太子詹事使三往乃起仁宗命盡言以教太子待以殊禮泰定三年以

中書平章政事致仕明年卒于家年九十二

申屠致遠

申屠致遠字大用其先汴人金末從其父義徙居東平之壽張致遠肄業府學與李謙孟祺等齊名世祖南征駐兵小濮荆湖經略使乞寔力台薦爲經略司知事軍中機務多所謨畫師還至隨州所俘男女致遠悉縱遣之至元七年崔斌守東平聘爲學官十年御史臺辟爲掾不就授太常太祝兼奉禮郎帝遣太常卿孛羅問毛血之薦致遠對曰毛以告純血以告新禮也宋平焦友直楊居寬宣慰兩淛舉爲都事首言宋圖籍宜上之朝江南學田當仍以贍學行省從之轉臨安府安撫司經歷臨安改爲杭州遷總管府推官宋駙馬楊鎮從子玠節家富於貲守藏吏姚溶竊其銀懼事覺誣玠節陰與宋廣益二王通有司榜笞誣服獄具致遠讞之得其情溶服辜玠節以賄爲謝致遠怒絕之杭人金淵者欲冒籍爲儒儒學教授彭宏不從淵誣宏作詩有異志揭書于市邏者以上致遠察其情執淵窮詰罪之屬縣械反者十七人訊之蓋因寇作以兵自衞實

非反者皆得釋西僧楊璉真加作浮圖于宋故宮欲取高宗所書九經石刻以築基致遠力拒之乃止改壽昌府判官時盜寇竊發加之造征日本戰船遠近騷然致遠設施有方衆賴以安二十年拜江南行臺監察御史江淮行省宣使鄭顯李兼恕平章忙兀台不法有詔勿問仍以顯等付忙兀台鞫之繫于獄必抵以死致遠慮囚浙西知其冤狀將縱之忙兀台脅之以勢致遠不爲動親脫顯等械使從軍自贖桑哥當國治書侍御史陳天祥使至湖廣劾平章要束木桑哥摘其疏中語誣以不道奏遣使往訊之天祥就逮時行臺遣御史按部湖廣咸憚之莫敢往致遠慨然請行比至累章極論之桑哥方促定天祥罪會致遠章上桑哥氣沮江西行省平章馬合謀於商稅外横加徵取忽辛籍鄉民爲匠戶轉運使盧世榮榷茶牟利致遠幷劾之又言占城日本不可涉海遠征徒費中國銓選限以南北優苦不均宜考其殿最量地遠近定爲立制則銓衡平而吏弊革他如罷香莎米弛竹課禁設司獄官醫學職員皆致遠發之二十八年丁父憂起復江南行臺都事以終制辭二十九年僉江東建康道肅政廉訪

司事未至移疾還元貞元年纂修世祖實錄召爲翰林待制不赴大德二年僉淮西江北道肅政廉訪司事行部至和州得疾卒致遠清修苦節恥事權貴聚書萬卷名曰墨莊家無餘產教諸子如師友所著忍齋行藁四十卷釋奠通禮三卷杜詩纂例十卷集驗方二十卷集古印章三卷子七人伯騏徵事郎嶺北湖南道肅政廉訪司知事驥驪俱爲學官駉奉政大夫兵部員外郎

雷膺

雷膺字彥正渾源人父淵金監察御史膺生七歲而孤金末母侯氏挈膺北歸渾源艱險備嘗織紝以爲業課膺讀書膺篤志於學事母以孝聞太宗時詔郡國設科選試凡占儒籍者復其家膺年甫弱冠得與其選愈自砥礪遂以文學稱丞相史天澤鎮真定辟爲萬戶府掌書記世祖即位初置十路宣撫司詔選耆舊使副子弟爲僚屬授膺大名路宣撫司員外郎中統二年翰林承旨王鶚王磐薦膺爲翰林修撰同知制誥兼國史院編修官五年調陝西西蜀四川按察司參議至元二年改陝西五路轉運司諮議四年用兵于蜀佩金符參議左

壁總帥府事師還陞承務郎同知恩州事憲府表薦其能遂入拜監察御史首以正君心正朝廷百官爲言又斥聚斂之臣不宜作相十一年加奉議大夫僉河東山西道提刑按察司事以稱職聞十四年進朝列大夫山南湖北道提刑按察副使是時江南新附諸將市功且利俘獲往往濫及無辜或強籍新民以爲奴隸膺出令得還爲民者以數千計十八年轉淮西江北道提刑按察副使以母老辭二十年遷行臺侍御史奉母之官分司湖廣江西奏劾按察使二人及行省官吏之不法者二十二年丁母憂去官明年起復授中議大夫江南湖西道提刑按察使時蘇湖多雨傷稼百姓艱食膺請于朝發廩米二十萬石賑之江淮行省以發米太多議存三之一膺曰布宣皇澤惠養困窮行省臣職耳豈可效有司出納之吝耶行省不能奪悉給之時年六十二即致仕歸老于山陽二十九年徵拜集賢學士成宗即位朝會上都召諸故老諮詢國政膺爲稱首多所建白一日延見便殿奏對稱旨賜白玉帶環一明年賜鈔五千貫進秩二品大德元年夏六月以疾卒于京師年七十三贈通奉大夫河南江北等處

行中書省參知政事護軍追封馮翊郡公諡文穆子肇順德路總管府判官孫豫南陽府穰縣尹

胡祗遹

胡祗遹字紹開磁州武安人少孤既長讀書見知於名流中統初張文謙宣撫大名辟員外郎明年入爲中書詳定官至元元年授應奉翰林文字尋兼太常博士調戶部員外郎轉右司員外郎尋兼左司時阿合馬當國進用羣小官冗事煩祗遹建言省官莫如省吏省吏莫如省事以是忤權奸出爲太原路治中兼提舉本路鐵冶將以歲賦不辦責之及其蒞職乃以最聞改河東山西道提刑按察副使宋平爲荆湖北道宣慰副使有佃民訴其田主謀爲不軌者祗遹察其冤坐告者十九年爲濟寧路總管上八事於樞府言軍政曰役重曰逃戶曰貧難曰正身入役曰僞署文牒曰官吏保結曰有名無實曰合併偏頗樞府是之以其言著爲定法濟寧移治鉅野縣自國初經兵戈其廢已久民居未集風俗朴野祗遹選郡子弟擇師教之親爲講論期變其俗久之治效以最稱升

山東東西道提刑按察使所至抑豪右扶寡弱以敦教化以厲士風民有父子兄弟相訟者必懇切諭以天倫之重不獲已則繩以法召拜翰林學士不赴改江南浙西道提刑按察使未幾以疾歸二十九年朝廷徵耆德者十人祗遹爲之首以疾辭三十年卒年六十七延祐五年贈禮部尚書諡文靖子持太常博士

王利用

王利用字國賓通州潞縣人遼贈中書令太原郡公籍之七世孫高祖以下皆仕金利用幼穎悟弱冠與魏初同學遂齊名諸名公交口稱譽之初事世祖於潛邸中書辟爲掾辭不就中統初命監鑄百司印章歷太府內藏官出爲山東經略司詳議官遷北京奧魯同知歷安肅汝蠡趙四州知州入拜監察御史薊州有禁地民不得射獵其中邏者誣州民冒禁籍其家利用糾之邏者訴于上利用辯愈力得以所沒入悉歸之民擢翰林待制兼與文署奉旨程試上都隆興等路儒士陞直學士與耶律鑄同修實錄出爲河東陝西燕南三道提刑按

察副使四川提刑按察使四川土豪有持官府長短者問得其實而當以罪民賴以安都元帥塔海抑巫山縣民數百口爲奴民屢訴不決利用承檄覆問盡出爲民大德二年改安西興元兩路總管其在興元減職田租額站戶之役於他郡者悉除之民甚便焉有婦毒殺其夫問藥所從來吏教婦指爲富商所貸獄上利用曰家富而貸毒藥豈人情哉訊之果冤也未幾致仕居漢中成宗朝起爲太子賓客首以切於時政者疏上十七事曰謹畏天戒取法祖宗孝事母后敬奉至尊撫愛百姓敦本抑末清心聽政寡欲養身酒宜節飲財宜節用有功必賞有罪必罰杜絶讒言求納直諫官職量材而授工役相時而動俾近侍時赴經筵講讀經史帝及太子嘉納之皇后聞之命錄別本以進利用以老病不能朝帝遣醫診視之利用謂弟利貞利亨曰吾受國厚恩愧不能報死生有命藥不能爲也遂卒年七十七利用每自言平生讀書於恕字有得焉廉希憲當時名相稍重愼許可嘗語人曰方今文章政事兼備者王國賓其人也武宗卽位以官僚舊臣制贈榮祿大夫柱國中書平章政事封潞國公諡文貞

暢師文

暢師文字純甫南陽人祖淵贈中順大夫上騎都尉魏郡伯父訥有詩名注地理指掌圖仕爲汴幕官贈太中大夫上輕車都尉魏郡侯師文幼警悟家貧無書手錄口誦過目輒不忘弱冠謁許衡與衡門人姚燧高凝皆相友善至元五年陳時政十六策丞相安童奇其才辟爲右三部令史十二年丞相伯顏攻宋選爲掾屬從定江南及歸舟中惟載書籍而已十三年編平宋事蹟上之十四年除東川行樞密院都事盡心贊畫多所裨益十六年安西王承制改四川北道宣慰司經歷尋除承直郎潼川路治中修府舍發地得銀五十錠同僚分師文十錠不受用以修廟學及傳舍餘作酒器給公用十九年承制改同知保寧路事治尚平簡反側以安二十二年僉西蜀四川道提刑按察司事二十三年拜監察御史糾劾不避權貴上所纂農桑輯要書二十四年遷陝西漢中道巡行勸農副使置義倉教民種藝法二十八年改僉陝西漢中道提刑按察司事時更提刑按察司爲肅政廉訪司就僉本道肅政廉訪司事黜姦舉才咸服其

公三十一年徙山南道松滋枝江有水患歲發民防水往返數百里苦於供給師文以江水安流悉罷其役駙馬亦都護家人怙勢不法師文治其甚惡者流之大德二年改山東道入爲國子司業七年出爲陝西行中書省理問官決滯獄不少阿徇頃之以疾家居九年擢陝西漢中道肅政廉訪副使又以疾不赴十年改太常少卿轉翰林侍讀學士朝請大夫知制誥同修國史至大元年修成宗實錄賜鈔一百錠不受時制作多出其手二年加少中大夫三年請補外任除太平路總管時大旱師文捐俸致禱不數日澍雨大降遂爲豐年當塗人坐殺牛祈雨囚繫者六十餘人師文憫而出之公田米積之盈屋曰我家幾人能盡食此乎呼貧士及細民恣其取去廉訪分司官前後至者必先謁師文稱爲先生師文在任未久境內晏然皇慶二年復召爲翰林侍讀學士中奉大夫知制誥同修國史奉旨撰王勣成道記序等文賜銀二鋌不受除燕南河北道肅政廉訪使以病去官延祐元年徵拜翰林學士資德大夫行至河南復以病歸襄陽四年秋八月考河南鄉試歸次襄縣卒于傳舍年七十一葬襄陽峴山

泰定二年贈資政大夫河南江北等處行中書省左丞上護軍追封魏郡公謚文肅後至元八年加贈推忠守正亮節功臣三子長曰篤仕至太中大夫江東道肅政廉訪副使

張炤

張炤字彥明濟南人父信以商賈起家貲雄於鄉壬辰歲饑出粟賑貸鄉人賴以全活炤幼穎悟力學始補吏濟南上計壽陽行省有積年勾考未輸銀一十萬五千兩炤條陳利害切至遂獲免徵民得無擾中統元年辟爲中書省掾俄遷右司提控案牘四年出爲山東東路大都督府員外郎至元四年轉陝西五路西蜀四川行中書省左右司員外郎八年進階奉訓大夫知兗州事時州境亢旱吏民懇禱不雨炤始至甘雨霑足闔屬邑有桀黠吏挾官府肆爲暴橫炤繩之以法杖出境外民害遂息十一年改授淮西等路行中書省左右司郎中丞相阿塔海領軍進攻瓜州鎮江炤運糧儲給戰具凡二年贊畫之力居多十三年揚州未下丞相阿朮提兵攻之五月宋將李庭芝棄城遁泰州炤領兵追

揚州城下躬往招諭制置朱煥以城降庭芝亦就擒炤傳檄未下州郡皆望風款附從阿朮入覲世祖賜錦衣鞍勒十三年陞太中大夫揚州路總管府達魯花赤商議行中書省事佩金虎符時行省在揚州據南北要津炤撫綏勞來上下安之十六年改鎮江路總管府達魯花赤謝病歸購書八萬卷以萬卷送濟南府學資教育二十一年起爲東昌路總管蒞政二年吏民畏服以治最稱二十五年卒年六十四延祐五年贈太中大夫東昌路總管追封清河郡侯諡敬惠子用中沂州山場同提舉

袁裕

袁裕字仲寬洛陽人幼孤從兄避難聊城因家焉稍長嗜學中統初由聊城縣丞辟中書右司掾始建言給重囚衣糧醫藥免籍其孥產止令出焚瘞錢後著爲令順天路民王住兒因鬬誤殺人其母年七十言於朝曰妾寡且老恃此兒以爲生兒死則妾亦死矣裕言於執政曰因誤殺人情非故犯當矜其母乞宥之執政以聞帝從之因得免死南京總管劉克興掠良民爲奴隸後以矯制獲

罪當籍琴產之半裕言于中書止籍其家奴隸得復爲民者數百至元六年遷
開封府判官洧川縣達魯花赤貪暴盛夏役民捕蝗禁不得飲水民不勝忿擊
之而斃有司當以大逆寘極刑者七人連坐者五十餘人裕曰達魯花赤自犯
衆怒而死安可悉歸罪於民議誅首惡者一人餘各杖之有差部使者錄因至
縣疑其太寬裕辨之益力遂陳其事狀于中書刑曹竟從裕議八年拜監察御
史俄有旨授西夏中興等路新民安撫副使兼本道巡行勸農副使奉直大夫
佩金符時徙鄂民萬餘于西夏有司雖與廩食而流離顛沛猶多裕與安撫使
獨吉請于朝計丁給地立三屯使耕以自養官民便之又言西夏羌渾雜居驅
良莫辨宜驗已有從良書者則爲良民從之得八千餘人官給牛具使力田爲
農十三年進甘州等路宣撫副使兼西夏中興等路新民安撫副使明年移鎮
甘州十八年調南陽知府明年召拜刑部侍郎出爲順德路總管郡有鐵冶提
舉張鑑無子買妾其妻妬而殺之裕捕其妻訊之服辜裕用法平允而疾惡不
少貸如此二十一年卒于官年五十九裕以其兄有鞠育之恩令其子師愈推

蔭兄子仁師愈後仕至侍御史

張昉

張昉字顯卿東平汶上人父汝明金大安元年經義進士官至治書侍御史昉性縝密遇事敢言確然有守以任子試補吏部令史金亡還鄉里嚴實行臺東平辟爲掾鄉人有執左道惑衆謀不軌者事覺逮捕詿誤甚衆諸僚佐莫敢言昉獨別白出數百人實才之進幕職時兵後吏曹雜進不習文法東平轄郡邑五十四民衆事繁簿書塡委謾無統紀昉坐曹躬閱案牘左酬右答咸得其當事無留滯初有將校死事以弟襲其職者至是革去昉辯明復之持金夜饋昉昉却之慚謝而去同里張氏以絲五萬兩寄昉家而他適俄而昉家被火家人惶駭走避貲用悉焚惟力完所寄絲付張氏乙卯權知東平府事以疾辭家居養母中統四年參知中書省事商挺鎭巴蜀表爲四川等處行樞密院參議至元元年入爲中書省左右司郎中甄別能否公其黜陟人無怨言三年遷制國用使司郎中制司專職財賦時宰領之倚任集事尤號煩重昉竭誠贊畫出納

惟謹賦不加斂而國用以饒四年丁內憂哀毁踰制尋詔起復錄囚東平多所平反七年轉尙書省左右司郎中九年改中書省左右司郎中昉有識慮損益古今裁定典憲時皆宜之名爲稱職十一年拜兵刑部尙書上疏乞骸骨致其事卒贈中奉大夫參知政事追封東平郡公諡莊憲子克遹平陰縣尹孫振祕書著作郎揆中書省左司都事拱常德路蒙古學教授

郝彬

郝彬字景文霸州信安人也世祖初年十六充太子宿衛擢揚州路治中宋末鄞縣賊顧閏聚衆海島時出攻剽宋羈縻以官內附後益橫侵揚州境彬討擒之泰與人有被殺二年而捕賊不獲者吏誣平人獄已具彬疑其誣讞之果得眞賊御史薦彬同知淮西道宣慰司事覈戶版理屯田諸廢修舉江淮財賦總管府掌東宮田賦其官屬皆從詹事院奏授不隸中書往往爲姦利誅求無厭彬爲總管入見請受憲司糾察以革私弊罷所隸六提舉司以蘇民瘼從之遂罷其四國家經費鹽利居十之八而兩淮鹽獨當天下之半法日以壞以彬行

戶部尚書經理之彬請度舟楫所通道理所均建六倉煑鹽于場運積之倉歲首聽羣商於轉運司探倉籌定其所乃買券又定河商江商市易之不如法者著爲法入爲工部尚書改戶部尚書拜中書參知政事俄免歸尚書省立拜參知政事辭不獲命同列務生事要功殺無罪之人彬積誠意開引或從或違橫不可制命兼大司徒不拜仁宗在東宮彬懇辭至力因稱疾篤時相強起之至奏重賜以餌之彬不爲動議罪之罪無從得彬堅臥一榻至數月尚書省臣皆得罪彬不與焉家居七年足跡未嘗一出門外仁宗思之以爲大司農卿未幾謝病延祐七年三月卒

高源

高源字仲淵晉州人高祖揖爲州法吏用法公平父汝霖爲真定廉訪司照磨使東平道高唐遇盜死源幼力學事母孝補縣吏中統初擢衞輝路知事累陞齊河縣尹有遺愛去官十年民猶立碑頌之遷行臺都事僉江南浙西道提刑按察司事劾常州路達魯花赤馬恕奪民田及他不法事恕懼走賂權臣阿合

馬以他事誣源既繫獄一日忽釋之莫知所由先時源所居隣里多阿合馬姻戚素知源事母至孝至是聞源坐非辜悉詣阿合馬曰源孝子也非但我知之天必知之況媒孽之罪非實若妄殺源悖天不祥阿合馬感悟得不死尋除河間等路都轉運副使撫治有條竄戶逃者皆復業常賦外羡餘幾十萬緡至元二十四年爲江東道勸農營田使二十八年遷都水監開通惠河由文明門東七十里與會通河接置閘七橋十二人蒙其利授同知湖南道宣慰司事卒年七十七子夢弼艮弼公弼

楊湜

楊湜字彥清真定藁城人習章程學工書筭始以府吏遷檢法中統元年辟爲中書掾與中山楊珍無極楊卞齊名時人以三楊目之中書省初立國用不足湜論鈔法宜以榷貨制國用朝廷從之因俾掌其條制四年授益都路宣慰司諮議遷左司提控掾請嚴贓吏法至元二年除河南大名諸處行中書省都事三年立制國用司總天下錢穀以湜爲員外郎佩金符改宣徽院參議湜計稭

立籍具其出入之筭每月終上之遂定爲令加諸路交鈔都提舉上鈔法便宜事謂平準行用庫白金出入有偷濫之弊請以五十兩鑄爲鋌文以元寶用之便七年改制國用司爲尚書省拜戸部侍郎仍兼交鈔提舉時用壬子舊籍定民賦役之高下湜言貧富不常歲久浸易其可以昔時之籍而定今之賦役哉廷議善之因俾第其輕重人以爲平湜心計精析時論經費者咸推其能焉子克忠安豐路總管孫貞

吳鼎

吳鼎字鼎臣燕人至元十七年見裕宗於東宮命入宿衞二十五年授織染雜造局總管府副總管後積官至禮部尚書宣徽副使大德十一年山東諸郡饑詔鼎往賑之朝廷議發米四萬石鈔折米一萬石鼎謂同使者曰民得鈔將何從易米同使者曰朝議已定恐不可復得鼎曰人命豈不重於米耶言于朝卒從所請至大元年改正奉大夫保定路總管時皇太后欲幸五臺言者請開保定西五迴嶺以取捷徑遣使卽鼎使視地形計工費鼎言荒山斗入人跡久絕

非乘輿所宜往還報太后喜爲寢其役三年召授資善大夫同知中政院事兩浙財賦隸中政者鉅萬計前往者率多取其贏鼎治之一無私焉浙有兩富豪曰朱張家多貸與民錢其後兩家誅沒而券之已償者亦入于官官唯驗券徵理民不能堪鼎力爲辨白始獲免四年改京畿漕運使皇慶二年特旨復命宣徽院事四月進資政大夫崇祥院使延祐三年卒年五十有三贈榮祿大夫平章政事柱國追封薊國公謚孝敏

梁德珪

梁德珪字伯温大興良鄉人初給事昭睿順聖皇后宮令習國語通奏對年十一見世祖至元十六年爲中書左司員外郎俄陞郎中六遷至參議尚書省事至元三十一年執政入奏事帝詢其曲折不能對德珪從旁辯析明白通暢帝大悅拜參知政事在省日久凡錢穀出納之制銓選進退之宜諸藩賜予之節命有驟至不暇閱簿牘同列莫知措辭德珪數語卽定閒遇疑事則曰某事當如某律某年嘗有此旨驗之皆然北京地震帝閱州郡報因之數怪其過多德

珪方在右司詔問焉對曰當國者急於徵索蔓延收繫以致此爾帝感悟爲大赦中外逋負民賴以蘇大德間成宗卽位一遵祖武廟堂以安靜爲治求進者不得逞其志朋聚興怨摭事中傷德珪會帝有疾言者感氣致詰德珪以位居執政不受淩轢慷慨引咎遂安置湖廣帝疾愈問知之召使復位旣至帝問卿安在德珪涕泣不能語賜酒饌使往拜其母因以氣疾乞骸骨歸大德八年九月卒於家年四十有六

元史卷一百七十

元史卷一百七十一

明翰林學士亞中大夫知制誥兼修國史宋　濂等修

列傳第五十八

劉因

劉因字夢吉保定容城人世爲儒家五世祖琮生敦武校尉臨洮府錄事判官昉昉生奉議大夫中山府錄事俁俁生秉善金貞祐中南徙其弟國寶登興定進士第終奉直大夫樞密院經歷秉善生述述因之父也歲壬辰述始北歸刻意問學邃性理之說好長嘯中統初左三部尙書劉肅宣撫真定辟武邑令以疾辭歸年四十未有子嘆曰天果使我無子則已有子必令讀書因生之夕述夢神人馬載一兒至其家曰善養之既覺而生乃名曰駰字夢驥後改今名及字因天資絶人三歲識書日記千百言過目卽成誦六歲能詩七歲能屬文落筆驚人甫弱冠才器超邁日閱方冊思得如古人者友之作希聖解國子司業硯彌堅教授真定因從之游同舍生皆不能及初爲經學究訓詁疏釋之說輒

嘆曰聖人精義殆不止此及得周程張邵朱呂之書一見能發其微曰我固謂當有是也及評其學之所長而曰邵至大也周至精也程至正也朱子極其大盡其精而貫之以正也其高見遠識率類此因蚤喪父事繼母孝有父祖喪未葬投書先友翰林待制楊恕憐而助之始克襄事因性不苟合不妄交接家雖甚貧非其義一介不取家居教授師道尊嚴弟子造其門者隨材器教之皆有成就公卿過保定者衆聞因名往往來謁因多遜避不與相見不知者或以爲傲弗恤也嘗愛諸葛孔明靜以修身之語表所居曰靜修不忽木以因學行薦于朝至元十九年有詔徵因擢承德郞右贊善大夫初裕皇建學宮中命贊善王恂教近侍子弟恂卒乃命因繼之未幾以母疾辭歸明年丁內艱二十八年詔復遣使者以集賢學士嘉議大夫徵因以疾固辭且上書宰相曰因自幼讀書接聞大人君子之餘論雖他無所得至如君臣之義自謂見之甚明如以日用近事言之凡吾人之所以得安居而暇食以遂其生聚之樂者是誰之力與皆君上之賜也是以凡我有生之民或給力役或出知能亦必各有以自効焉

此理勢之必然亘萬古而不可易而莊周氏所謂無所逃於天地之間者也因生四十三年未嘗効尺寸之力以報國家養育生成之德而恩命連至因尙敢偃蹇不出貪高尙之名以自媚以負我國家知遇之恩而得罪於聖門中庸之教也哉且因之立心自幼及長未嘗一日敢爲崖岸卓絶甚高難繼之行平昔交友苟有一日之雅者皆知因之此心也但或者得之傳聞不求其實止於縱跡之近似者觀之是以有高人隱士之目惟閣下亦知因之未嘗以此自居也向者先儲皇以贊善之命來召卽與使者俱行再奉旨令教學亦卽時應命後以老母中風請還家省視不幸彌留竟遭憂制遂不復出初豈有意於不仕邪今聖天子選用賢良一新時政雖前日隱晦之人亦將出而仕矣況因平昔非隱晦者邪況加以不次之寵處之以優崇之地邪是以形留意往命與心違病臥空齋惶恐待罪因素有羸疾自去年喪子憂患之餘繼以痁瘧歷夏及秋後雖平復然精神氣血已非舊矣不意今歲五月二十八日瘧疾復作至七月初二日蒸發舊積腹痛如刺下血不已至八月初偶起一念自歎旁無期功之親

家無紀綱之僕恐一旦身先朝露必至累人遂遣人於容城先人墓側修營一舍儻病勢不退當居處其中以待盡遣人之際未免感傷由是病勢益增飲食極減至二十一日使者持恩命至因初聞之惶怖無地不知所措徐而思之竊謂供職雖未能扶病而行而恩命則不敢不扶病而拜因又慮若稍涉遲疑則不惟臣子之心有所不安而蹤跡高峻已不近於人情矣是以即日拜受留使者候病勢稍退與之俱行還延至今服療百至略無一效乃請使者先行仍令學生李道恆納上鋪馬聖旨待病退自備氣力以行望閣下俯加矜憫曲爲保全因實疎遠微賤之臣與帷幄諸公不同其進與退苦非難處之事惟閣下始終成就之書上朝廷不强致帝聞之亦曰古有所謂不召之臣其斯人之徒歟三十年夏四月十有六日卒年四十五無子聞者嗟悼延祐中贈翰林學士資善大夫護軍追封容城郡公謚文靖歐陽玄嘗贊因畫像曰微點之狂而有沂上風雩之樂資由之勇而無北鄙鼓瑟之聲於裕皇之仁而見不可留之四皓以世祖之略而遇不能致之兩生烏乎麒麟鳳凰固宇內之不常有也然而一

嗚而六典作一出而春秋成則其志不欲遺世而獨往也明矣亦將從周公孔子之後爲往聖繼絕學爲來世開太平者邪論者以爲知言因所著有四書精要三十卷詩五卷號丁亥集因所自選又有文集十餘卷及小學四書語錄皆門生故友所錄惟易繫辭說乃因病中親筆云

吳澄

吳澄字幼清撫州崇仁人高祖曄初居咸口里當華蓋臨川二山間望氣者徐覺言其地當出異人澄生前一夕鄉父老見異氣降其家鄰媼復夢有物蜿蜒降其舍旁池中旦以告于人而澄生三歲穎悟日發教之古詩隨口成誦五歲日受千餘言夜讀書至旦母憂其過勤節膏火不多與澄候母寢燃火復誦習九歲從羣子弟試鄉校每中前列既長於經傳皆通之知用力聖賢之學嘗舉進士不中至元十三年民初附盜賊所在蜂起樂安鄭松招澄居布水谷乃著孝經章句校定易書詩春秋儀禮及大小戴記侍御史程鉅夫奉詔求賢江南起澄至京師未幾以母老辭歸鉅夫請置澄所著書於國子監以資學者朝廷

命有司卽其家錄上元貞初游龍興按察司經歷郝文迎至郡學日聽講論錄其問答凡數千言行省掾元明善以文學自負嘗問澄易詩書春秋奧義歎曰與吳先生言如探淵海遂執子弟禮終其身左丞董士選延之於家親執饋食曰吳先生天下士也既入朝薦澄有道擢應奉翰林文字有司敦勸久之乃至而代者已到官澄卽日南歸未幾除江西儒學副提舉居三月以疾去官至大元年召爲國子監丞先是許文正公衡爲祭酒始以朱子小學等書授弟子久之漸失其舊澄至旦燃燭堂上諸生以次受業日昃退燕居之室執經問難者接踵而至澄各因其材質反覆訓誘之每至夜分雖寒暑不易也皇慶元年陞司業用程純公學校奏疏胡文定公六學教法朱文公學校貢舉私議約之爲教法四條一曰經學二曰行實三曰文藝四曰治事未及行又嘗爲學者言朱子於道問學之功居多而陸子靜以尊德性爲主問學不本於德性則其敝必偏於言語訓釋之末故學必以德性爲本庶幾得之議者遂以澄爲陸氏之學非許氏尊信朱子本意然亦莫知朱陸之爲何如也澄一夕謝去諸生有不謁

告而從之南者俄拜集賢直學士特授奉議大夫俾乘驛至京師次真州疾作不果行英宗卽位超遷翰林學士進階大中大夫先是有旨集善書者粉黃金爲泥寫浮屠藏經帝在上都使左丞速速詔澄爲序澄曰主上寫經爲民祈福甚盛舉也若用以追薦臣所未知蓋福田利益雖人所樂聞而輪迴之事彼習其學者猶或不言不過謂爲善之人死則上通高明其極品則與日月齊光爲惡之人死則下淪污穢其極下則與沙蟲同類其徒遂爲薦拔之說以惑世人今列聖之神上同日月何庸薦拔且國初以來凡寫經追薦不知幾舉若未効是無佛法矣若已効是誣其祖矣撰爲文辭不可以示後世請俟駕還奏之會帝崩而止泰定元年初開經筵首命澄與平章政事張珪國子祭酒鄧文原爲講官在至治末詔作太廟議者習見同堂異室之制乃作十三室未及遷奉而國有大故有司疑於昭穆之次命集議之澄議曰世祖混一天下悉攷古制而行之古者天子七廟廟各有宮太祖居中左三廟爲昭右三廟爲穆昭穆神主各以次遞遷其廟之宮頗如今之中書六部夫省部之設亦倣金宋豈以宗廟

敘次而不攷古乎有司急於行事竟如舊次云時澄已有去志會修英宗實錄
命總其事居數月實錄成未上即移疾不出中書左丞許師敬奉旨賜宴國史
院仍致朝廷勉留之意宴罷即出城登舟去中書聞之遣官驛追不及而還言
於帝曰吳澄國之名儒朝之舊德今請老而歸不忍重勞之宜有所褒異詔加
資善大夫仍以金織文綺二及鈔五千貫賜之澄身若不勝衣正坐拱手氣融
神邁答問亹亹使人渙若冰釋弱冠時嘗著說曰道之大原出於天神聖繼之
堯舜而上道之元也堯舜而下其亨也洙泗鄒魯其利也濂洛關閩其貞也分
而言之上古則羲黃其元堯舜其亨禹湯其利文武周公其貞乎中古之統仲
尼其元顏曾其亨乎子思其利孟子其貞乎近古之統周子其元程張其亨也
朱子其利也孰爲今日之貞乎未之有也然則可以終無所歸哉其早以斯文
自任如此故出登朝署退歸于家與郡邑之所經由士大夫皆迎請執業而四
方之士不憚數千里躡屩負笈來學山中者常不下千數百人少暇即著書至
將終猶不置也於易春秋禮記各有纂言盡破傳註穿鑿以發其蘊條歸紀敘

精明簡潔卓然成一家言作學基學統二篇使人知學之本與爲學之序尤有得於邵子之學校定皇極經世書又校正老子莊子太玄經樂律及八陣圖郭璞葬書初澄所居草屋數間程鉅夫題曰草廬故學者稱之爲草廬先生天曆三年朝廷以澄耆老特命次子京爲撫州教授以便奉養明年六月得疾有大星墜其舍東北澄卒年八十五贈江西行省左丞上護軍追封臨川郡公謚文正長子文終同知柳州路總管府事京終翰林國史院典籍官孫當自有傳

元史卷一百七十一

元史卷一百七十二

明翰林學士亞中大夫知制誥兼修國史宋　濂等修

列傳第五十九

程鉅夫

程鉅夫名文海避武宗廟諱以字行其先自徽州徙郢州京山後家建昌叔父飛卿仕宋通判建昌世祖時以城降鉅夫入爲質子授宣武將軍管軍千戶他日召見問賈似道何如人鉅夫條對甚悉帝說給筆札書之乃書二十餘幅以進帝大奇之因問今居何官以千戶對帝謂近臣曰朕觀此人相貌已應貴顯聽其言論誠聰明有識者也可置之翰林丞相火禮霍孫傳旨至翰林以其年少奏爲應奉翰林文字帝曰自今國家政事得失及朝臣邪正宜皆爲朕言之鉅夫頓首謝曰臣本疏遠之臣蒙陛下知遇敢不竭力以報陛下尋進翰林修撰累遷集賢直學士兼祕書少監至元十九年奏陳五事一曰取會江南仕籍二曰通南北之選三曰立考功歷四曰置貪贓籍五曰給江南官吏俸朝廷多

采行之賜地京師安貞門以築居室二十年加翰林集賢學士同領會同館事二十三年見帝首陳興建國學乞遣使江南搜訪遺逸御史臺按察司並宜參用南北之人帝嘉納之二十四年立尚書省詔以爲參知政事鉅夫固辭又命爲御史中丞臺臣言鉅夫南人且年少帝大怒曰汝未用南人何以知南人不可用自今省部臺院必參用南人遂以鉅夫仍爲集賢直學士拜侍御史行御史臺事奉詔求賢於江南初書詔令皆用蒙古字及是帝特命以漢字書之帝素聞趙孟藡葉李名鉅夫當臨行帝密諭必致此二人鉅夫又薦趙孟頫余恁萬一鶚張伯淳胡夢魁曾晞顏孔洙曾沖子淩時中包鑄等二十餘人帝皆擢置臺憲及文學之職還朝陳民間利病五事拜集賢學士仍還行臺二十六年時相桑哥專政法令苛急四方騷動鉅夫入朝上疏曰臣聞天子之職莫大於擇相宰相之職莫大於進賢苟不以進賢爲急而惟以殖貨爲心非爲上爲德爲下爲民之意也昔文帝以決獄及錢糧問丞相周勃勃不能對陳平進曰陛下問決獄責廷尉問錢穀責治粟內史宰相上理陰陽下遂萬物之宜外鎮撫

四夷內親附百姓觀其所言可以知宰相之職矣今權姦用事立尚書鉤考錢穀以剝割生民爲務所委任者率皆貪饕邀利之人江南盜賊竊發良以此也臣竊以爲宜清尚書之政損行省之權罷言利之官行恤民之事於國爲便桑哥大怒羈留京師不遣奏請殺之凡六奏帝皆不許鉅夫旣還行臺二十九年又召鉅夫與胡祗遹姚燧王惲雷膺陳天祥楊恭懿高凝陳儼趙居信等十人赴闕賜對三十年出爲閩海道肅政廉訪使興學明教吏民畏愛之大德四年遷江南湖北道肅政廉訪使至官首治行省平章家奴之爲民害者上下肅然八年召拜翰林學士商議中書省事十年以亢旱暴風星變鉅夫應詔陳弭災之策其目有五曰敬天曰尊祖曰清心曰持體曰更化帝皆然之雲南省臣言世祖親平雲南民願刻石點蒼山以紀功德詔鉅夫撰其文十一年拜山南江北道肅政廉訪使復留爲翰林學士至大元年修成宗實錄二年召至上都三年復拜山南江北道肅政廉訪使四年與李謙尚文等十六人同赴闕賜對便殿拜浙東海右道肅政廉訪使留爲翰林學士承旨皇慶元年修武宗實錄二

年旱鉅夫應詔陳桑林六事忤時宰意明日帝遣近侍賜上尊勞之曰中書集議惟卿所言甚當後臨事其極言之於是詔鉅夫偕平章政事李孟參知政事許師敬議行貢舉法鉅夫建言經學當主程頤朱熹傳註文章宜革唐宋宿弊命鉅夫草詔行之三月以病乞骸骨歸田里不允命尚醫給藥物官其子大本郊祀署令以便侍養時令近臣撫視且勞之曰卿世祖舊臣惟忠惟貞其勉加餐粥少留京師以副朕心鉅夫請益堅特授光祿大夫賜上尊命廷臣以下飲餞于齊化門外給驛南還勅行省及有司常加存問居五年而卒年七十泰定二年贈大司徒柱國追封楚國公謚文憲

趙孟頫

趙孟頫字子昂宋太祖子秦王德芳之後也五世祖秀安僖王子偁四世祖崇憲靖王伯圭高宗無子立子偁之子是爲孝宗伯圭其兄也賜第于湖州故孟頫爲湖州人曾祖師垂祖希永父與訔仕宋皆至大官入國朝以孟頫貴累贈師垂集賢侍讀學士希永太常禮儀院使並封吳興郡公與訔集賢大學士封

魏國公孟頫幼聰敏讀書過目輒成誦爲文操筆立就年十四用父蔭補官試中吏部銓法調真州司戶參軍宋亡家居益自力於學至元二十三年行臺侍御史程鉅夫奉詔搜訪遺逸于江南得孟頫以之入見孟頫才氣英邁神采煥發如神仙中人世祖顧之喜使坐右丞葉李上或言孟頫宋宗室子不宜使近左右帝不聽時方立尚書省命孟頫草詔頒天下帝覽之喜曰得朕心之所欲言者矣詔集百官於刑部議法衆欲計至元鈔二百貫贓滿者死孟頫曰始造鈔時以銀爲本虛實相權今二十餘年間輕重相去至數十倍故改中統爲至元又二十年後至元必復如中統使民計鈔抵法疑於太重古者以米絹民生所須謂之二實銀錢與二物相權謂之二虛四者爲直雖升降有時終不大相遠也以絹計贓最爲適中況鈔乃宋時所創施於邊郡金人襲而用之皆出於不得已迺欲以此斷人死命似不足深取也或以孟頫年少初自南方來譏國法不便意頗不平責孟頫曰今朝廷行至元鈔故犯法者以是計贓論罪汝以爲非豈欲沮格至元鈔耶孟頫曰法者人死所係議有重輕則人不得其死矣

孟頫奉詔與議不敢不言今中統鈔虛故改至元鈔謂至元鈔終無虛時豈有是理公不揆於理欲以勢相陵可乎其人有愧色帝初欲大用孟頫議者難之二十四年六月授兵部郎中兵部總天下諸驛時使客飲食之費幾十倍於前吏無以供給强取於民不勝其擾遂請於中書增鈔給之至元鈔法滯澁不能行詔遣尚書劉宣與孟頫馳驛至江南問行省丞相慢令之罪凡左右司官及諸路官則徑笞之孟頫受命而行比還不笞一人丞相桑哥大以爲譴時有王虎臣者言平江路總管趙全不法卽命虎臣往按之葉李執奏不宜遣虎臣帝不聽孟頫進曰趙全固當問然虎臣前守此郡多强買人田縱賓客爲姦利全數與爭虎臣怨之虎臣往必將陷全事縱得實人亦不能無疑帝悟乃遣他使桑哥鐘初鳴時卽坐省中六曹官後至者則笞之孟頫偶後至斷事官遽引孟頫受笞孟頫入訴於都堂右丞葉李曰古者刑不上大夫所以養其廉恥教之節義且辱士大夫是辱朝廷也桑哥亟慰孟頫使出自是所笞唯曹史以下他日行東御牆外道險孟頫馬跌墮于河桑哥聞之言於帝移築御牆稍西二丈

許帝聞孟頫素貧賜鈔五十錠二十七年還集賢直學士是歲地震北京尤甚地陷黑沙水涌出人死傷數十萬帝深憂之時駐蹕龍虎臺遣阿剌渾撒里馳還召集賢翰林兩院官詢致災之由議者畏忌桑哥但泛引經傳及五行災異之言以修人事應天變爲對莫敢語及時政先是桑哥遣忻都及王濟等理算天下錢糧已徵入數百萬未徵者尚數千萬害民特甚民不聊生自殺者相屬逃山林者則發兵捕之皆莫敢沮其事孟頫與阿剌渾撒里甚善勸令奏帝赦天下盡與蠲除庶幾天變可弭阿剌渾撒里入奏如孟頫所言帝從之草詔已具桑哥怒謂必非帝意孟頫曰凡錢糧未徵者其人死亡已盡何所從取非及是時除免之他日言事者倘以失陷錢糧數千萬歸咎尚書省豈不爲丞相深累耶桑哥悟民始獲蘇帝嘗問葉李留夢炎優劣孟頫對曰夢炎臣之父執其人重厚篤於自信好謀而能斷有大臣器葉李所讀之書臣皆讀之其所知所能臣皆知之能之帝曰汝以夢炎賢於李耶夢炎在宋爲狀元位至丞相當賈似道誤國罔上夢炎依阿取容李布衣乃伏闕上書是賢於夢炎也汝以夢炎

父友不敢斥言其非可賦詩譏之孟頫所賦詩有往事已非那可說且將忠直
報皇元之語帝歎賞焉孟頫退謂奉御徹里曰帝論賈似道誤國責留夢炎不
言桑哥罪甚於似道而我等不言他日何以辭其責然我疏遠之臣言必不聽
侍臣中讀書知義理慷慨有大節又爲上所親信無踰公者夫捐一旦之命爲
萬姓除殘賊仁者之事也公必勉之既而徹里至帝前數桑哥罪惡帝怒命衞
士批其頰血涌口鼻委頓地上少間復呼而問之對如初時大臣亦有繼言者
帝遂按誅桑哥罷尚書省大臣多以罪去帝欲使孟頫與聞中書政事孟頫固
辭有旨令出入宮門無禁每見必從容語及治道多所裨益帝問汝趙太祖孫
耶太宗孫耶對曰臣太祖十一世孫帝曰太祖行事汝知之乎孟頫謝不知帝
曰太祖行事多可取者朕皆知之孟頫自念久在上側必爲人所忌力請補外
二十九年出同知濟南路總管府事時總管闕孟頫獨署府事官事清簡有元
掀兒者役於鹽場不勝艱苦因逃去其父求得他人屍遂誣告同役者殺掀兒
既誣服孟頫疑其冤留弗決踰月掀兒自歸郡中稱爲神明僉廉訪司事韋哈

剌哈孫素苛虐以孟頫不能承順其意以事中之會修世祖實錄召孟頫還京
師乃解久之遷知汾州未上有旨書金字藏經既成除集賢直學士江浙等處
儒學提舉遷泰州尹未上至大三年召至京師以翰林侍讀學士與他學士撰
定祀郊南祝文及擬進殿名議不合謁告去仁宗在東宮素知其名及卽位召
除集賢侍講學士中奉大夫延祐元年改翰林侍講學士遷集賢侍講學士資
德大夫三年拜翰林學士承旨榮祿大夫帝眷之甚厚以字呼之而不名帝嘗
與侍臣論文學之士以孟頫比唐李白宋蘇子瞻又嘗稱孟頫操履純正博學
多聞書畫絕倫旁通佛老之旨皆人所不及有不悅者間之帝初若不聞者又
有上書言國史所載不宜使孟頫與聞者帝乃曰趙子昂世祖皇帝所簡拔朕
特優以禮貌置於館閣典司述作傳之後世此屬呶呶何也俄賜鈔五百錠謂
侍臣曰中書每稱國用不足必持而不與其以普慶寺別貯鈔給之孟頫嘗累
月不至宮中帝以問左右皆謂其年老畏寒勅御府賜貂鼠衣初孟頫以程鉅
夫薦起家爲郎及鉅夫爲翰林學士承旨求致仕去孟頫代之先往拜其門而

後入院時人以爲衣冠盛事六年得請南歸帝遣使賜衣幣趣之還朝以疾不果行至治元年英宗遣使即其家俾書孝經二年賜上尊及衣二襲是歲六月卒年六十九追封魏國公謚文敏孟頫所著有尚書註有琴原樂原得律呂不傳之妙詩文清邃奇逸讀之使人有飄飄出塵之想篆籀分隸真行草書無不冠絶古今遂以書名天下天竺有僧數萬里來求其書歸國中寶之其畫山水木石花竹人馬尤精緻前史官楊載稱孟頫之才頗爲書畫所掩知其書畫者不知其文章知其文章者不知其經濟之學人以爲知言云子雍奕並以書畫知名

鄧文原

鄧文原字善之一字匪石綿州人父漳徙錢塘文原年十五通春秋在宋時以流寓試浙西轉運司魁四川士至元二十七年行中書省辟爲杭州路儒學正大德二年調崇德州教授五年擢應奉翰林文字九年陞修撰謁告還江南至大元年復爲修撰預修成宗實錄三年授江浙儒學提舉皇慶元年召爲國子

司業至官首建白更學校之政當路因循重於改作論不合移病去科舉制行文原校文江浙慮士守舊習大書朱熹貢舉私議揭于門延祐四年陞翰林待制五年出僉江南浙西道肅政廉訪司事平江僧有憾其府判官理熙者賂其徒告熙贓熙誣服文原行部按問得實杖僧而釋熙吳興民夜歸巡邏者執之繫亭下其人遁去有追及之者刺其脅仆地明旦家人得之以歸比死其兄問殺汝者何如人曰白帽青衣長身者也其兄愬於官有司問直初更者曰張福兒執之使服焉械繫三年文原錄之曰福兒身不滿六尺未見其長也刃傷右脅而福兒素用左手傷宜在左何右傷也鞫之果得真殺人者而釋福兒桐廬人戴汝惟家被盜有司得盜獄成送郡夜有焚戴氏廬者而不知汝惟所之文原曰此必有故也乃得其妻葉氏與其弟謀殺汝惟狀而於水涯樹下得屍與漬血斧俱在焉人以爲神六年移江東道徽寧國廣德三郡歲入茶課鈔三千錠後增至十八萬錠竭山谷所產不能充其半餘皆鑿空取之民間歲以爲常時轉運司官聽用鄉里諱狡動以犯法誣民而轉運司得專制有司凡五品官

以下皆杖決州縣莫敢如何文原請罷其專司俾郡縣領之不報徽民謝蘭家僮汪姓者死蘭姪回賂汪族人誣蘭殺之蘭誣服文原錄之得其情釋蘭而坐回時久旱不雨決獄乃雨至治二年召爲集賢直學士地震詔議弭災之道文原請決滯囚置倉廩河北儲羨粟以賑饑復申前議請罷榷茶轉運司又不報明年兼國子祭酒江浙省臣趙簡請開經筵泰定元年文原兼經筵官以疾乞致仕歸二年召拜翰林侍講學士以疾辭四年拜嶺北湖南道肅政廉訪使以疾不赴天曆元年卒年七十一文原内嚴而外恕家貧而行廉初客京師有一書生病篤取槖中金囑文原以歸其親既死而同舍生竊金去文原買金償死者家終身不以語人有文集若干卷内制集若干卷藏于家子衍蔭授江淛等處儒學副提舉未任卒至順五年制贈文原江浙行省參知政事謚文肅

袁桷

袁桷字伯長慶元人宋同知樞密院事韶之曾孫爲童子時已著聲部使者舉茂才異等起爲麗澤書院山長大德初閻復程文海王構薦爲翰林國史院檢

閱官時初建南郊楠進十議曰天無二日天既不得有二五帝不得謂之天作昊天五帝議祭天歲或爲九或爲二作祭天名數議圜丘不見於五經郊不見於周官作圜丘非郊議后土社也作后土卽社議三歲一郊非古也作祭天無間歲議燔柴見于古經周官以禋祀爲天其義各有旨作燔柴泰壇議祭天之牛角繭栗用牲于郊牛二合配而言之增羣祀而合祠非周公之制矣作郊不當立從祀議郊質而尊之義也明堂文而親之義也作郊明堂禮儀異制議郊用辛魯禮也卜不得常爲辛作郊非辛日議北郊不見於三禮尊地而遵北郊鄭玄之說也作北郊議禮官推其博多采用之陞應奉翰林文字同知制誥兼國史院編修官請購求遼金宋三史遺書歷兩考還待制又再任拜集賢直學士久之移疾去官復仍以直學士召入集賢未幾改翰林直學士知制誥同修國史至治元年遷侍講學士泰定初辭歸楠在詞林朝廷制冊勳臣碑銘多出其手所著有易說春秋說清容居士集泰定四年卒年六十一贈中奉大夫江浙等處行中書省參知政事護軍追封陳留郡公謚文清

曹元用

曹元用字子貞世居阿城後徙汶上祖義不仕父宗輔德清縣主簿元用資稟俊爽幼嗜書一經目輒成誦每夜讀書常達曙不寢父憂其致疾止之輒以衣蔽窗默觀之始以鎮江路儒學正考滿游京師翰林承旨閻復於四方士少所許可及見元用出所爲文示之元用輒指其疵復大奇之因薦爲翰林國史院編修官郎論史院僚屬非材請較試取其優者用之御史臺辟爲掾史元用初不習吏事而見事明決吏反師之轉中書省右司掾與清河元明善濟南張養浩同時號爲三俊除應奉翰林文字遷禮部主事時累朝皇后既崩者猶以名稱而未有謚號元用言后爲天下母豈可直稱其名宜加徽號以彰懿德改尚書省右司都事轉員外郎及尚書省罷退居任城久之齊魯閒從學者甚衆延祐六年授太常禮儀院經歷屬英宗銳修祀事銳意禮樂其親祀儀注鹵簿輿服之制率所裁定初太廟九室合饗于一殿仁宗崩無室可祔乃于武宗室前結彩爲次英宗在上京召禮官集議元用言古者宗廟有寢有室宜以今室爲

寢當更營大殿于前爲十五室帝嘉其議授翰林待制陞直學士至治三年八
月鐵失之變賊黨赤斤鐵木兒遽至京師收百司印趣召兩院學士北上元用
獨不行曰此非常之變吾寧死不可曲從也未幾賊果敗人皆稱其有先見之
明泰定二年授太子贊善轉禮部尙書兼經筵官及大朝會爲糾儀官申卷班
之令俾以序退無爭門而出之擾又謂太醫儀鳳教坊等官不當序正班當自
爲一列後皆行之時宰執有欲罷科舉法者元用以爲國家文治正在於此胡
可罷也又有欲損太廟四時之享止存冬祭者元用謂禴祠嘗蒸四時之享不
可闕一乃經禮之大者其可惜費而廢禮乎三年夏帝以日食地震星變詔議
所以弭災者元用謂應天以實不以文修德明政應天之實也宜撙浮費節財
用選守令恤貧民嚴禋祀汰佛事止造作以紓民力愼賞罰以示勸懲皆切中
時弊又論科舉取士之法當革冒濫嚴考覈俾得眞才之用議上朝廷咸是之
拜中奉大夫翰林侍講學士兼經筵官預修仁宗英宗兩朝實錄又奉旨纂集
甲令爲通制譯唐貞觀政要爲國語書成皆行於時凡大制誥率元用所草文

宗時草寬恤之詔帝覽而善之賜金織文錦天歷二年代祀曲阜孔子廟還以司寇像及代祀記獻帝甚喜值太禧宗禋院副使缺中書奏以元用爲之帝不允曰此人翰林中所不可無者將大用之矣會卒帝嗟悼久之謂侍臣曰曹子貞盡忠宣力今亡矣可賜賻鈔五千緡贈正奉大夫江浙等處行中書省參知政事護軍追封東平郡公諡文獻詩文四十卷號超然集二子偉儀

齊履謙

齊履謙字伯恒父義善算術履謙生六歲從父至京師七歲讀書一過即能記憶年十一教以推步星曆盡曉其法十三從師聞聖賢之學自是以窮理爲務非洙泗伊洛之書不讀至元十六年初立太史局改治新曆履謙補星曆生同輩皆司天臺官子太史王恂問以算數莫能對履謙獨隨問隨答恂大奇之新曆既成復預修曆經曆議二十九年授星曆教授都城刻漏舊以木爲之其形如碑故名碑漏內設曲筒鑄銅爲丸自碑首轉行而下鳴鐃以爲節其漏經久廢壞晨昏失度大德元年中書俾履謙視之因見刻漏旁有宋舊銅壺四於是

按圖考定蓮花寶山等漏制命工改作又請重建鼓樓增置更鼓幷守漏卒當時遵用之二年還保章正始專曆官之政三年八月朔時加巳依曆日蝕二分有奇至其時不蝕衆皆懼履謙曰當蝕不蝕在古有之矧時近午陽盛陰微宜當蝕不蝕遂考唐開元以來當蝕不蝕者凡十事以聞六年六月朔時加戌依曆日蝕五十七杪衆以涉交既淺且復近濁欲匿不報履謙曰吾所掌者常數也其食與否則係於天獨以狀聞及其時果食衆嘗爭沒日不能決履謙曰氣本十五日而閏有十六日者餘分之積也故曆法以所積之日命爲沒日不出本氣者爲是衆服其議七年八月戊申夜地大震詔問致災之由及弭災之道履謙按春秋言地爲陰而主靜妻道臣道子道也三者失其道則地爲之弗寧弭之之道大臣當反躬責己去專制之威以答天變不可徒爲禳禱也時成宗寢疾宰臣有專威福者故履謙言及之九年冬始立南郊祀昊天上帝履謙攝司天臺官舊制享祀司天雖掌時刻無鐘鼓更漏往往至旦始行事履謙白宰執請用鐘鼓更漏俾早晏有節從之至大二年太常請修社稷壇及浚太廟庭

中井或以歲君所直欲止其役履謙曰國家以四海爲家歲君豈專在是三年升授時郎秋官正兼領冬官正事四年仁宗卽位嘉尚儒術臺臣言履謙有學行可教國學子弟擢國子監丞改授奉直大夫國子司業與吳澄並命時號得人每五鼓入學風雨寒暑未嘗少怠其教養有法諸生皆畏服未幾復以履謙僉太史院事皇慶二年春彗星出東井履謙奏宜增修善政以答天意因陳時務八事仁宗爲之動容顧宰臣命速行之自履謙去國學吳澄亦移病歸學制稍爲之廢延祐元年詔擇善教者於是復以履謙爲國子司業履謙律己益嚴教道益張每齋置伴讀一人爲長雖助教闕員而諸生講授不絕時初命國子生歲貢六人以入學先後爲次第履謙曰不攷其業何以興善而得人乃酌舊制立陞齋積分等法每季攷其學行以次遞升既升上齋又必踰再歲始與私試孟月仲月試經疑經義季月試古賦詔誥章表策蒙古色目試明經策問辭理俱優者一分辭平理優者爲半分歲終積至八分者充高等以四十人爲額然後集賢禮部定其藝業及格者六人以充歲貢三年不通一經及在學不滿

一歲者並黜之帝從其議自是人人勵志多文學之士五年出爲濱州知州丁母憂不果行至治元年拜太史院使泰定二年九月以本官奉使宣撫江西福建黜罷官吏之貪污者四百餘人蠲免括地虛加糧數萬石州縣有以先賢子孫充房夫諸役者悉罷遣之福建憲司職田每畝歲輸米三石民不勝苦履謙命准令輸之由是召怨及還京憲司果誣以他事未幾誣履謙者皆坐事免履謙始得直復爲太史院使天曆二年九月卒履謙篤學勤苦家貧無書及爲星曆生在太史局會祕書監輦亡宋故書留置本院因晝夜諷誦深究自得故其學博洽精通自六經諸史天文地理禮樂律曆下至陰陽五行醫藥卜筮無不淹貫尤精經籍著大學四傳小註一卷中庸章句續解一卷論語言仁通旨二卷書傳詳說一卷易繫辭旨略二卷易本說四卷春秋諸國統紀六卷以皇極之名見於洪範皇極之數始於邵氏經世書數非極也特寓其數於極耳著經世書入式一卷經世書有內外篇內篇則因極而明數外篇則由數而會極著外篇微旨一卷授時曆行五十年未嘗推考履謙日測晷景并晨昏五星宿度

自至治三年冬至至泰定二年夏至天道加時眞數各減見行曆書二刻著二至晷景考二卷授時曆雖有經串而經以著定法串以紀成數然求其法之所以然數之所從出則略而不載作經串演撰八法一卷元立國百有餘年而郊廟之樂沿襲宋金未有能正之者履謙謂樂本於律律本於氣而氣候之法具載前史可擇僻地爲密室取金門之竹及河內葭莩候之上可以正雅樂薦郊廟和神人下可以同度量平物貨厚風俗列其事上之又得黑石古律管一長尺有八寸外方內爲圓空中有隔隔中有小竅蓋以通隔上九寸其空均直約徑三分以應黃鐘之數隔下九寸其空自小竅迤邐殺至管底約徑二寸餘蓋以聚其氣而上之其製與律家所說不同蓋古所謂玉律者是也適遷他官事遂寢有志者深惜之至順三年五月贈翰林學士資善大夫上護軍追封汝南郡公謚文懿

元史卷一百七十二

元史卷一百七十三

明翰林學士亞中大夫知制誥兼修國史宋　濂等修

列傳第六十

崔斌

崔斌字仲文馬邑人性警敏多智慮魁岸雄偉善騎射尤攻文學而達政術世祖在潛邸召見應對稱旨命佐卜憐吉帶將遊騎戍淮南斌負才略卜憐吉帶甚敬禮之兵駐揚州西城俾斌領騎兵覘敵形勢斌視敵兵亂潛出襲之多所殺獲俄丁父憂襲授金符爲總管中統元年改西京參議宣慰司事世祖嘗命安童舉漢人識治體者一人安童舉斌入見敷陳時政得失曲中宸慮時世祖銳意圖治斌危言讜論直指面斥是非立判無有所諱帝幸上都嘗召斌斌下馬步從帝命之騎因問爲治大體今當何先斌以任相對帝曰汝其爲我舉可爲相者斌以安童史天澤對帝默然良久斌曰陛下豈以臣猥鄙所舉未允公議有所惑歟今近臣咸在乞采輿言陛下裁之帝俞其請斌立馬颺言曰有旨

問安童爲相可否衆驩然呼萬歲帝悅遂以二人並爲相除斌左右司郎中每論事帝前羣言終日不決者斌以數言決之進見必與近臣偕其所獻替雖密近之臣有不得與聞者以此人多忌之會阿合馬立制國用使司專總財賦一以掊克爲事斌曰與其有聚斂之臣寧有盜臣於帝前屢斥其姦惡至元四年出守東平五年大兵南征道壽張卒有撤民席投其赤子於地以死訴於斌斌馳謂主將曰未至敵境而先殺吾民國有常刑汝亦當坐於是下其卒于獄自是莫敢犯歲大祲徵賦如常年斌馳奏以免復請于朝得楮幣十萬緡以賑民饑六年除同僉樞密院事襄樊之役命斌僉河南行省事方議攻鹿門山斌曰自峴山西抵萬山北抵漢江築城浚塹以絕餉援則襄陽可坐制矣時調曹濮民丁屯田南陽斌議罷曹濮屯民以近地兵多者補之民以爲便又議戶部給濱棣青滄鹽券付行省募民以米貿之仍增價和糴遠近輸販者輻輳餽餉不勞而集有旨河南四路籍兵二萬以益襄樊斌即馳奏曰河南戶少而調度繁多實不堪命減其半爲宜從之襄陽既下轉嘉議大夫仍僉行中書省十年詔

丞相伯顏總兵南征改行省爲河南宣慰司加中奉大夫賜金虎符充宣慰使是時襄陽正陽諸軍悉道河南供億雖繁而事無缺失伯顏旣渡江分阿里海牙定湖南詔斌貳之拜行中書省參知政事十月圍潭州斌攻西北鐵壩阿里海牙中流矢不能軍斌以軍夜集柵下黎明畢登不利斌曰彼軍小捷而驕弛吾今焚其角樓斷其援道塹城爲三周如此則城可得諸將然之迺誓師銜枚潛登鐵壩人賫芻階梯其樓火之且豎木柵城上詰旦布雲梯鼓譟而上斌挾盾先登阿里海牙持酒勞曰取此城公之力也斌自語阿里海牙曰潭人膽破矣若斂兵不進許其來降則土地人民皆我有自重湖以南連城數十可傳檄而定若縱兵急攻彼無噍類得一空城何益從之明日卽遣開示禍福城中爭出降諸將怒其抗敵持久咸欲屠之斌喻以興師本意諸將曰編民當如公說敵兵必誅之斌曰彼各爲其主耳宜旌之以勸未附者且殺降不祥諸將迺止捷聞帝嘉之進資善大夫行中書省左丞潭人德之爲立生祠十一年奉旨撫諭廣西尋命還治湖南潭屬邑安化湘鄉衡山以南賊周龍張唐張虎等所在

蜂起斌駐兵南嶽凡來降者同僚議欲盡戮以懲反側斌但按誅其首惡脅從者盡釋之十五年被召入覲時阿合馬擅權日甚廷臣莫敢誰何斌從帝至察罕腦兒帝問江南各省撫治如何斌對以治安之道在得人今所用多非其人因極言阿合馬姦蠹帝乃令御史大夫相威樞密副使孛羅按問之汰其冗員黜其親黨檢覈其不法罷天下轉運司海內無不稱快適尙書留夢賢謝元昌言江淮行省事至重而省臣無一人通文墨者乃命斌遷江淮行省左丞既至凡前日蠹國漁民不法之政悉釐正之仍條具以聞阿合馬慮其害己捃摭其細事遮留使不獲上見因誣搆以罪竟爲所害裕宗在東宮聞之方食投箸惻然遣使止之已不及矣天下冤之年五十六至大初贈推忠保節功臣太傅開府儀同三司追封鄭國公謚忠毅子三人良知威恩孫一人敬皆爲大官

崔彧

崔彧字文卿小字拜帖木兒弘州人負才氣剛直敢言世祖甚器重之至元十六年奉詔偕牙納木至江南訪求藝術之人明年自江南回首言忽都帶兒根

索亡宋財貨煩擾百姓身爲使臣乃挈妻子以往所在取索鞍馬芻粟世祖雖聽其言然虛實竟不辨決也十九年除集賢侍讀學士或言于世祖謂阿合馬當國時同列皆知其惡無一人孰何之者及既誅乃各自以爲潔誠欺罔之大者先有旨凡阿合馬所用之人皆革去臣以爲守門卒隸亦不可留如參知政事阿里請以阿散襲父職倘使得請其害又有不可勝言者賴陛下神聖灼知其奸拒而不可臣已疏其奸惡十餘事乞召阿里廷辯帝曰已勅中書凡阿合馬所用皆罷之窮治黨與纖悉無遺事竟之時朕與汝別有言也又請以郝禎剖棺戮屍從之尋奉旨鞫考樞密文牘遂由刑部尚書拜御史中丞或言臺臣於國家政事得失生民休戚百官邪正雖王公將相亦宜糾察近唯御史得有所言臣以爲臺官皆當建言庶於國家有補選用臺察官若由中書必有偏徇之弊御史宜從本臺選擇初用漢人十六員今用蒙古十六員相參巡歷爲宜皆從其言二十年復以刑部尚書上疏言時政十八事一曰開廣言路多選正人番直上前以司喉舌庶免黨附壅塞之患二曰當阿合馬擅權臺臣莫敢糾

其非迨其事敗然後接踵隨聲徒取譏笑宜別加選用其舊人除蒙古人取聖
斷外餘皆當問罪三曰樞密院定奪軍官賞罰不當多聽阿合馬風旨宜擇有
聲望者爲長貳庶幾號令明而賞罰當四曰翰苑亦須阿合馬功德宜博訪南
北耆儒碩望以重此選五曰郝禎耿仁等雖正典刑若是者尚多罪同罰異公
論未伸合次第屏除六曰貴游子弟用即顯官幼不講學何以從政得如左丞
許衡教國子學則人才輩出矣七曰今起居注所書不過奏事檢目而已宜擇
蒙古人之有聲望漢人之重厚者居其任分番上直帝王言動必書以垂法於
無窮八曰憲曹無法可守是以奸人無所顧忌宜定律令以爲一代之法九曰
官冗若徒省一官員併一衙門亦非經久之策宜參衆議而立定成規十曰官
僚無以養廉責其貪則苟乞將諸路大小官有俸者量增無俸者特給然不取
之於官惟賦之於民蓋官吏既有所養不致病民少增歲賦亦將樂從十一曰
內地百姓流移江南避賦役者已十五萬戶去家就旅豈人之情賦重政繁驅
之致此乞特降詔旨招集復業免其後來五年科役其餘積欠並蠲事產即日

給還民官滿替以戶口增耗爲黜陟其徙江南不歸者與土著一例當役十二曰凡丞相安童遷轉官臣悉爲阿合馬所擯黜或居散地或在遠方並令拔擢十三曰簿錄奸黨財物本國家之物不可視爲橫得遂致濫用宜以之實帑藏供歲計十四曰大都非如上都止備巡幸不應立留守司此皆阿合馬以此位置私黨今宜易置總管府十五曰中書省右丞二而左丞相宜改所增右丞置諸左十六曰在外行省不必置丞相平章止設左右丞以下庶幾內重不致勢均彼謂非隆其名不足鎭壓者姦臣欺罔之論也十七曰阿剌海牙掌兵民之權子姪姻黨分列權要官吏出其門者十之七八其威權不在阿合馬下宜罷職理算其黨雖無汚染者亦當遷轉他所勿使久據湖廣十八曰銓選類奏賢否莫知自今三品已上必引見而後授官疏奏卽日命中書行其數事餘命與御史大夫玉昔帖木兒議行之又言江南盜賊相挻而起凡二百餘所皆由拘刷水手與造海船民不聊生激而成變日本之役宜姑止之又江西四省軍需宜量民力勿強以土產所無凡給物價與民者必以實召募水手當從其所欲

伺民氣稍蘇我力粗備三二年後東征未晚也世祖以爲不切曰爾之所言如射然挽弓雖可觀發矢則非是矣或又言昨中書奉旨差官度量大都州縣地畝本以革權勢兼幷之弊欲其明白不得不於軍民諸色人戶通行嚴覈又因取勘畜牧數目初意本非擾民而近者浮言胥動恐失農時乞降旨省諭詔中書卽行之又言建言者多孰是孰否中書宜集議可行者行之不可則明諭言者爲便又言各路每歲選取室女宜罷又言宋文思院小口斛出入官糧無所容隱所宜頒行皆從之二十一年或劾奏盧世榮不可居相職忤旨罷二十三年加集賢大學士中奉大夫同僉樞密院事尋出爲甘肅行省右丞召拜中書右丞與中書平章政事麥木丁奏曰近者桑哥當國四年中外諸官鮮有不以賄而得者其昆弟故舊妻族皆授要官美地唯以欺蔽九重朘削百姓爲事宜令兩省嚴加考覈凡入其黨者皆汰逐之其出使之臣及按察司官受賕者論如律仍追宣勑除名爲民又奏桑哥所設衙門其閑冗不急之官徒費祿食宜令百司集議汰罷及自今調官宜如舊制避其籍貫庶不害公又大都高貲戶

多爲桑哥等所容庇凡百徭役止令貧民當之今後徭役不問何人宜皆均輸
有敢如前以賄求人容庇者罪之又軍站諸戶每歲官吏非名取索賦稅倍蓰
民多流移請自今非奉旨及省部文字敢私斂民及役軍匠者論如法又忽都
忽那顏籍戶之後各投下毋擅招集太宗既行之江南民爲籍已定乞依太宗
所行爲是皆從之二十八年由中書右丞遷御史中丞或奏太醫院使劉岳臣
嘗仕宋練達政事比者命其參議機務衆皆稱善乞以爲翰林學士俾議朝政
又言行御史臺言建寧路總管馬謀因捕盜延及平民搒掠至死者多又俘掠
人財迫通處女受民財積百五十錠獄未具會赦如臣等議馬謀以非罪殺人
不在原例宜令行臺詰問明白定罪又言昔行御史臺監察御史周祚劾尚書
省官忙兀帶教化的納速剌丁滅里姦贓納速剌丁滅里反誣祚以罪遣人詣
尚書省告桑哥桑哥曖昧以聞流祚于憨答孫妻子家財並沒入官祚至和林
遇亂走還京師桑哥又遣詣雲南理算錢穀以贖其罪今自雲南回臣與省臣
閱其伏詞爲罪甚微宜復其妻子皆從之二十九年或偕御史大夫玉昔帖木

兒等奏四方之人來聚闕下率言事以干進國家名器資品高下具有定格臣
等以爲中書樞密宜早爲銓定應格者與之不當與者明語其故使去又言事
有是非當否宜早與詳審言之當者卽議施行或所陳有須詰難條具者卽令
其人講究否則罷遣帝嘉納之又奏納速剌丁滅里忻都王巨濟黨比桑哥恣
爲不法楮幣銓選鹽課酒稅無不更張變亂之御命江南理算積久逋賦期限
嚴急胥卒追逮半於道路民至嫁妻賣女殃及親隣維揚錢塘受害最慘無故
而殞其生五百餘人近者闍里按問悉皆首實請死士民乃知聖天子仁愛元
元而使之至此極者實桑哥及其兇黨之爲也莫不願食其肉臣等共議此三
人者旣已伏辜宜令中書省御史臺從公論罪以謝天下從之又言河西人薛
闍干領兵爲宣慰其吏詣廉訪司告其三十六事檄僉事簿問而薛闍干率軍
人禽問者辱之且奪告者以去臣議從行臺選御史往按問薛闍干仍先奪其
職又言行臺官言去歲桑哥旣敗使臣至自上所者或不持璽書口傳聖旨縱
釋有罪擅籍人家真僞莫辨臣等請自今凡使臣必降璽書省臺院諸司必給

印信文書以杜奸欺帝曰何人乃敢爾耶對曰咬剌也奴伯顏察兒比嘗傳旨縱罪人帝悉可其奏又奏松州達魯花赤長孫自言不願爲錢穀官願備員廉訪司令木八剌沙上聞傳旨至臺特令委用臺臣所宜奉行但徑自陳獻又且嘗有罪理應區別帝曰此自卿事宜審行之又奏江南李淦言葉李過愆被旨赴京以辯今葉李物故事有不待辯者李淦本儒人請授以教官旌其直言又奏鄂州一道舊有按察司要束木惡其害己令桑哥奏罷之臣觀鄂州等九郡境土亦廣宜復置廉訪司行御史臺舊治揚州今揚州隸南京而行臺移治建康其淮東廉訪司舊治淮安今宜移治揚州又奏諸官吏受賕在朝則詣御史臺首告在外則詣按察司首告已有成憲自桑哥持國受賕者不赴憲臺憲司而詣諸司首故爾反覆牽延事久不竟臣謂宜如前旨惟於本臺行臺及諸道廉訪司首告諸司無得輒受又監察御史塔的失言女直人教化的去歲東征妄言以米千石餉闍里鐵木兒軍萬人奏支鈔四百錠宜令本處廉訪司究問與本處行省追償議罪皆從之三月中書省臣奏請以彧爲右丞世祖曰崔彧

不愛於言惟可使任言責閏六月又同御史大夫玉昔帖木兒奏近耿熙告河
間鹽運司官吏盜官庫錢省臺遣人同告者雜問凡負二萬二千餘錠已徵八
千九百餘錠猶欠一萬三千一百餘錠運使張庸嘗獻其妹於阿合馬有寵阿
合馬旣沒以官婢事桑哥復有寵故庸貪緣戚屬得久居漕司獨盜三千一百
錠臣等議宜命臺省遣官同廉訪司倍徵之又言月林伯察江西廉訪司官朮
兒赤帶河東廉訪司官忽兒赤擅縱盜賊抑奪民田貪污不法今月林伯以事
至京宜就令詰問又言揚州鹽運司受財多付商賈鹽計直該鈔二萬二千八
百錠臣等以謂追徵足日課以歸省贓以歸臺斟酌定罪以清蠹源並從之又
奏江西詹玉始以妖術致位集賢當桑哥持國遣其㨂核江西學糧貪酷暴橫
學校大廢近與臣言撒里蠻答失蠻傳旨以江南有謀叛者俾乘傳往鞫明日
訪知爲禿速忽香山欺罔奏遣玉在京師猶敢誑誕如此宜亟追還訊問帝曰
此惡人也遣之往者朕未嘗知之其亟禽以來三十年或言大都民食唯仰客
糴頃緣官括商船載遞諸物致販鬻者少米價翔踴臣等議勿令有司括船爲

便從之寶泉提舉張簡及子乃蠻帶告彧嘗受鄒道源許宗師銀萬五千兩又其子知微訟彧不法十餘事有旨就辯中書彧已書簡等所告與己宜對者爲牘袖之視而後對簡父子所告皆無驗並繫獄簡瘐死仍籍其家一女入官乃蠻帶知微皆坐杖罪除名三十一年成宗卽位先是彧得玉璽于故臣扎剌氏之家其文曰受命于天旣壽永昌卽以上之徽仁裕聖皇后至是皇后手以授于成宗彧以久任憲臺乞遷他職不許成宗諭之曰卿若辭避其誰抗言哉彧言肅政廉訪司案牘而令總管府檢劾非宜成宗曰朕知難行當時事由小人擅奏耳其改之大德元年彧又條陳臺憲諸事皆見於施行於是彧居御史臺久又守正不阿以故人疾之監察御史斡羅失剌劾奏中丞崔彧兄在先朝嘗有罪還其所籍家產非宜等事成宗怒其妄言笞而遣之十一月御史臺奏大都路總管沙的盜支官錢及受贓計五千三百緡准律當杖百七不敘以故臣子從輕論而成宗欲止權停其職彧與御史大夫只而合郎執不可已而御史又奏彧任中丞且十年非所宜彧遂以病辭成宗諭之曰卿之辭退誠是已然

勉爲朕少留之閏十二月兼領侍儀司事與太常卿劉無隱奏新正朝賀歲常習儀大萬安寺成宗曰去歲兀都帶以雪故來後今而復然諸不至及失儀者殿中司監察御史同糾之二年加榮祿大夫平章政事尋與御史大夫秃赤奏世祖聖訓凡在籍儒人皆復其家今歲月滋久老者已矣少者不學宜遵先制俾廉訪司常加勉勵成宗深然之命或與不忽木阿里渾撒里同翰林集賢議特降詔條使作成人材以備選舉或以是歲九月卒至大元年七月贈推誠履正功臣太傅開府儀同三司追封鄭國公謚忠肅

葉李

葉李字太白一字舜玉杭州人少有奇質從學於太學博士義烏施南學補京學生宋景定五年彗出于柳理宗下詔罪己求直言是時世祖南伐駐師江上宋命賈似道領兵禦之會憲宗崩世祖班師鄂州圍解似道自詭以爲己功因復入相益驕肆自顓搠置公田關子其法病民甚中外毋敢指議李乃與同舍生康棣而下八十三人伏闕上書攻似道其略曰三光舛錯宰執之愆似道繆

司台鼎變亂紀綱毒害生靈人神共怒以干天譴似道大怒知書稾出於李㬋其黨臨安尹劉良貴誣李僭用金飾齋扁鍛鍊成獄竄漳州似道既敗乃得自便會宋亡歸隱富春山江淮行省及宣憲兩司爭辟之署蘇杭常等郡教授俱不應至元十四年世祖命御史大夫相威行臺江南且求遺逸以李姓名上初李攻似道書其末有前年之師適有天幸克成厥勳之語世祖習聞之每拊掌稱歎及是以姓名聞世祖大悅卽授奉訓大夫浙西道儒學提舉李聞命欲遁去而使者致丞相安童書有云先生在宋以忠言讜論著稱簡在帝心今授以五品秩士君子當隱見隨時其尙悉心以報殊遇李乃幡然北向再拜曰仕而得行其言此臣夙心也敢不奉詔二十三年侍御史程文海奉命搜賢江南世祖諭之曰此行必致葉李來李既至京師勅集賢大學士阿魯渾撒里館于院中宅日召見披香殿勞問卿遠來良苦且曰卿嚮時訟似道書朕嘗識之更詢以治道安出李歷陳古帝王得失成敗之由世祖首肯賜坐錫宴更命五日一入議事時各道儒司悉以曠官罷李因奏曰臣欽覩先帝詔書當創業時軍務

繁夥尚招致士類今陛下混一區宇偃武修文可不作養人才以弘治道各道
儒學提舉及郡教授實風化所係不宜罷請復立提舉司專提調學官課諸生
講明治道而上其成才者於太學以備錄用凡儒戶徭役乞一切蠲免可其奏
是時乃顏叛北邊詔李庭出師討之而將校多用國人或其親暱立馬相嚮語
輒釋仗不戰逡巡退卻帝患之李密啓曰兵貴奇不貴衆臨敵當以計取彼既
親暱誰肯盡力徒費陛下糧餉四方轉輸甚勞臣請用漢軍列前步戰而聯大
車斷其後以示死鬭彼嘗玩我必不設備我以大衆踏之無不勝矣帝嘉其謀
諭將帥師果奏捷自是帝益奇李每罷朝必召見論事二十四年特拜御史中
丞兼商議中書省事李固辭曰臣本羈旅荷蒙眷知使備顧問固當竭盡愚衷
御史臺總察中外機務臣愚不足當此任且臣昔竄瘴鄉素染足疾比歲尤劇
帝笑曰卿足艱於行心豈不可行耶李固辭得許因叩首謝曰臣今雖不居是
職然御史臺天子耳目常行事務可以呈省至若監察御史奏疏西南兩臺咨
稟事關軍國利及生民宜令便宜聞奏以廣視聽不應一一拘律遂成文具臣

請詔臺臣言事各許實封幸甚又曰憲臣以繩愆糾繆爲職苟不自檢於擊搏何有其有貪惏敗度之人宜付法司增條科罪以懲欺罔制曰可由是臺憲得實封言事會尚書省立授李資善大夫尚書左丞李復固辭以謂論臣資格未宜遽至此帝曰商起伊尹周舉太公豈循格耶尚書係天下輕重朕以煩卿卿其勿辭賜大小車各一許乘小車入禁中仍給扶升殿始定至元鈔法又請立太學一日從至柳林奏曰善政不可以徒行人才不可以驟進必訓以德義摩以詩書使知古聖賢行事方略然後賢良輩出膏澤下流唐虞三代咸有胄學漢唐明主數幸辟雍匪爲觀美也乃薦周砥等十人爲祭酒等官凡廟學規制條具以聞帝皆從之時帝欲徙江南宋宗室及大姓於北方李乘間言宋已歸命其民安於田里今無故聞徙必將疑懼萬一有奸人乘釁而起非國之利也帝大悟事遂寢陞尚書右丞轉資德大夫時淮浙饑饉穀價騰踴李奏免江淮租稅之半運湖廣江西糧十七萬石至鎮江以賑饑民帝欲伐交趾召李入議李曰遐方遠夷得之無益軍旅一興費糜鉅萬今山路險巇深入敵境萬一蹉

跌非所以威示遠人也乃止二十五年陞平章政事李固辭許之賜以玉帶視
秩一品及平江田四千畝於是桑哥爲尚書丞相顓擅國政急於財利毒及生
民事具桑哥傳李雖與之同事然莫能有所匡正會桑哥敗事頗連及同列久
之李獨以疾得請南還揚州儒學正李淦上書言葉李本一黥徒受皇帝簡知
可爲千載一遇而纔近天光即以舉桑哥爲第一事禁近侍言事以非罪殺參
政郭佑楊居寬迫御史中丞劉宣自裁錮治書侍御史陳天祥罷御史大夫門
答占侍御史程文海杖監察御史變鈔法拘學糧徵軍官俸減兵士糧立行司
農司木綿提舉司增鹽酒醋稅課官民皆受其禍尤可痛者要束木禍湖廣沙
不丁禍江淮滅貴里禍福建又大鈎考錢糧民怨而盜發天怒而地震水災洊
至尚賴皇帝聖明更張政化人皆知桑哥用羣小之罪而不知葉李舉桑哥之
罪葉李雖罷相權刑戮未加天下往往竊議宜斬葉李以謝天下書聞帝矍然
曰葉李廉介剛直朕所素知者寧有是耶有旨驛召淦詣京師二十九年二月
李南還至臨清帝遣使召之俾爲平章政事佐丞相完澤治省事李上表力辭

未幾卒年五十一李既卒而淦至詔以淦爲江陰路教授以旌直言帝嘗問兵部郎中趙孟頫李與留夢炎孰優孟頫對夢炎優帝笑曰不然夢炎以掄魁位宰相而附賈似道病民誤國伴食中書無所可否李舊由諸生力詆似道其過夢炎甚遠然其性剛直人不能容而朕獨愛之也李前後被賜之物甚多而自奉甚儉嘗戒其子曰吾世業儒甘貧約唯以忠義結主知汝曹其淸愼自持勿增吾過指所賜物曰此終當還官也比卒悉表送官一毫不以自私至正八年贈資德大夫江浙等處行中書省右丞上護軍追封南陽郡公謚文節

燕公楠

燕公楠字國材南康之建昌人宋禮部侍郎肅之七世孫母雷氏夢五色巨翼入幃遂生公楠十歲能屬文居父喪廬墓三年再貢于鄉不第後以連帥辟五遷至通判贛州事至元十三年世祖旣平江南帥臣板授同知贛州事十四年以平廣南功遷同知吉州路總管府事二十二年夏召至上都奏對稱旨世祖賜名賽因囊加帶命參大政辭乞補外除僉江浙行中書省事俄移江淮尚書

省立就僉江淮行尚書省事江淮在宋爲邊陲故多閑田公楠請置兩淮屯田勸導有方田日以墾二十五年除大司農領八道勸農營田司事按行郡縣興利舉弊績用大著劾江西營田使沙不丁貪橫罷之二十七年拜江淮行中書省參知政事桑哥既敗而蠹政未盡去民不堪命公楠赴闕極陳其故請更張以固國本世祖悅會欲易政府大臣以問公楠公楠薦伯顏不灰閣里闊里吉思史弼徐琰趙琪陳天祥等十人又問孰可以爲首相對曰天下人望所屬莫若安童問其次曰完澤可明日拜完澤爲丞相以公楠及不灰爲平章政事固辭改江浙行中書省參知政事賜弓矢及衞士十人以行三十年復爲大司農得藏匿公私田六萬九千八百六十二頃歲出粟十五萬一千一百斛鈔二千六百貫帛千五百疋麻絲二千七百斤元貞元年進河南行省右丞釐正鹽法民便之召入覲成宗以公楠先帝舊臣慰勞良至改拜江浙行省右丞明年還湖廣行省右丞轉運司判官唐申家沅州豪橫奪民田武昌縣尹劉權殺主簿誣繫其妻子悉正其罪五年召還朝以卒帝聞甚傷悼之賻贈有加特命朝臣

護喪南歸

馬紹

馬紹字子卿濟州金鄉人從上黨張播學丞相安童入侍世祖奏言宜得儒士講論經史以資見聞平章政事張啓元以紹應詔授左右司都事出知單州民刻石頌德至元十年僉山東東西道提刑按察司事益都寧海饑紹發粟賑之十三年移僉河北河南道提刑按察司事未行屬江淮甫定選官撫治遷同知和州路總管府事民賴以安十九年詔割隆興爲東宮分地皇太子選署總管召至京師爲刑部尚書萬億庫吏盜絨四兩時相欲置之重典紹言物情俱輕宜從貸減乃決杖釋之河間李移住妄言惑衆謀爲不軌紹被檄按問所全活幾百人二十年參議中書省事二十二年改兵部尚書踰年復爲刑部尚書二十四年分立尚書省擢拜參知政事賜中統鈔五千緡時更印至元鈔前信州三務提舉杜璠言至元鈔公私非便平章政事桑哥怒曰杜璠何人敢沮吾鈔法耶欲當以重罪紹從容言曰國家導人使言言可采用之不可采亦不之罪

今重罪之豈不與詔書違戾乎璠得免罪尚書左丞親王戍邊其士卒有過支
廩米者有司以聞帝欲究問加罪紹言方邊庭用兵罪之懼失將士心所支踰
數者當嗣年之數可也制可宗親海都作亂其民來歸者七十餘萬散居雲朔
間桑哥議徙之內地就食紹持不可桑哥怒曰馬左丞愛惜漢人欲令餒死此
輩耶紹徐曰南土地燠北人居之慮生疾疫若恐餒死曷若計口給羊馬之資
俾還本土則未歸者孰不欣慕言有異同丞相何以怒爲宜取聖裁乃如紹言
以聞帝曰馬秀才所言是也桑哥集諸路總管三十人導之入見欲以趣辦財
賦之多寡爲殿最帝曰財賦辦集非民力困竭必不能然朕之府庫豈少此哉
紹退至省追錄聖訓付太史書之議增鹽課紹獨力爭山東課不可增議增賦
紹曰苟不節浮費雖重斂數倍亦不足也事遂寢都城種苜蓿地分給居民權
勢因取爲己有以一區授紹紹獨不取桑哥欲奏請賜紹紹辭曰紹以非才居
政府恆憂不能塞責詎敢徼非分之福以速罪戾桑哥敗跡其所嘗行賂者索
其籍閱之獨無紹名桑哥既敗乃曰使吾早信馬左丞之言必不至今日之禍

帝曰馬左丞忠潔可尚其復舊職尚書省罷改中書左丞居再歲移疾還家元貞元年還中書右丞行江浙省事大德三年移河南省明年卒有詩文數百篇

元史卷一百七十三

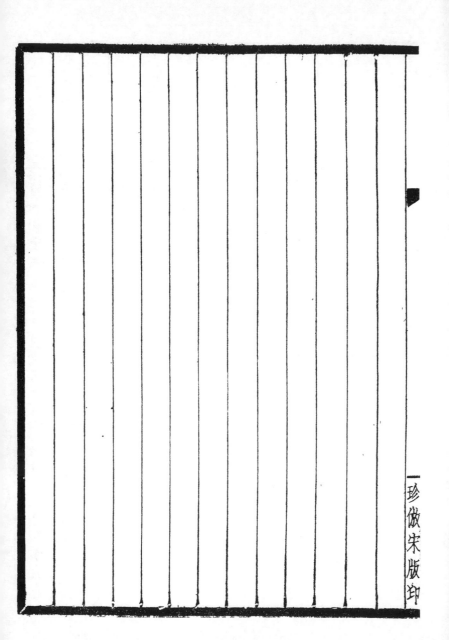

元史卷一百七十四

明翰林學士亞中大夫制知誥兼修國史宋　濂等修

列傳第六十一

姚燧

姚燧字端甫世系見燧伯父樞傳父格燧生三歲而孤育於伯父樞樞隱居蘇門謂燧蒙暗教督之甚急燧不能堪楊奐馳書止之曰燧令器也長自有成爾何以急爲且許醮以女年十三見許衡於蘇門十八始受學於長安時未嘗爲文視流輩所作惟見其不如古人則心弗是也二十四始讀韓退之文試習爲之人謂有作者風稍就正於衡衡亦賞其辭且戒之曰弓矢爲物以待盜也使盜得之亦將待之文章固發聞士子之利器然先有能一世之名將何以應人之見役者哉非其人而與之與非其人而拒之鈞罪也非周身斯世之道也至元七年衡以國子祭酒教貴胄奏召舊弟子十二人燧自太原驛致館下燧年三十八始爲秦王府文學未幾授奉議大夫兼提舉陝西四川中興等路學校

十二年以秦王命安輯庸蜀明年漢嘉新附入諭其民又奉命招王立於合州又明年撫循夔府凡三使蜀皆稱職十七年除陝西漢中道提刑按察司副使錄囚延安逮繫詿誤皆縱釋之人服其明決調山南湖北道按部澧州興學賑民孜孜如弗及二十三年自湖北奉旨趨朝明年爲翰林直學士二十七年授大司農丞元貞元年以翰林學士召修世祖實錄初置檢閱官究覈故事燧與侍讀高道凝總裁之書成大德五年授中憲大夫江東廉訪使移病太平九年拜中奉大夫江西行省參知政事至大元年仁宗居藩邸開宮師府燧年已七十遣正字呂洙如漢徵四皓故事起燧爲太子賓客未幾除承旨學士尋拜太子少傅武宗面諭燧燧拜辭謝曰昔臣先伯父樞嘗除是官尙不敢拜臣何敢受明年授榮祿大夫翰林學士承旨知制誥兼修國史四年得告南歸中書以承旨召明年復召燧以病俱不赴卒于家年七十六謚曰文燧先在蘇門山時讀通鑑綱目嘗病國統散於逐年不能一覽而得其離合之概至告病江東著國統離合表若干卷年經而國緯之如史記諸表將附朱熹凡例之後復取徽

建二本校讐得三誤焉序於表首略曰其一建安二十五年徽本作延康元年凡例中歲改元在興廢存亡之際以前爲正當從建本於建安二十五年下注改元延康其二章武三年徽本大書三年後主禪建興元年建本無三年則昭烈爲無終徽建皆曰後主於君臣父子之教所害甚大是起十四卷盡十六卷凡曰後主者皆失於刊正也當於三年下注帝禪建興元年明年大書帝禪建興二年庶前後無齟齬也其三天寶十五載注肅宗皇帝至德元載明年惟曰二載爲無始當大書二載上加肅宗皇帝至德使上同於開元三者鈞失而建安之取至德之去統固在也若章武之距建興纔三年耳遽有帝父主子之異豈不於統大有關乎詳見序篇燧之學有得於許衡由窮理致知反躬實踐爲世名儒爲文閎肆該洽豪而不宕剛而不厲舂容盛大有西漢風宋末弊習爲之一變蓋自延祐以前文章大匠莫能先之或謂世無知燧者曰豈惟知之讀而能句句而得其意者猶寡燧曰世固有厭空桑而思聞鼓缶者乎然文章以道輕重道以文章輕重彼復有班孟堅者出表古今人物九品中必以一等置

歐陽子則爲去聖賢也有級而不遠其文雖無謝尹之知不害於行後豈有一言幾乎古而不聞之將來乎當時孝子順孫欲發揮其先德必得燧文始可傳信其不得者每爲愧恥故三十年間國朝名臣世勳顯行盛德皆燧所書每來謁文必其行業可嘉然後許可辭無溢美又稍廣置燕樂燧則爲之喜而援筆大書否則弗易得也時高麗瀋陽王父子連姻帝室傾貲結朝臣一日欲求燧詩文燧靳不與至奉旨乃與之王贈謝幣帛金玉名畫五十篚盛陳致燧燧即時分散諸屬官及史胥侍從止留金銀付翰林院爲公用器皿燧一無所取人問之燧曰彼藩邦小國唯以貨利爲重吾能輕之使知大朝不以是爲意其器識豪邁過人類如此然頗恃才輕視趙孟頫元明善輩故君子以是少之平生所著有牧庵文集五十卷行于世子三壎圻城

郭貫

郭貫字安道保定人以才行見推擇爲樞密中書掾調南康路經歷擢廣西道提刑按察司判官會例格授濟南路經歷至元二十七年拜監察御史承詔分

江北沿淮草地劾淮西宣慰使昂吉兒父子專權久不遷調蠹政害民三十年僉湖南肅政廉訪司事大德初遷湖北道言今四省軍馬以數萬計征八百媳婦國深入炎瘴萬里不毛之地無益於國五年遷江西道賑恤饑民有惠政入爲御史臺都事八年遷集賢待制進翰林直學士奉詔與遼陽行省平章政事別速合徹里帖木兒往鎮高麗十一年召爲河東廉訪副使至大二年仁宗至五臺山貫進見仁宗因問廉訪使滅里吉歹何以有善政左右對曰皆副使郭貫之教也因賜貫瑪瑙數珠金織文幣入爲吏部考功郎遂拜治書侍御史四年除禮部尚書帝親書其官階曰嘉議大夫以授有司皇慶元年擢淮西廉訪使尋留不遣改侍御史俄遷翰林侍講學士明年出爲淮西廉訪使建言宜置常平倉考校各路農事延祐二年召拜中書參知政事明年陞左丞加集賢大學士五年除太子詹事貫言皇太子受金寶已三年宜行冊禮又輔導之官早宜選置從之六年加太子賓客謁告還家至治元年復起爲集賢大學士尋致仕泰定元年遷翰林學士承旨不起至順二年以疾卒年八十有二贈光祿大

夫河南行省平章政事柱國追封蔡國公謚文憲貫博學精於篆籀當世冊寶碑額多出其手云

夾谷之奇

夾谷之奇字士常其先出女真加古部後訛爲夾谷由馬紀領撒曷水徙家於滕州之奇少孤舅杜氏攜之至東平因受業於康曄授濟寧教授辟中書省掾大兵南伐宋授行省左右司都事時行省官與中書權臣有隙特遣使覈其財用而之奇職文書亦被按問張弘範率其屬詣使者言夾谷都事素公清若少有侵漁弘範當與連坐會御史臺立擢之奇僉江南浙西道提刑按察司事旣而移僉江北淮東至元十九年召爲吏部郎中立陟降澄汰之法著爲令式歲大旱有司議平穀價以遏騰涌之患之奇言莫若省經費輟土木之役庶足召和氣弭災變而有豐稔之期二十一年遷左贊善大夫時裕宗爲皇太子每進見必賜坐顧遇甚優權臣有欲以均輸法益國賦者慮提刑按察司撓其事請令與轉運司併爲一職詔集羣臣議之之奇言按察司者控制諸路發擿姦伏

責任匪輕若使理財則心勞事冗將彌縫自救之不暇又安能繩糾他人哉併之弗便事遂寢又與諭德李謙條具時政十事上之皇太子一曰正心二曰睦親三曰崇儉四曰幾諫五曰戢兵六曰親賢八曰尚友九曰定律十曰正名會皇太子薨除翰林直學士改吏部侍郎遂拜侍御史二十五年丁母憂以吏部尚書起復屢請終制不許明年卒之奇慮識精審明於大體而不忽細微爲政卓卓可稱雖老於吏學者自以爲不及爲文章尤簡嚴有法多傳於世云

劉賡

劉賡字熙載洺水人五世祖逸以郡吏治獄有陰德祖肅爲右三部尚書賡幼有文名師事翰林學士王磐至元十三年用薦者授國史院編修官十六年遷應奉翰林文字辟爲司徒府長史仍兼應奉補外同知德州事考滿擢太廟署丞太常博士拜監察御史是時御史中丞崔彧好盛氣待人他御史拜謁或平受之獨見賡則待以上客大德二年陞翰林直學士六年奉使宣撫陝西由侍講學士陞學士至大二年遷禮部尚書仍兼翰林學士尋拜侍御史頃之遷翰

林爲學士承旨兼國子祭酒國學故事伴讀生以次出補吏莫不爭先出時有一生親老且貧同舍生有名在前者因博士以告曰我齒頗少請讓之先賡曰讓德之恭也從其讓别爲書薦其人朝廷反先用之自是六館之士皆知讓之爲美德也皇慶元年遷集賢大學士仍兼國子祭酒延祐元年復爲承旨六年拜太子賓客七年復入集賢爲大學士尋又入翰林爲承旨泰定元年加光祿大夫會集議上尊號賡獨抗言其不可事遂已天曆元年卒年八十一賡久典文翰當時大製作多出其手以耆年宿德爲朝廷所推重云

耶律有尚

耶律有尚字伯強遼金丹王十世孫祖父在金世嘗官于東平因家焉有尚資識絕人篤志于學受業許衡之門號稱高第弟子其學邃於性理而尤以誠爲本儀容辭令動中規矩識與不識莫不服其爲有道之君子至元八年衡罷中書左丞除集賢大學士兼國子祭酒以教國人之子弟乃奏以門人十二人爲齋長以伴讀有尚其一也十年衡告免還鄉里朝廷乃以有尚等爲助教嗣領

其學事居久之拜監察御史不赴除祕書監丞出知薊州爲政以寬簡得民情

裕宗在東宮召爲詹事院長史自有尙旣去而國學事頗廢廷議以謂非有尙無足以繼衡者除國子司業時學館未建師弟子皆寓居民屋有尙屢以爲言二十四年朝廷乃大起學舍始立國子監立監官而增廣弟子員於是有尙陞國子祭酒儒風爲之丕振二十七年以親老辭職歸大德改元復召爲國子祭酒尋除集賢學士兼其職頃之遷太常卿又遷集賢學士八年葬父還鄉里已而朝廷思用老儒以安車召之于家累辭不允復起爲昭文館大學士兼國子祭酒階中奉大夫有尙前後五居國學其立教以義理爲本而省察必真切以恭敬爲先而踐履必端慤凡文詞之小技綴緝雕刻足以破裂聖人之大道者皆屛黜之是以諸生知趨正學崇正道以經術爲尊以躬行爲務悉爲成德達材之士大抵其教法壹遵衡之舊而勤謹有加焉身爲學者師表者數十年海內宗之猶如昔之宗衡也有尙旣以年老力請還家朝廷復頒楮幣七千緡卽其家賜之卒年八十六賜謚文正

郝天挺 子佑附

郝天挺字繼先出於朵魯別族自曾祖而上居安肅州父和上拔都魯太宗憲宗之世多著武功爲河東行省五路軍民萬戶天挺英爽剛直有志略受業於遺山元好問以勳臣子世祖召見嘉其容止有旨宜任以政俾執文字備宿衞春宮裕宗遇之甚厚建省雲南選官屬遂除參議雲南行尚書省事尋陞參知政事又擢陝西漢中道廉訪使未幾入爲吏部尚書尋除陝西行御史臺中丞又遷四川行省參政及江浙行省左丞俱不赴拜中書右丞與宰相論事有不合輒面斥之一日以奏事敷陳明允特賜黃金百兩不受帝曰非利汝也第旌汝肯言耳成宗崩仁宗以太后命首定大難及武宗還自朔方遂入正大統定策之際天挺與有力焉仁宗臨御收召故老天挺與少保張閭等十人共議大政革尚書省之弊遂成皇慶之治又出爲江西河南二省右丞召拜御史中丞入見首陳紀綱之要以獵爲喻曰御史職在擊奸猶鷹揚焉禽之弱者易獲也其力大者必借人力不然不惟失其前禽仍或有傷鷹之患矣帝嘉其言既出

臺臣皆以爲賀風紀大振又上疏陳七事曰惜名爵抑浮費止括田久任使論好事獎農務本勵學養士詔中書省舉行之尋俾均逸于外拜河南行省平章政事時河南王卜憐吉反爲丞相待以師禮由是政化大行皇慶二年卒年六十七贈光祿大夫中書平章政事柱國追封冀國公謚文定天挺嘗修雲南實錄五卷又註唐人鼓吹集一十卷行于世子佑字君輔小字朵魯別台由宿衞補官仁宗時拜殿中侍御史以廉直著名大受知遇遷陝西行省參知政事拜陝西行御史臺侍御史

張孔孫

張孔孫字夢符其先出遼之烏若部爲金人所幷遂遷隆安父之純爲東平萬戶府參議夜夢謁孔子廟得賜嘉果已而孔孫生因丐名於衍聖公遂名今名既長以文學名辟萬戶府議事官萬戶嚴忠範之兄爲陝西行省平章政事聘孔孫以母老不應時汴梁既下太常樂師流寓東平舊章缺落止存登歌一章而已世祖居潛邸嘗召樂師至日月山觀之至是徐世隆奏帝宜增設宮縣及

文武二舞以備大典因詔徐世隆爲太常卿而孔孫以奉禮郎爲之副以董樂
師肄成獻之京師廉希憲居政府辟爲掾及安童爲相尤禮重之授戸部員外
郎出爲南京總管府判官時方議下襄樊朝廷急用兵孔孫謂今以越境私販
坐罪者動以千數宜開自新之條俾得効戰贖死朝論采之僉四川道提刑按
察司事尋陞湖北道提刑按察副使行部巴陵有囚三百人因怒龔乙建言與
銀利發其墳墓而燒其家燒死者三人有司以眞圖財殺人坐之孔孫原其情
減罪還浙西提刑按察副使改同知保定路總管府事俄拜侍御史行御史臺
事至元二十二年安童復入相言于帝曰阿合馬顓政十年親故迎合者往往
驟進據顯位獨劉宣張孔孫二人恬守故常終始如一乃除宣吏部尚書孔孫
禮部侍郎尋陞孔孫禮部尚書擢燕南提刑按察使二十八年提刑按察司改
肅政廉訪司仍爲使涖治于大名一以所沒贓糴粟五千斛賑饑民拜僉河南
江北行中書省事亡何除大名路總管兼府尹大興學校有獻故河隄三百餘
里于太后者卽上章謂宜悉還細民從之擢淮東道肅政廉訪司使因讞獄鹽

場民尹執中兄弟誣伏爲強盜平反之召還拜集賢大學士中奉大夫商議中書省事丞相完澤卒孔孫與陳天祥上封事薦和禮霍孫可爲相會地震詔問弭災之道孔孫條對八事其略曰蠻夷諸國不可窮兵遠討濫官放譴不可復加任用賞善罰惡不可數賜赦宥獻鬻寶貨不可不爲禁絕供佛無益不可虛費財用上下豪侈不可不從儉約官冗吏繁不可不爲裁減太廟神主不可不備祭享帝悉嘉納之賜鈔五千貫又累疏言凡七十致仕者宜加一官丁憂服闋者宜待起復宿衞之冒濫者必當革州郡之職必當遴選久任達魯花赤宜量加遷轉又宜增給官吏俸祿修建京師廟學設國子生徒給賜曲阜孔廟洒掃戶相位宜參用儒臣不可專任文吏故相安童伯顏和禮霍孫與廉希憲等各宜贈諡久之請老還家拜翰林學士承旨資善大夫致仕集賢大學士如故大德十一年卒年七十有五孔孫素以文學名且善琴工畫山水竹石而騎射尤精及其立朝讜言嘉論有可觀者士論服之

元史卷一百七十四

明翰林學士亞中大夫知制誥兼修國史宋　濂等修

列傳第六十二

張珪

張珪字公端弘範之子也少能挽強命中嘗從其父出林中有虎珪抽矢直前虎人立洞其喉一軍盡讙至元十六年弘範平廣海宋禮部侍郎鄧光薦將赴水死弘範救而禮之命珪受學光薦嘗遺一編書目曰相業語珪曰熟讀此後必賴其用師還道出江淮珪年十六攝管軍萬戶十七年真拜昭勇大將軍管軍萬戶佩其父虎符治所統軍鎮建康未幾弘範卒喪畢世祖召見親撫之奏曰臣年幼軍事重聶禎者從臣父祖久歷行陣幸以副臣帝歎曰求老成自副常兒不知出此厚賜而遣之徧及其從者十九年太平宣徽羣盜起行省檄珪討之士卒數爲賊所敗卒有殺民家豕而并傷其主者珪曰此軍之所以敗也斬其卒悉平諸盜二十九年入朝時朝廷言者謂天下事定行樞密院可罷江

浙行省參知政事張瑄領海道亦以爲言樞密副使暗伯問於珪珪曰見上當自言之召對珪曰縱使行院可罷亦非瑄所宜言遂得不罷命爲樞密副使太傅月兒魯那演言珪尚少姑試以僉書果可大用請俟他日帝曰不然是家爲國滅金滅宋盡死力者三世矣而可吝此耶拜鎭國上將軍江淮行樞密副使成宗卽位行院罷大德三年遣使巡行天下珪使川陝問民疾苦振卹孤貧罷冗官黜貪吏還擢江南行御史臺侍御史換文階中奉大夫遷浙西肅政廉訪使劾罷郡長吏以下三十餘人府史胥徒數百徵贓巨萬計珪得監司奸利事將發之事干行省有內不自安者欲以危法中珪賂遺近臣妄言珪有厭勝事且沮鹽法帝遣官雜治之得行省大小吏及鹽官欺罔狀皆伏罪召珪拜僉樞密院事入見賜只孫冠服侍宴又命買宅以賜辭不受拜江南行臺御史中丞因上疏極言天人之際災異之故其目有修德行廣言路進君子退小人信賞必罰減冗官節浮費以法祖宗成憲累數百言劾大官之不法者不報併及近侍之熒惑者又不報遂謝病歸久之拜陝西行臺中丞不赴武宗卽位召拜太

子諭德未數日拜賓客復拜詹事辭不就尚書省立中外洶洶中丞久闕方議擇人仁宗時在東宮曰必欲得真中丞惟張珪可即日召拜中丞至大四年帝崩仁宗將卽位廷臣用皇太后旨行大禮於隆福宮法駕已陳矣珪言當御大明殿御史大夫止之曰議已定雖百奏無益珪曰未始一奏詎知無益入奏帝悟移仗大明旣卽位賜只孫衣二十襲金帶一帝嘗親解衣賜珪明日復召謂之曰朕欲賜卿寶玉非卿所欲以帨拭面額納諸珪懷曰朕澤之所存朕心之所存也皇慶元年拜榮祿大夫樞密副使徽政院使失列門請以洪城軍隸興聖宮而已領之以上旨移文樞密院衆恐懼承命珪固不署事遂不行延祐二年拜中書平章政事請減煩冗還有司以清政務得專修宰相之職帝從之著爲令教坊使曹咬住拜禮部尚書珪曰伶人爲宗伯何以示後世力諫止之皇太后以中書右丞相鐵木迭兒爲太師萬戶別薛參知行省政事珪曰太師論道經邦鐵木迭兒非其人別薛無功不得爲外執政車駕度居庸失列門傳皇太后旨召珪切責杖之珪創甚輿歸京師明日遂出國門珪子景元掌符璽不

得一日去宿衞至是以父病篤告遽歸帝驚曰卿别時卿父無病景元頓首涕泣不敢言帝不懌遣參議中書省事換住往賜之酒遂拜大司徒謝病家居繼丁母憂廬墓寢苫啜粥者三年六年七月帝憶珪生日賜上尊御衣至治二年英宗召見於易水之上曰四世舊臣朕將畀卿以政珪辭歸遣近臣設醴丞相拜住問珪曰宰相之體何先珪曰莫先於格君心莫急於廣言路是年冬起珪爲集賢大學士先是鐵木迭兒既復爲丞相以私怨殺平章蕭拜住御史中丞楊朶兒只上都留守賀伯顏大小之臣不能自保會地震風烈勑廷臣集議弭災之道珪抗言於坐曰弭災當究其所以致災者漢殺孝婦三年不雨蕭楊賀冤死非致沴之端乎死者固不可復生而情義猶可昭白毋使朝廷終失之也又拜中書平章政事侍宴萬壽山賜以玉帶三年秋八月御史大夫鐵失既行弑逆夜入都門坐中書堂矯制奪執符印珪密疏言賊黨罪不可逭既皆伏誅鐵木迭兒之子治書侍御史鎖南獨議遠流珪曰於法強盜不分首從發冢傷尸者亦死鎖南從弑逆親斫丞相拜住臂乃欲活之耶遂伏誅盜竊仁廟神主

時參知政事馬剌兼領太常禮儀使當遷左丞珪曰以參政遷左丞姑曰敘進而太常奉宗祏不謹當待罪而反遷官何以謝在天之靈命遂不下泰定元年六月車駕在上都先是帝以災異詔百官集議珪乃與樞密院御史臺翰林集賢兩院官極論當世得失與左右司員外郎宋文瓚詣上都奏之其議曰國之安危在乎論相昔唐玄宗前用姚崇宋璟則治後用李林甫楊國忠天下騷動幾致亡國雖賴郭子儀諸將効忠竭力克復舊物然自是藩鎮縱橫紀綱亦不復振矣良由李林甫妬害忠良布置邪黨奸惑蒙蔽保祿養禍所致死有餘辜如前宰相鐵木迭兒奸狡險深陰謀叢出專政十年凡宗戚忤己者巧飾危間陰中以法忠直被誅竄者甚衆始以贓敗詔附權姦失列門及嬖幸也里失班之徒苟全其生尋任太子太師未幾仁宗賓天乘時幸變再入中書當英廟之初與失列門等恩義相許表裏為姦誣殺蕭楊等以快私怨天討元凶失列門之黨既誅坐要上功遂獲信任諸子內布宿衛外據顯要蔽上抑下杜絕言路賣官鬻獄威福己出一令發口上下股栗稍不附己其禍立至權勢日熾中外

寒心由是羣邪並進如逆賊鐵失之徒名爲義子實其腹心忠良屏迹坐待收繫先帝悟其姦惡仆碑奪爵籍沒其家終以遺患搆成弑逆其子鎖南親與逆謀所由來者漸矣雖剖棺戮尸夷滅其家猶不足以塞責今復回給所籍家產諸子尚在京師夤緣再入宿衞世祖時阿合馬貪殘敗事雖死猶正其罪況如鐵木迭兒之姦惡者哉臣等議宜遵成憲仍籍鐵木迭兒家產遠竄其子孫外郡以懲大姦君父之讎不共戴天所以明綱常別上下也鐵失之黨結謀弑逆君相遇害天下之人痛心疾首所不忍聞比奉旨以鐵失之徒既伏其辜諸王按梯不花孛羅月魯鐵木兒曲呂不花兀魯思不花亦已流竄逆黨脅從者衆何可盡誅後之言事者其勿復舉臣等議古法弑逆凡在官者殺無赦聖朝立法強盜劫殺庶民其同情者猶且首從俱罪況弑逆之黨天地不容宜誅按梯不花之徒以謝天下書曰惟辟作福惟辟作威臣無有作福作威臣而有作福作威害于而家凶于而國蓋生殺與奪天子之權非臣下所得盜用也遼王脫脫位冠宗室居鎮遼東屬任非輕國家不幸有非常之變不能討賊而乃覬幸

赦恩報復讎忿殺親王妃主百餘人分其羊馬畜產殘忍骨肉盜竊主權聞者切齒今不之罪乃復厚賜放還仍守爵土臣恐國之紀綱由此不振設或效尤何法以治且遼東地廣素號重鎮若使脫脫久居彼既縱肆將無忌憚況令死者含冤感傷和氣臣等議累朝典憲聞赦殺人罪在不原宜奪削其爵土置之他所以彰天威刑以懲惡國有常憲武備卿卽烈前太尉不花以累朝待遇之隆俱致高列不思補報專務姦欺詐稱奉旨令鷹師強收鄭國寶妻古哈貪其家人畜產自恃權貴莫敢如何事聞之官刑曹逮鞫服實竟原其罪輦轂之下肆行無忌遠在外郡何事不爲夫京師天下之本縱惡如此何以爲政古人有言一婦銜冤三年不雨以此論之卽非細務臣等議宜以卽烈不花付刑曹鞫之中賣寶物世祖時不聞其事自成宗以來始有此弊分珠寸石售直數萬當時民懷憤怨臺察交言且所酬之鈔率皆天下生民膏血錙銖取之從以捶撻何其用之不吝夫以經國有用之寶而易此不濟飢寒之物又非有司聘要和買大抵皆時貴與斡脫中寶之人妄稱呈獻冒給回賜高其直且十倍蠶蠹國

財暗行分用如沙不丁之徒頃以增價中寶事敗具存吏牘陛下卽位之初首知其弊下令禁止天下欣幸臣等比聞中書乃復奏給累朝未酬寶價四十餘萬錠較其元直利已數倍有事經年遠者三十餘萬錠復令給以市舶番貨計今天下所徵包銀差發歲入止十一萬錠已是四年徵入之數比以經費弗足急於科徵臣等議番舶之貨宜以資國用紓民力寶價請俟國用饒給之日議之太廟神主祖宗之所妥靈國家孝治天下四時大祀誠爲重典比者仁宗皇帝皇后神主盜利其金而竊之至今未獲斯乃非常之事而捕盜官兵不聞杖責臣等議庶民失盜應捕官兵尚有三限之法監臨主守倘失官物亦有不行知覺之罪今失神主宜罪太常請揀其官屬免之國家經賦皆出於民量入爲出有司之事比者建西山寺損軍害民費以億萬計刺繡經旛馳驛江浙逼迫郡縣雜役男女動經年歲窮奢致怨近詔雖已罷之又聞姦人乘閒奏請復欲興修流言喧播羣情驚駭臣等議宜守前詔示民有信其刱造刺繡事非歲用之常者悉罷之人有冤抑必當昭雪事有枉直尤宜明辨平章政事蕭拜住中

丞楊朵兒只等枉遭鐵木迭兒誣陷籍其家以分賜人聞者嗟悼比奉明詔還給元業子孫奉祀家廟修葺苟完未及寧處復以其家財仍賜舊人止酬以直即與再罹斷沒無異臣等議宜如前詔以元業還之量其直以酬後所賜者則人無冤憤矣德以出治刑以防姦若刑罰不立奸宄滋長雖有智者不能禁止比者也先鐵木兒之徒遇朱太醫妻女過省門外強拽以入姦宿館所事聞有司以扈從上都爲解竟弗就鞫輦轂之下肆惡無忌京民憤駭何以取則四方臣等議宜遵世祖成憲以姦人命有司鞫之臣等又議天下囚繫冤滯不無方今盛夏宜命省臺選官審錄結正重刑疏決輕繫疑者申聞詳讞邊鎭利病宜命行省行臺體究與除廣海鎭戍卒更病者給粥食藥力死者人給鈔二十五貫責所司及同鄉者歸骨於其家歲貢方物有常制廣州東莞縣大步海及惠州珠池始自大德元年姦民劉進程連言利分蜑戶七百餘家官給之糧三年一採僅獲小珠五兩六兩入水爲蟲魚傷死者衆遂罷珠戶爲民其後同知廣州路事塔察兒等又獻利於失列門搠設提舉司監採廉訪司言其擾民復罷

歸有司既而內正少卿魏暗都剌冒啓中旨馳驛督採耗廩食疲民驛非舊制
請悉罷遣歸民䇿叚死於非命國法當爲昭雪鐵失弑逆之變學士不花指揮
不顏忽里院使禿古思皆以無罪死未褒贈鐵木迭兒專權之際御史徐元素
以言事鎖項死東平及賈禿堅不花之屬皆未申理臣等議宜追贈死者優敘
其子孫且命刑部及監察御史體勘其餘有冤抑者具實以聞政出多門古人
所戒今內外增置官署員冗俸濫白丁驟陞出身入流壅塞日甚軍民俱蒙其
害夫爲治之要莫先於安民安民之道莫急於除濫費汰冗員世祖設官分職
俱有定制至元三十年已後改陞緦設日積月增雖嘗奉旨取勘減降近侍各
私其署夤緣保祿姑息中止至英宗時始銳然減罷崇祥壽福院之屬十有三
署徽政院斷事官江淮財賦之屬六十餘署不幸遭罹大故未竟其餘比奉詔
凡事悉遵世祖成憲若復循常取勘調虛文延歲月必無實效卽與詔旨異矣
臣等議宜勅中外軍民署置官吏有非世祖之制及至元三十年已後改陞緦
設員冗者詔格至日悉減併除罷之近侍不得巧詞復奏不該常調之人亦不

得濫入常選累朝斡耳朵所立長秋承徽長寧寺及邊鎭屯戍别議處之自古
聖君惟誠於治政可以動天地感鬼神初未嘗徼福於僧道以厲民病國也且
以至元三十年言之醮祠佛事之目止百有二大德七年再立功德使司積五
百有餘今年一增其目明年卽指爲例已倍四之上矣僧徒又復營幹近侍買
作佛事指以算卦欺昧奏請增修布施莽齋自稱特奉傳奉所司不敢較問供
給恐後況佛以清淨爲本不奔不欲而僧徒貪慕貨利自違其教一事所需金
銀鈔幣不可數計歲用鈔數千萬錠數倍於至元間矣凡所供物悉爲己有布
施等鈔復出其外生民脂膏縱其所欲取以自利畜養妻子彼既行不修潔適
足褻慢天神何以要福比年佛事愈繁累朝享國不永致災愈速事無應驗斷
可知矣臣等議宜罷功德使司其在至元三十年以前及累朝忌日醮祠佛事
名目止令宣政院主領修舉餘悉減罷近侍之屬並不得巧計擅奏妄增名目
若有特奉傳奉從中書復奏乃行古今帝王治國理財之要莫先於節用蓋侈
用則傷財傷財必至於害民國用匱而重斂生如鹽課增價之類皆足以厲民

矣比年游惰之徒妄投宿衛部屬及宦者女紅太醫陰陽之屬不可勝數一人收籍一門蠲復一歲所請衣馬芻糧數十戶所徵入不足以給之耗國損民為甚臣等議諸宿衛宦女之屬宜如世祖時支請之數給之餘悉簡汰闊端赤牧養馬駞歲有常法分布郡縣各有常數而宿衛近侍委之僕御役民放牧始至即奪其居俾飲食之殘傷桑果百害蠭起其僕御四出無所拘鈐私鬻芻豆瘠損馬駞大德中始責州縣正官監視蓋暖棚團槽櫪以牧之至治初復散之民間其害如故監察御史及河間路守臣屢言之臣等議宜如大德團槽之制正官監臨閱視肥瘠拘鈐宿衛僕御著為令兵戎之興號為凶器擅開邊釁非國之福蠻夷無知少梗王化得之無益失之無損至治三年參卜郎盜始者劫殺使臣利其財物而已至用大師期年不戢傷我士卒費國資糧臣等議好生惡死人之恆性宜令宣政院督守將嚴邊防遣良使抵巢招諭簡罷冗兵明勅邊吏謹守禦勿生事則遠人格矣天下官田歲入所以贍衛士給戍卒自至元三十一年以後累朝以是田分賜諸王公主駙馬及百官宦者寺觀之屬遂令中

暫歸三年春上遣使召珪期於必見珪至帝曰卿來時民間如何對曰臣老少賓客不能遠知真定保定河間臣鄉里也民饑甚朝廷雖賑以金帛惠未及者十五六惟陛下念之帝惻然勅有司畢賑之拜翰林學士承旨知制誥兼修國史國公經筵如故帝察其誠病命養疾西山繼得旨還家未幾起珪商議中書省事以疾不起四年十二月薨遺命上蔡國公印珪嘗自號曰澹菴子六人

李孟

李孟字道復潞州上黨人曾祖執金末舉進士祖昌祚歸朝授金符潞州宣撫使父唐歷仕秦蜀因徙居漢中孟生而敏悟七歲能文倜儻有大志博學強記通貫經史善論古今治亂開門授徒遠近爭從之一時名人商挺王博文皆折行輩與交郭彥通名能知人嘗語唐曰此兒骨相異常宰輔之器也至元十四年隨父入蜀行省辟爲掾不赴調晉原縣主簿又辭行御史臺交薦之亦不就後以事至京師中書右丞楊吉丁一見奇之薦于裕宗得召見東宮未幾裕宗薨不及擢用成宗立首命採訪先朝聖政以備史官之紀述陝西省使孟討論

編次乘驛以進時武宗仁宗皆未出閤徽仁裕聖皇后求名儒輔導有薦者曰
布衣李孟有宰相才宜令爲太子師傅大德元年武宗撫軍北方仁宗留宫中
孟日陳善言正道多所進益武宗聞而嘉之詔授太常少卿執政以孟未嘗一
造其門沮之不行改禮部侍郎命亦中止仁宗侍昭獻元聖皇后降居懷州又
如官山孟常單騎以從在懷州四年誠節如一左右化之皆有儒雅風由是上
下益親每進言曰堯舜之道孝悌而已矣今大兄在朔方大母有居外之憂殿
下當迎奉意旨以娛樂之則孝悌之道皆得矣仁宗深納其言日問安視膳婉
容愉色天下稱孝焉有暇則就孟講論古先帝王得失成敗及君君臣臣父父
子子之義孟特善論事忠愛懇惻言之不厭而治天下之大經大法深切明白
厥後仁宗入清内難敬事武皇篤孝母后端拱以成太平之功文物典章號爲
極盛嘗與羣臣語握拳示之曰所重乎儒者爲其握持綱常如此其固也其講
學之功如此者實孟啓之也成宗崩安西王阿難答謀繼大統成后爲之主丞
相樞密同聲附和中書左丞相哈剌哈孫答剌罕密使來告仁宗疑而未行孟

曰支子不嗣世祖之典訓也今宮車晏駕大太子遠在萬里宗廟社稷危疑之秋殿下當奉大母急還宮庭以折奸謀固人心不然國家安危未可保也仁宗猶豫未決孟復進曰邪謀得成以一紙書召還則殿下母子且不自保豈暇論宗族乎仁宗悅曰先生之言宗廟社稷之福乃奉太后還都時哈剌哈孫稱病堅臥仁宗遣孟往問之適成后使人問疾絡繹不絕孟入長揖而坐已而前引其手診其脈衆以爲醫乃不疑之既得知安西王即位有日還告曰事急矣先發者制人後發者制於人不可不早圖之左右之人皆不能決惟曲出伯鐵木兒勸其行或曰皇后深居九重八璽在手四衞之士一呼而應者累萬安西王府中從者如林殿下侍衞寡弱不過數十人兵仗不備奮赤手而往事未必濟不如靜守以俟阿合之至然後圖之未晚也阿合中國稱兄謂武宗也孟曰羣邪違棄祖訓黨附中宮欲立庶子天命人心必皆弗與殿下入造內庭以大義責之則凡知君臣之義者無不捨彼爲殿下用何求而弗獲克清宮禁以迎大兄之至不亦可乎且安西既正位號縱大太子至彼安肯兩手進璽退就藩國

必將鬭于國中生民塗炭宗社危矣且危身以及其親非孝也遺禍難於大兄非悌也得時弗爲非智也臨機不斷無勇也仗義而動事必萬全仁宗曰當以卜決之命召卜人有儒服持囊遊于市者召之至孟出迎語之曰大事待汝而決但言其吉乃入筮遇乾三五皆九立而獻卦曰是謂乾之睽乾剛也睽外也以剛處外乃定內也君子乾乾行事也飛龍在天上治也輿曳牛掣其人耏且劓內兊廢也厥宗噬膚往必濟也大君外至明相麗也乾而不乾事乃睽也剛運善斷無惑疑也孟曰筮不違人是謂大同時不可以失仁宗喜振袖而起乃共扶上馬孟及諸臣皆步從入自延春門哈剌哈孫自東掖來就之至殿廊收首謀及同惡者悉送都獄奉御璽北迎武宗中外翕然隨以定仁宗監國使孟參知政事孟久在民間備知閭閻幽隱損益庶務悉中利病遠近無不悅服然特抑絕僥倖羣小多不樂孟不爲變事定乃言于仁宗曰執政大臣當自天子親用今鑾輿在道孟未見顏色誠不敢冒當重任固辭弗許遂逃去不知所之夏五月武宗即位有言于帝曰內難之初定也李孟嘗勸皇弟以自取如彼言

豈有今日武宗察其誣弗聽仁宗亦不敢復言孟至大二年仁宗爲皇太子嘗
侍帝同太后內宴飲半仁宗深思戚然改容帝顧語曰吾弟今日不樂何所思
耶仁宗從容起謝曰賴天地祖宗神靈神器有歸然成今日母子兄弟之歡者
李道復之功爲多適有所思不自知其變於色也帝甚友愛感其言卽命搜訪
之得之許昌陘山遣使召之三年春正月入見武宗于玉德殿帝指孟謂宰執
大臣曰此皇祖妣命爲朕賓師者宜速任之三月特授榮祿大夫中書平章政
事集賢大學士同知樞密院事仁宗嗣立眞拜中書平章政事進階光祿大夫
推恩其三世且諭之曰卿朕之舊學其盡心以輔朕之不及孟感知遇力以國
事爲己任節賜與重名爵覈太官之濫費汰宿衞之冗員貴戚近臣惡其不便
於己而心服其公無間言焉司空司徒太尉古之三公自大德以來封拜繁多
釋老二教設官統治權抗有司撓亂政事僧道尤苦其擾孟言人君之柄在賞
與刑賞一善而天下勸罰一惡而天下懲柄乃不失所施失當不足勸懲何以
爲治僧道士既爲出世法何用官府繩治乃奏雪冤死者復其官蔭濫冒名爵

者悉奪之罷僧道官天下稱快仁宗初出居懷深見吏弊欲痛剗除之孟進言曰吏亦有賢者在乎變化激厲之而已帝曰卿儒者宜與此曹氣類不合而曲相護祐如此真長者之言卿在朕前惟舉人所長而不斥其短尤朕所深嘉也時承平日久風俗奢靡車服僭擬上下無章近臣恃恩求請無厭時宰不爲裁制乃更相汲引望幸恩賜耗竭公儲以爲私惠孟言貴賤有章所以定民志賜與有節所以勸臣下請各爲之限制帝皆從之孟在政府雖多所補益而自視常若不及嘗因間請曰臣學聖人道遭遇陛下陛下堯舜之主也臣不能使天下爲堯舜之民上負陛下下負所學乞解罷政權避賢路帝曰朕在位必卿在中書朕與卿相與終始自今其勿復言繼賜爵秦國公帝親授以印章命學士院降制又圖其像勑詞臣爲之贊及御書秋谷二字識以璽而賜之入見必賜坐語移時稱其字而不名其見尊禮如此帝常語近臣曰道復以道德相朕致天下蒙澤賜之鈔十萬貫令將作爲治第孟辭曰臣布衣際遇所望於陛下者非富貴之謂也悉辭不受皇慶元年正月授翰林學士承旨知制誥兼修國史

仍平章政事未幾請告歸葬其父母帝勞餞之曰事訖宜速還毋久留孤朕所望十二月入朝帝大悅慰勞甚至因請謝事優詔不允請益堅乃命以平章政事議中書省事承旨翰林二年夏乞還國公印奏三上始如所請帝每與孟論用人之方孟曰人材所出固非一途然漢唐宋金科舉得人爲盛今欲與天下之賢能如以科舉取之猶勝於多門而進然必先德行經術而後文辭乃可得眞材也帝深然其言決意行之延祐元年十二月復拜平章政事二年春命知貢舉及廷策進士爲監試官七月進金紫光祿大夫上柱國改封韓國公職任如故已而以衰病不任事乞解政權歸田里帝不得已從所請復爲翰林學士承旨入侍宴閑禮遇尤厚延祐七年仁宗崩英宗初立太師鐵木迭兒復相以孟前共政時不附己讒構誣謗盡收前後封拜制命降授集賢侍講學士嘉議大夫度其必辭因中害之孟拜命欣然適翰林學士劉賡來慰問即與同入院宣徽使以聞曰李孟今日供職舊例當賜酒帝愕然曰李道復乃肯俯就集賢耶時鐵木迭兒子八爾吉思侍帝側帝顧謂曰爾輩謂彼不肯爲是官今定何

如由是讒不得行嘗語人曰老臣待罪中書無補于國聖恩寛宥不奪其祿今老矣其何以報稱帝聞而善之恩意稍加至治九年卒御史累章辨其誣詔復元官至治中贈舊學同德翊戴輔治功臣太保儀同三司上柱國進封魏國公諡文忠孟宇量閎廓材略過人三入中書民間利害知無不言引古證今務歸至當士無貴賤苟賢矣不進拔不已遊其門者後皆知名退居一室蕭然如布衣爲文有奇氣其論必主於理其獻納謀議常自毀其稾家無幾存皇慶延祐之世每一政之繆人必以爲鐵木迭兒所爲一令之善必歸之於孟焉子獻御史中丞同知經筵事

張養浩

張養浩字希孟濟南人幼有行義嘗出遇人有遺褚幣于途者其人已去追而還之年方十歲讀書不輟父母憂其過勤而止之養浩晝則默誦夜則閉戶張燈竊讀山東按察使焦遂聞之薦爲東平學正游京師獻書于平章不忽木大奇之辟爲禮部令史仍薦入御史臺一日病不忽木親至其家問疾四顧壁立

歎曰此真臺掾也及爲丞相掾選授堂邑縣尹人言官舍不利居無免者竟居之首毀淫祠三十餘所罷舊盜之朔望參者曰彼皆良民飢寒所迫不得已而爲盜耳既加之以刑猶以盜目之是絶其自新之路也衆皆感泣互相戒曰毋負張公有李虎者常殺人其黨暴戾爲害民不堪命舊尹莫敢詰問養浩至盡寘諸法民甚快之去官十年猶爲立碑頌德仁宗在東宮召爲司經未至改文學拜監察御史初議立尚書省養浩言其不便既立又言變法亂政將禍天下臺臣抑而不聞乃揚言曰昔桑哥用事臺臣不言後幾不免今御史既言又不以聞臺將安用時武宗將親祀南郊不豫遣大臣代祀風忽大起人多凍死養浩于祀所揚言曰代祀非人故天示之變大違時相意時省臣奏用臺臣養浩歎曰尉專捕盜縱不稱職使盜自選可乎遂疏時政萬餘言一曰賞賜太侈二曰刑禁太踈三曰名爵太輕四曰臺綱太弱五曰土木太盛六曰號令太浮七曰倖門太多八曰風俗太靡九曰異端太橫十曰取相之術太寬言皆切直當國者不能容遂除翰林待制復構以罪罷之戒省臺勿復用養浩恐及禍乃變

姓名遁去尚書省罷始召爲右司都事在堂邑時其縣達魯花赤嘗與之有隙時方求選養浩爲白宰相授以美職還翰林直學士改祕書少監延祐初設進士科遂以禮部侍郎知貢舉進士詣謁皆不納但使人戒之曰諸君子但思報効奚勞謝爲擢陝西行臺治書侍御史改右司郎中拜禮部尚書英宗卽位命參議中書省事會元夕帝欲於內庭張燈爲鼇山卽上疏于左丞相拜住拜住袖其疏入諫其略曰世祖臨御三十餘年每值元夕閭閻之間燈火亦禁況闕庭之嚴宮掖之邃尤當戒慎今燈山之構臣以爲所翫者小所繫者大所樂者淺所患者深伏願以崇儉慮遠爲法以喜奢樂近爲戒帝大怒既覽而喜曰非張希孟不敢言卽罷之仍賜尚服金織幣一帛一以旌其直後以父老棄官歸養召爲吏部尚書不拜丁父憂未終喪復以吏部尚書召力辭不起泰定元年以太子詹事丞兼經筵說書召又辭改淮東廉訪使進翰林學士皆不赴天曆二年關中大旱饑民相食特拜陝西行臺中丞既聞命卽散其家之所有與鄉里貧乏者登車就道遇餓者則賑之死者則葬之道經華山禱雨于嶽祠泣拜

不能起天忽陰翳一兩二日及到官復禱于社壇大兩如注水三尺乃止禾黍自生秦人大喜時斗米直十三緡民持鈔出糴稍昏即不用詰庫換易則豪猾黨蔽易十與五累日不可得民大困乃檢庫中未毀昏鈔文可驗者得一千八十五萬五千餘緡悉以印記其背又刻十貫伍貫爲券給散貧乏命米商視印記出糴詣庫驗數以易之於是吏弊不敢行又率富民出粟因上章請行納粟補官之令聞民間有殺子以奉母者爲之大慟出私錢以濟之到官四月未嘗家居止宿公署夜則禱于天晝則出賑饑民終日無少怠每一念至即撫膺痛哭遂得疾不起卒年六十關中之人哀之如失父母至順二年贈攄誠宣惠功臣榮祿大夫陝西等處行中書省平章政事柱國追封濱國公諡文忠二子彊引彊先卒

敬儼

敬儼字威卿其先河東人後徙易水五世祖嗣徽仕金官至參知政事曾祖子淵樂陵令祖鑑同知嵩州事皆以進士起家父元長有學行官至太常博士儼

其仲子也幼不爲嬉戲事長嗜學善屬文御史中丞郭良弼薦爲殿中知班著憲章若干卷受知於廣平王月呂祿郡演連辟太傅太師兩府掾調高郵縣尹未赴選充中書省掾朱清張瑄爲海運萬戶豪縱不法適儼典其文牘嘗致厚賂儼怒拒之二人以罪伏誅權貴多以賄敗連坐獨儼不與大德二年授吏部主事改集賢司直會湖湘有警丞相哈剌哈孫答剌罕奏儼奉詔恤民且覲釁甚稱旨意六年擢禮部員外郎有故郡守子當以廕補官繼母訴其非嫡者儼察其誣按之果如所言七年拜監察御史時省臣有既黜而復收用者參預官巧佞與相比周以黷貨撓法即日劾去之江浙行省與浙西憲司交章相攻擊事聞命省臺遣官往治之儼與阿思蘭海牙偕行議多不合兩上之朝廷卒是儼議七月遷中書左司都事扈從上京西京賈人有以運糧供餉北邊而得官者盜用至數十萬石以利啗主者匿不發儼按徵之以輸邊九年授吏部郎中以父病辭已而父卒既終喪復入御史臺爲都事中丞何某與執政有隙省議欲覈臺選之當否儼曰遷者省除吏千餘人臺亦當分別之邪語聞議遂寢江

南行御史臺與江浙省爭政事聞儼曰省臺政事風化本原各宜盡職顧乃以小故忿爭而瀆上聽乎建康路總管侯珪貪縱事敗儼亟遣官決其事及其貪緣近倖奏請原之命下已無及矣武宗撫軍北邊成宗昇遐宰臣有異謀者事定命儼預鞫問之悉得其情除山北廉訪副使入爲右司郎中武宗臨御湖廣省臣有僞爲警報馳驛入奏以圖柄用者儼面詰之曰汝守方面既有警豈得離職是必虛誕耳其人竟以狀露被斥旱蝗爲災民多因饑爲盜有司捕治論以真犯獄既上朝議互有從違儼曰民饑而盜迫於不得已非故爲也且死者不可復生宜在所矜貸用是得減死者甚衆至大元年授左司郎中擢江南諸道行御史臺治書侍御史先是儼以議立尚書省忤宰臣意適兩淮鹽法久滯乃左遷儼爲轉運使欲以陷之比至首劾場官之貪污者法既大行課復增羨至二十五萬引河南行省參政來會鹽筴將以羨數爲歲入常額儼以亭戶凋弊已甚以羨爲額民力將殫病人以爲己非宰臣事事遂止仁宗踐阼召爲戶部尚書廷議欲革尚書省弊政儼言遽罷錢不用恐細民失利不從以疾辭皇

慶元年除浙東道廉訪使有錢塘退卒詐服僧衣稱太后旨建婺州雙谿石橋
因大興工役以病民儼命有司發其奸贓杖遣之仍請奏罷其役郡大火焚數
千家儼令發廩以賑貧餧取憲司廢堂材木及諸路學廩之羨者建孔子廟二
年拜江西等處行中書省參知政事舊俗民有爭往往越訴于省吏得並緣爲
奸利訟以故繁儼令下省府非有司不得侵民訟事遂簡詔設科舉儼薦臨川
吳澂金陵楊剛中爲考試官得人爲多其年冬移疾退居真州除江南諸道行
御史臺侍御史不赴四年春詔促就前職以疾辭七月召爲侍御史十月遷太
子副詹事御史大夫脫歡答剌罕奏留之制曰可湖廣省臣以贓敗儼一日五
奏卒正其罪臺臣有劾去而復職者御史復劾之章再上有旨命丞相樞密共
決之儼曰如是則臺事去矣遂即帝前奏黜之因伏殿上叩頭請代帝諭之曰
事非由汝汝其復位五年夏五月拜中書參知政事臺臣復奏留之儼亦陛辭
不允賜大學衍義及所服犀帶每入見帝以字呼之曰威卿而不名其見禮遇
如此舊制諸院及寺監得奏除其僚屬者歲久多冒濫富民或以賂進有至大

官者儼以名爵當慎惜會臺臣亦以爲言乃奏請悉追奪之遂著爲令六年告病賜衣一襲遣醫視療儼以其鄉在近圻恐復徵用乃徙居淮南雖親故皆不接見至治元年除陝西諸道行御史臺中丞泰定元年改江南諸道行御史臺中丞皆不赴年六十五即告老朝廷雖命其子自強爲安慶總管府判官而未從其請四年春遣使賜酒徵爲集賢大學士榮祿大夫商議中書省事儼令使者先返而挈家歸易水九月帝特署爲中政院使復賜酒召之乃輿疾入見賜食慰勞親爲差吉日使視事命朝會日無下拜是月拜中書平章政事復以老病辭不從天曆改元朝議欲盡戮朝臣之在上京者儼抗論謂是皆循常歲例從行殺之非罪衆賴之獲免居月餘傷足告歸家居十餘年痹不能行猶劬書不廢臨終戒子弟曰國恩未報而至不祿柰何汝曹當清白守恆業無急仕進正冠幘端坐而逝贈翰林學士承旨光祿大夫柱國封魯國公謚文忠自強朝散大夫禮部員外郎儼有詩文若干卷藏於家叔祖鉉與太原元好問同登金進士第國初爲中都提學著春秋備忘四十卷仁宗朝命刻其書令行于世

元史卷一百七十五

元史卷一百七十六

明翰林學士亞中大夫知制誥兼修國史宋　濂等修

列傳第六十三

曹伯啓

曹伯啓字士開濟寧碭山人弱冠從東平李謙游篤於問學至元中歷仕爲蘭溪主簿尉獲盜三十械徇諸市伯啓以無左驗未之信俄得真盜尉以是黜累遷常州路推官豪民黄甲恃財殺人賂佃客誣伏伯啓讞得其情遂坐甲殺人罪遷河南省都事台州路治中御史潘昂霄廉訪使王俣交薦擢拜西臺御史改都事關陝自許衡倡道學教多士伯啓請建祠立學以表其績朝議是之涇陽民誣其尹不法伯啓覈實抵民罪四川廉訪僉事闊闊木以苛刻聞伯啓糾黜之延祐元年陞内臺都事遷刑部侍郎丞相鐵木迭兒專政一日召刑曹官屬問曰西僧訟某之罪何爲久弗治衆莫敢對伯啓從容言曰犯在赦前丞相雖甚怒莫之奪也宛平尹盜官錢鐵木迭兒欲併誅守者伯啓執不可杖遣之

八番帥擅殺起邊釁朝廷已用帥代之矣命伯啓往詰其事汝沅州道梗伯啓
恐兵往則彼驚將致亂乃遣令史楊鵬單騎往喻新帥備得其情止奏坐前帥
擅興罪邊民以安大同宣慰使法忽魯丁撲運嶺北糧歲數萬石肆爲欺罔累
贓鉅萬朝廷遣使督徵前後受賂皆反爲之游言最後伯啓往其人已死諭其
子弟曰負官錢雖死必徵與其納賂於人曷若償之於官第條汝父所賂之數
官爲徵之諸受賂者皆懼而潛歸賂於其子爲鈔五百餘萬緡民之逋負而無
可理者即列上與免之出爲真定路總管治尚寬簡民甚安之延祐五年遷司
農丞奉旨至江浙議鹽法罷檢校官置六倉於浙東西設運鹽官輸運有期出
納有次船戸倉吏盜賣漏失者有罰歸報著爲令尋拜南臺治書侍御史因言
揚淸激濁屬在臺憲諸被枉赴愬者實則直之妄則加論可也今訟冤一切不
問豈風紀定制乎俄去位英宗立召拜山北廉訪使時勅建西山佛宇甚亟御
史觀音奴等以歲饑請緩之近臣激怒上聽遂誅言者伯啓曰主上聰明睿斷
是不可以不諍迺劾臺臣緘默使昭代有殺諫臣之名帝爲之悚聽俄拜集賢

學士御史臺侍御史有詔同刊定大元通制伯啓言五刑者刑異五等今黥杖徒役於千里之外百無一生還者是一人身備五刑非五刑各底於人也法當改易丞相是之會伯啓除浙西廉訪使不果行泰定初引年北歸優游鄉社碭人賢之表所居爲曹公里伯啓性莊肅奉身清約在中臺所獎借名士尤多爲侍讀學士考試國子首取呂思誠姚紱雲南僉事范震言宰臣欺上罔下不報范飲恨死伯啓具其事書于太史眞州知州呂世英以剛直獲罪伯啓白其枉進擢風憲其好彰善率類此天曆中起伯啓爲淮東廉訪使陝西諸道行御史臺中丞使驛敦遣伯啓喟然曰吾年且八十尚忘知止之戒乎終不起一時被命者因相繼去位天下之士高之至順三年長子震亨卒于毗陵伯啓往拊之明年二月卒于毗陵年七十九有詩文十卷號漢泉漫藁續集三卷行世子六人孫十人皆顯仕

李元禮

李元禮字庭訓眞定人資性莊重燕居不妄言笑歷易州大都路儒學教授遷

太常太祝陞博士定撰世祖聖德神功文武皇帝昭睿順聖皇后裕宗文惠明孝皇帝尊謚議稱頌功德體製温雅請謚圜丘升祔太室禮文多其所詳定元貞元年擢拜監察御史彈劾無所回撓二年有旨建五臺山佛寺皇太后將臨幸元禮上疏曰古人有言曰生民之利害社稷之大計惟所見聞而不係職司者獨宰相得行之諫官得言之今朝廷不設諫官御史職當言路卽諫官也烏可坐視得失而無一言以裨益聖治萬分之一哉伏見五臺創建寺宇土木既興工匠夫役不下數萬附近數路州縣供億煩重男女廢耕織百物踊貴民有不聊生者矣伏聞太后親臨五臺布施金幣廣資福利其不可行者有五時當盛夏禾稼方茂百姓歲計全仰秋成扈從經過千乘萬騎不無蹂躪一也太后春秋已高親勞聖體往復暑途數千里山川險惡不避風日輕冒霧露萬一調養失宜悔將何及二也今上登寶位以來遵守祖宗成法正當兢業持盈之日上位舉動必書簡冊以貽萬世之則書而不法將焉用之三也夫財不天降皆出於民今日支持調度方之曩時百倍而又勞民傷財以奉土木四也佛本西

方聖人以慈悲方便爲教不與物競雖窮天下珍玩奇寶供養不爲喜雖無一物爲獻而一心致敬亦不爲怒今太后爲國家爲蒼生崇奉祈福福未獲昭受而先勞聖體聖天子曠定省之禮軫思親之懷五也伏願中路回轅端居深宮儉以養德靜以頤神上以循先皇后之懿範次以盡聖天子之孝心下以慰元元之望如此則不祈福而福至矣臺臣不敢以聞大德元年侍御史萬僧與御史中丞崔彧不合詣架閣庫取前章封之入奏曰崔中丞私黨漢人李御史爲大言謗佛不宜建寺帝大怒遣近臣賫其章勑右丞相完澤平章政事不忽木等鞫問不忽木以國語譯而讀之完澤曰其意正與吾同往吾嘗以此諫太后曰我非喜建此寺蓋以先皇帝在時嘗許爲之非汝所知也或與萬僧面質於完澤不忽木抗言曰他御史懼不肯言惟一御史敢言誠可賞也完澤等以章上聞帝沉思良久曰御史之言是也乃罷萬僧復元禮職未幾改國子司業以疾卒贈亞中大夫翰林直學士輕車都尉追封隴西郡侯子端仕至禮部尚書

王壽

王壽字仁卿涿郡新城人幼穎敏嗜學長以通國字爲中書掾既而用朝臣薦入侍裕宗眷遇特異至元十九年授兵部員外郎二十二年陞吏部郎中二十四年分置尚書省遂革二十八年罷尚書省歸中書復任吏部郎中以暨康里不忽木柄用當道即自免去明年授大司農丞不赴元貞二年出爲燕南河北道廉訪副使大德二年不忽木爲中執法復棄官歸三年授集賢直學士秩滿就陞侍讀學士俄擢御史臺侍御史論事剴切六年二月召壽奉香江南徧祠嶽鎮海瀆密旨去歲風水爲災百姓艱食凡所經過採聽入對使還具奏民之利病繫於官吏善惡在今宜選公廉材幹存心愛物者專撫字剛方正大深識治體者居風憲天災代有賑濟以時無勞聖慮惟是豪右之家仍據權要當罷其職處之京師以保全之此長久之道也初壽與臺臣奏宰相內統百官外均四海位尊任重不可輕假非人三代以降國之興衰民之休戚未有不由相臣之賢否也世祖初置中書省以忽魯不花塔察兒線真安童伯顏等爲丞相史天澤劉秉忠廉希憲許衡姚樞等實左右之當時稱治比唐貞觀之盛迨至阿

合馬郝禎耿仁盧世榮桑哥忻都等壞法黷貨流毒億兆近者阿忽台伯顏八都馬辛阿里等專政煽惑中禁幾搖神器君子小人已試之驗較然如此臣願推愛君恩治之心邪正互陳成敗對舉庶幾上悟天衷懲其既往知所進退天下之事可從而理也九年參議中書省事十年改吏部尚書十一年武宗卽位首拜御史中丞未幾更拜左丞俄復拜御史中丞至大二年三月臥疾求代三年夏遷太子賓客集賢大學士秋九月卒年六十明年贈銀青榮祿大夫平章政事上柱國薊國公諡文正

王倚

王倚字輔臣其先東萊人也父永福金末避地徙燕爲宛平著姓富雄閭里倚爲人孝友樂易重然諾與人交不苟合讀書務躬行不專事章句世祖選良家子入侍東宮時倚年弱冠在衆中儀觀獨偉太保劉秉忠深器重之卽以充選倚服勤守恪遂見信任有詔皇太子裁決天下事凡時政所急民瘼所係倚知無不言是時官職未備而湯沐分邑地廣事繁當有統屬乃拜倚工部尚書行

本位下隨路民匠都總管至元二十一年詔立東宮官屬以倚爲家丞又置儲用司掌貨幣出納令倚兼之後以疾辭職仍給太子家丞祿以優養之倚上言不事事而苟竊祿食臣心誠所未安不許力辭再四方許之二十六年皇孫出鎮懷孟帝爲選老成練達舊臣護之乃以屬倚陛辭帝目之良久謂侍臣曰倚修潔人也左右皇孫得人矣及行營幕所在軍政肅然未幾召還二十八年授禮部尚書以疾辭明年卒年五十三贈正議大夫禮部尚書追封太原郡侯諡忠肅子二人鵬異樣總管府總管

劉正

劉正字清卿清州人也年十五知讀書習吏事初辟制國用使司令史遷尚書戶部令史至元八年罷諸路轉運司立局考核逋欠正掌其事大都運司負課銀五百四十七錠逮繫倪運使等四人徵之視本路歲入簿籍實無所負辭久不決正察其冤遍閱吏牘得至元五年李介甫關領課銀文契七紙適合其數驗其字畫皆司庫辛德柔所書也辛貧窘時已富實交結權貴莫敢誰何正廉

得其實始白尚書捕鞫之悉得課銀辛既伏辜而四人得釋正由是知名轉樞密院令史辟掾中書十四年分省上都會諸王昔里吉叛至居庸關守者告前有警急使姑退正曰職當進而弗往後至者益怯矣馳出關至上都邊將請黄白金符充戰賞主者告乏中書檄工部造給之後帝以爲欺罔欲詰治正曰軍賞貴速先造符印而後稟命豈不可乎帝釋之十五年擢左司都事時阿合馬當國與江淮行省阿里伯崔斌有隙誣以盜官糧四十萬命刑部尚書李子忠與正馳驛往按其事獄弗具阿合馬復遣北京行省參知政事張澍等四人雜治之竟寘二人于死正乃移疾還家十八年徵爲左司員外郎十九年春阿合馬併中書左右司爲一遂爲左右司員外郎三月阿合馬敗火魯霍孫爲右丞相復爲左司員外郎謁告歸九月中書傳旨捕正與參政咱喜魯丁等偕至帝前問曰汝等皆黨於阿合馬能無罪乎正曰臣未嘗阿附惟法是從耳會日暮車駕還內俱械繫于闕東隙地踰數日姦黨多伏誅復械繫正于拱衛司火魯霍孫曰上嘗謂劉正衣白衣行炭穴十年可謂廉潔者乃免歸二十年春樞密

院奏爲經歷陞參議樞密院事二十五年桑哥既立尚書省擢爲戶部侍郎陞戶部尚書嘗舉覈河間鹽運官虧課事幾陷于罪乃移疾歸二十八年桑哥敗完澤爲丞相復擢爲戶部尚書陞參議尚書省罷仍參議中書省事湖南馬宣慰庶子因爭廕不得誣告其兄匿亡宋官金正知其誣罪之仍官其兄濟南張同知子求爲兩淮運使正知其不稱弗與張遂作飛語搆其事帝召正詰之曰匿金事在右司爭廕事在左司參議乃幕長寢右而舉左寧無私乎正辨折明事遂釋三十年御史臺奏爲侍御史中書省奏爲吏部尚書已而復留爲侍御史遷江南行御史臺中丞大德元年改同僉樞密院事尋出爲雲南行中書省左丞右丞忙兀突魯迷失請征緬正以爲不可俄俱被徵又極言其不可不從師果無功雲南民歲輸金銀近中慶城邑戶口則詭稱逃亡甸寨遠者季秋則遣官領兵往徵人馬芻糧往返之費歲以萬計所差官必重賂省臣乃得遣徵收金銀之數必十加二而拆閱之數又如之其送迎饋贐亦如納官之數所遣者又以銅雜銀中納官正首疏其弊給官秤俾土官身詣官輸納其弊始革始

至官儲貯二百七十萬索白銀百錠比四年得貯一千七十萬索金百錠銀三千錠七年秋還清州八年六月以左丞行省江西冬十月改江浙武宗即位召爲中書左丞陞右丞二年立尚書省懇辭還家仁宗即位召諸老臣入議國事正諳闕言八事一曰守成憲二曰重省臺三曰辨邪正四曰貴名爵五曰正官符六曰開言路七曰愼賞罰八曰節財用會行赦改元集議行之仁宗初政風動天下正與諸老臣陳贊之力居多累乞致仕不許拜榮祿大夫平章政事議中書省事時議經理河南淮浙江西民田增茶鹽課額正極言不可弗從歲大旱野無麥穀種不入土臺臣言燮理非其人姦邪蒙蔽民多冤滯感傷和氣所致有旨會議平章李孟曰燮理之責儒臣獨孟一人請避賢路平章忽都不丁曰臺臣不能明察奸邪臧否時政可還詰之正言臺省一家當同心獻替擇善而行豈容分異耶孟搖首竟如忽都不丁言右丞相帖木迭兒傳旨廉訪司權太重故按事失實自今不許專決六品以下官平章忽都不丁李孟將議行之正言但當擇人法不可易也事遂寢延祐六年卒後贈宣力贊治功臣光祿大

夫司徒柱國趙國公謚忠宣子秉德官祕書監丞歷兵工二部侍郎出爲安慶路總管秉仁以廕爲中書架閣管勾累官工部尚書致仕

謝讓

謝讓字仲和潁昌人祖義有材勇金貞祐間爲義軍千戶讓幼穎悟好學及壯推擇爲吏補宣慰司令史國兵取宋立行中書省於江西讓以選爲令史調河間等路都轉運鹽司經歷先是竈戶在軍籍者悉除其名以丁多寡爲額輸鹽其後多顧舊戶代爲煑鹽而顧錢甚薄讓言軍戶既落籍爲民當與舊竈戶均役既令代役豈宜復薄其傭使重困乎自今顧人必厚與直乃聽先是逃亡戶率令見戶包納其鹽由是豪強者以計免而貧弱愈困讓令驗物力多寡比次甲乙以均之擢南臺御史舉湖廣行省平章政事哈剌哈孫答剌罕可爲御史大夫山東廉訪使陳天祥可爲御史中丞右司員外郎高昉可任風憲劾江浙省臣聽詔不恭及不法事帝遣使雜問既款服詔令讓與俱來人皆危之讓恬然若無事者臺綱以之益振大德間詔立陝西行御史臺以讓爲都事凡御史

封章及文移其可否一決于讓入爲中書省右司都事遷戸部員外郎時東勝雲豐等州民饑乞糴鄰郡憲司懼其販鬻爲利閉其糴事聞于朝讓設法立禁閉糴者有罪三州之民賴以全活者甚衆四年授宗正府郎中擢監察御史遷中書省右司員外郎出爲湖廣行省左右司郎中時廣西兩江岑雄黃聖許等屢相讎殺爲邊患讓謂此曹第可懷柔不宜力競寬其法以羈縻之使不至跳梁可也若乃舍中國有用之民爭炎荒不毛之地非長策也因書榜招諭以攜其黨湖廣宣慰使張國紀建言科江南夏稅讓極言其非便還河南行省左右司郎中是時江淮屯戍軍二十餘萬親王分鎮揚州皆以兩淮民稅給之不足則漕於湖廣江西是歲會計兩淮僅少三十萬石讓請以淮鹽三十萬引鬻之收其價鈔以給軍食不勞遠運公私便之至大元年轉戸部侍郎時京倉主計吏以倉廩多罅漏惟久雨米壞請覆糠粃其上因揉諸米中以給內外工人及宿衛者讓察其奸以藁秸易之奸弊悉除二年拜西臺治書侍御史三年拜治書侍御史未上改同僉樞密院事尋拜戸部尙書仁宗在東宮以讓先朝舊人

召見賜酒以示眷注四年改刑部尚書仁宗即位加讓正議大夫入謝賜以巵酒讓痛飲之帝曰人言老尚書不飲何飲耶讓曰君賜不敢違也少頃醉不能立命扶出之翼日讓謝帝曰老尚書誠不飲也初尚書省柄臣搆殺留守鄭阿爾思蘭籍其家中外冤之尚書省罷未有直其冤者讓明其事以所籍貲產給還之有旨六部事疑不決者須讓共議而後上聞於是戶部更定鈔法禮部議正禮文讓皆與焉刑部有案讓未署字而誤用印吏懼遂私效讓署事覺度無損於事且憐吏以罪廢遂視之曰吾署也其寬厚多類此讓上言古今有天下者皆有律以輔治堂堂聖朝詎可無法以準之使吏任其情民罹其毒乎帝嘉納之乃命中書省纂集典章以讓精律學使為校正官賜青鼠裘一襲侍宴服六襲二年朝廷以吏多滯事責曹掾不如程者令下讓曰刑獄非錢穀銓選之比寬以歲月尚慮失實豈可律以常法乎乃入白于宰相曰尚書言是也由是刑曹獨得不責稽違拜陝西行省參知政事未幾拜西臺侍御史命甫下詔罷西臺復立就拜侍御史四年十月卒于官年六十有六贈正奉大夫河南行省

參知政事追封陳留郡公謚憲穆子好古奉政大夫覆實司提舉

韓若愚

韓若愚字希賢保定滿城人由武衛府史授通惠河道所都事開河有功詔賜錦衣一襲遷留守司都事尋陞經歷出知薊州改中書左司都事時監燒昏鈔者欲取能名概以所燒鈔爲僞鈔使管庫者誣服獄既具若愚知其冤覆之得免死者十餘人遷刑部郎中提舉諸路寶鈔庫擢吏部郎中仁宗即位故事凡潛邸官吏不次遷轉若愚以歲月定其資品遂著爲令皇慶元年遷內臺都事改刑部侍郎尋擢中書左司郎中時議禁民田獵犯者抵死若愚曰昔齊宣王之囿方四十里殺其麋鹿者如殺人之罪孟子非之衆以爲然遂輕其刑時參政曹鼎新辭職帝曰若效韓若愚廉勤足矣何用辭爲繼命若愚參議中書省事鐵木迭兒爲右丞相以憎愛進退百官恨若愚不附己羅織以事帝知其枉不聽拜戶部尚書延祐六年命理河間等路囚輕重各得其情復拜參議中書省事丞相鐵木迭兒復入相以舊憾誣若愚罪欲殺之帝不從復奏奪其官除

名歸鄉里至治三年詔雪其冤泰定元年命復其官尋拜刑部尚書遷湖廣省參知政事未行改詹事丞八月命宣撫江浙復留爲侍御史時左丞相倒剌沙擅威福以事誣侍御亦憐珍等下樞密獄無敢言其冤若愚以計奏左丞相倒剌沙爲右大夫其事遂解三年擢浙西廉使未行拜河南省左丞會文宗平內難若愚畫策中機帝嘉之進資政大夫天曆三年遷淮西江北道廉訪使九月以疾卒年六十八贈資德大夫江浙等處行中書省左丞上護軍追封南陽郡公諡貞肅

趙師魯

趙師魯字希顏霸州文安縣人父趾祕書少監贈禮部尚書師魯爲人風采端莊在太學力學如寒士延祐初爲輿文署丞五年遷將作院照磨七年辟爲御史臺掾後補中書省掾於朝廷典章故實律令文法無不練習臨事明敏果斷執政奇之及典銓選平允無私人無不服擢工部主事遷中書省檢校官咸著能名泰定中拜監察御史時大禮未舉師魯言天子親祀郊廟所以通精誠迓

福釐生烝民阜萬物百王不易之禮也宜鑒成憲講求故事對越以格純嘏帝嘉納焉元夕令出禁中命有司張燈山爲樂師魯上言燕安怠惰肇荒淫之基奇巧珍玩發奢侈之端觀燈事雖微而縱耳目之欲則上累日月之明疏聞遽命罷之賜師魯酒一上尊且命御史大夫傳旨以嘉忠直是時宰相倒剌沙密專命令不使中外預知師魯又上言古之人君將有言也必先慮之於心咨之於衆決之於故老大臣然後斷然行之渙若汗不可反未有獨出柄臣之意不咨衆謀者也不報倒剌沙雖剛狠亦服其敢言有朝士年未及致仕其子請預廕其官而執政者爲之地師魯駁其非事遂止遷樞密院都事改本院經歷致和初陞奉政大夫參議樞密院事天曆中遷樞密院判官改兵部侍郎丁父憂特旨趣爲同僉樞密院事師魯固辭不就服除復爲樞密判官持節治四川軍馬諭上威德大閱于郊寬簡有法士卒懷其恩信未幾遷中順大夫刑部侍郎樞密院復奏爲其院判官久之出爲河間路轉運鹽使除害興利法度修飭絕巡察之奸省州縣廚傳贈遺之費竈戶商人無不便之歲課遂大增暇日又剏

己俸率僚吏新孔子廟命吏往江右製雅樂聘工師春秋釋奠士論稱之師魯由從官久典金穀每鬱鬱不樂疾篤棄官歸京師至元三年九月卒年五十有三贈嘉議大夫禮部尚書天水郡侯諡文清

劉德温

劉德温字純甫大興人起家中書省宣使大德十一年以年勞授從仕郎內宰司照磨監建興聖宮又調承務郎掌儀署令未幾陞奉訓大夫內宰司丞奉中旨徵河南民逋糧德温輒平其價令出鈔以償民甚便之復陞朝列大夫延福司丞奉旨代祀嶽瀆比還遷中憲大夫同知大都路都總管府事輦轂之下供億浩繁德温措置有法民用不擾遷甄用少監陞亞中大夫禮部侍郎復陞嘉議大夫同知上都留守司事省檄和糴糧民以價不時得遞相觀望德温下令曰糧入價出吏有敢爲弊者罪之於是糧不踰期而集轉大司農丞耕籍之儀取具一時德温欲考訂典禮集爲成書未畢俄授通議大夫永平路總管永平當天曆兵革之餘野無居民德温爲政一年而戶口增倉廩實遂興學校以育

人材庶事畢舉歲大旱禱而雨歲以不歉灤漆二水爲害有司歲發民築堤德
温曰流亡始集而又役之是重困民也遂罷其役而水亦不復至有豪民武斷
于鄉里前吏莫敢治德温按得其罪論如法杖之書其過于門後竟以不道伏
誅永平古孤竹國也國初郡守楊阿台請于朝謚伯夷曰清惠叔齊曰仁惠爲
廟以祀之而祀禮猶未具也德温請命有司春秋具牢禮致祭從之著爲式賜
廟額曰聖清士論韙之至順四年卒年六十九贈正議大夫禮部尚書上輕車
都尉彭城郡侯謚清惠

尉遲德誠

尉遲德誠字信甫絳州人祖天澤仕金爲庫官郡王帶孫拔絳州天澤在俘中
道見兵死者輒涕泣收瘞之帶孫令佩金符授霍州御衣局人匠總管父鼎仕
至潞州知州德誠歷官太子率更丞至大元年改詹事院都事二年遷家令司
丞仁宗以爲謹恪常賜酒帛得侍左右數薦士出則未嘗語人廳事前有粟苗
不種而萌偶出一莖雙穗衆以爲嘉禾陞家令四年選爲河東山西道宣尉司

同知擊姦吏寬稅歛上計京師入見帝方食賜以餕餘擢工部尚書未拜改陝西行臺治書侍御史延祐元年還京畿都漕運使二年拜遼東道肅政廉訪使上疏言事其略曰勞諸王以懷其心防出入以嚴宮禁立諫官以遠讒佞崇科舉以求人材立常平以備荒年汰僧道以寬民力舉賢良以勵忠孝抑奢侈以厚風俗及拯鈔法裁冗官等事未報而卒年五十三

秦起宗

秦起宗字元卿其先上黨人後徙廣平深水縣曾大父當金季兵起竄山麓爲洞奉其親以居傍竄大洞匿其里中百人閉之具牛酒出待兵兵入索惟見其親屬曰孝士也釋之去里人曰秦父生我起宗生長兵間學書無從得紙父順削柳爲牘寫以授之成誦削去更書年十七會立蒙古學學輒成辟武衛譯史御史中丞塔察兒愛其才遷中臺史是時尚書省專制吏張起宗持文嚴密無所泄仁宗卽位罷尚書省轉中書史累遷太子家令司典簿官上言東宮官屬輔導德義財賦非所治也朝廷是之遷南臺御史建康多水或實災而有司抑

之或無災而訴災起宗微行得實人以爲神明文宗初立命威順王征八番是時蜀省襃加台拒命未平起宗極言武昌重鎮當備上流之師親王不可遠去力止之及王入見帝謂曰八番之行非秦元卿幾爲失計其後八番師還無敢擾於道路者朝議以起宗治蜀幕府忘其名曰秦元卿帝引筆改曰起宗其眷注如此拜中臺御史劾中丞和尚受人婦人賤買縣官屋不報起宗從臺官入見跽辯久之勅令起起宗不起會日暮出明日立太子有赦起宗又奏不罪和尚無以正國法和尚服辜帝曰爲御史當如是矣元會賜只孫服令得與大宴又劾閩憲卜咱耳竊父妾以逃其父憤死瀆亂天常流之嶺南自是盡言無諱皆見聽用有御史奏議一卷遷都漕運使帝召諭之曰漕輸事多廢闕賴御史治之爾出爲撫州路總管至官有司供帳甚盛問其費所從出小吏不敢隱曰借辦於民遂亟使歸之几席僅給而已自是官府僚佐有宴集成禮即止因諭衆曰我素農家安儉約務安靜庶使吾民化之居一歲以老去官明年以兵部尚書致仕居一歲卒諡昭肅子四人鈞銓鐸鏞鈞西臺御史鏞延徽寺經歷銓

都省掾鐸蛩卒

元史卷一百七十六

元史卷一百七十七

明翰林學士亞中大夫知制誥兼修國史宋　濂等修

列傳第六十四

張思明

張思明字士瞻其先獲嘉人後徙居輝州思明穎悟過人讀書日記千言至元十九年由侍儀司舍人辟御史臺掾又辟尚書省掾左丞相阿合馬旣死世祖追咎其奸欺命尚書簿問遺孽一日召右丞何榮祖左丞馬紹盡輸其贓以入思明抱牘從日已昏命讀之自昏達曙帝聽忘疲曰讀人吐音大似侍儀舍人右丞對曰正由舍人選爲掾帝奇之曰斯人可用明日擢爲大都路治中思明以超遷踰等固辭乃改湖廣行省都事元貞元年召爲中書省檢校六曹無滯案遷戸部主事大德初擢左司都事有獻西域秤法思明以惑衆不用初立海道運糧萬戸府于江浙受除者憚涉險不行思明請陞等以優之因著爲令五年轉吏部郎中九年改集賢司直十年除江浙行中書省左右司郎中十一年

春兩浙大饑首贊發廩賑之至大三年遷兩淛鹽運使未上入參議樞密院事改中書省左司郎中皇慶元年再授兩浙鹽運使歲課充羸僚屬請上增數思明曰羸縮不常萬一以增爲額是我希一己之榮遺百世之害二年召爲戶部尙書延祐元年進參議中書省事三年拜中書參知政事仁宗卽位滓居妙總統有寵敕中書官其第五品思明執不可帝大怒召見切責之對曰選法天下公器徑路一開來者雜遝故寧違旨獲戾不忍隳祖宗成憲使四方得窺陛下淺深也帝心然其言而業已許之曰卿可姑與之後勿爲例乃爲萬億庫提舉不與散官久之近臣疾其持法峭直日搆讒間出爲工部尙書帝問左右曰張士瞻居工部得無怏怏乎對曰勤政如初帝嘉歎之命授宣政院副使五年除西京宣慰使嶺北戍士多貧者歲凶相挺爲變思明威惠並行邊境乃安因疏和林運糧不便事十一條帝勞以端硯上尊會左丞相哈散辭職帝不允其請益堅帝詰之曰朕任卿未專邪曰非曰近臣有撓政者邪曰無有也然則何爲而辭對曰臣自揆才薄恐誤陛下國事若必欲任臣願薦一人爲助帝問爲誰

朕能從汝哈散再拜謝曰臣願得張思明卽日拜思明中書參知政事比召至車駕幸上都見於道慰勉之曰卿向不負朕注委故朕用哈散言復起汝未幾陞左丞帝崩英宗宅憂右丞相帖木迭兒用事日誅大臣不附己者中外洶洶思明諫曰山陵甫畢新君未立丞相恣行殺戮國人皆謂陰有不臣之心萬一諸王駙馬疑而不至將奈之何不可不熟慮也衆皆危之帖木迭兒大悟曰非左丞言幾誤吾事帝造壽安山寺監察御史觀音保瑣咬兒哈的迷失成珪李謙亨強諫帝震怒殺觀音保瑣咬兒哈的迷失以成珪李謙亨屬吏思明白丞相曰言事御史職也祖宗已來未嘗殺諫臣成李既屬吏當論法丞相乃力言之二人得從輕典及拜住爲左丞相與帖木迭兒各樹朋黨賊害忠良思明懼禍及累表辭不獲後竟誣以不支蒙古子女口糧餓死四百人遂廢于家杜門六年文宗天曆元年起爲江浙行中書省左丞會陝西大饑中書撥江浙鹽運司歲課十萬錠賑之吏白周歲所入已輸京師當回咨中書思明曰陝西饑民猶鮒在涸轍往復踰月是索之枯魚之肆也其以下年未輸者如數與之有罪

吾嘗坐朝廷韙之二年復以中書左丞召入覲慈仁殿敷陳累朝任賢使能治民足國之道因以衰老辭帝未允明日卽移告去重紀至元三年卒年七十八思明平生不治產不畜財收書三萬七千餘卷尤明於律與謝仲和曹鼎新同稱三絕贈推忠翊治守義功臣依前中書左丞上護軍清河郡公謚貞敏

吳元珪

吳元珪字君璋廣平人父鼎燕南提刑按察副使元珪簡重好深沉之思凡征謀治法律令章程皆得於家庭之所授至元十四年世祖召見命侍左右授後衛經歷佩金符十七年從幸上都受命取御藥於大都萬歲山元珪乘傳未盡一晝夜而至帝奇其速擢樞密都事陞經歷嘗從同知樞密院事俺伯進西蕃鎧甲帝問其制度元珪應對詳明帝益奇之初江南旣定樞密奏裁定官屬京師五衛行省萬戶府設官有差均俸祿給醫藥設學校置屯田多元珪所論建二十六年參議樞密院事時繕修宮城尚書省奏役軍士萬人留守司主之元珪亟陳其不便乃立武衛繕理宮城以留守段天祐兼都指揮使凡有興作

必以聞於樞府尋陞樞密院判官奏定萬戶用軍士八人千戶四人百戶二人多役者有罰二十八年除禮部侍郎遷左司郎中三十一年參議中書省事大德元年除吏部尚書選曹銓注多有私其鄉里者元珪曰此風不可長川黨朔黨之興宋之所由衰也請謁悉皆謝絕三年宣撫燕南劾貪吏若干人遷工部尚書河朔連年水旱五穀不登元珪言春秋之義以養民爲本凡用民力者必書蓋民力息則生養遂生養遂則教化行而風俗美宰相嘉其言土木之工稍爲之息六年僉河南行中書省事將行拜江浙行省參知政事初朱清張瑄以財雄江南徧以金幣連結當路及伏誅錄其家具籍所交諸公貴人而江浙省臣爲尤甚惟元珪一無所污武宗即位由僉樞密院事拜樞密副使詔元珪二十餘人議政中書若惜人力嚴選舉節財用定律令謹賞罰建科舉課農桑汰冗員易封贈皆切於世務者初詔發軍萬人屯田青海以實邊海都之亂被俘者衆至是頗有來歸者飢寒不能存至鬻子以活元珪具其事以聞詔賜錢贖之帝在軍中即聞元珪名至是特加平章政事賜白金二百五十兩只孫衣四

襲仁宗卽位詔元珪與十六人議時政皇慶元年出拜江浙行省左丞江淮漕臣言江南殷富蓋由多匿腴田若再行檢覆之法當益田畝累萬計元珪曰江南之平幾四十年戶有定籍田有定畝一有動搖其害不細執其論固爭月餘不能止移疾去延祐元年拜甘肅行省左丞歲餘召還俾宣撫遼陽諸郡復爲樞密副使召見嘉禧殿帝曰卿先朝舊臣宜在舊服特加榮祿大夫賜鈔五千緡貂裘二襲元珪奏曰昔世祖限田四百畝以給軍需餘田悉貢賦稅今經理江淮田土第以增多爲能加以有司頭會箕斂俾元元之民困苦日甚臣恐變生不測非國之福惟陛下少加意焉帝曰凡爾軍士之田並遵舊制至治元年英宗卽位元珪與知樞密院事帖木兒不花上軍民之政十餘事大抵言諸王近侍不可干軍政管軍官吏不可漁取軍戶軍官之材者當遷其職有司賦役當務均一而軍民不可有所偏軍官襲職惟傳適嗣而支庶不可有所亂帝並嘉納卽降旨施行之元珪以年老致仕至治二年起商議中書省事三年卒泰定元年贈光祿大夫河南等處行省平章政事柱國追封趙國公諡忠簡三年

復加推誠佐理功臣光祿大夫司徒

張昇

張昇字伯高其先定州人後徙平州昇幼警敏過人學語時輒能辨字音應對異於常兒既長力學工文辭至元二十九年用薦者授將仕郎翰林國史院編修官預修世祖實錄陞應奉翰林文字尋陞修撰歷興文署令遷太常博士成宗崩大臣承中旨議奉徽號饗宗廟昇曰在故典凡有事于宗廟必書嗣皇帝名今將何書議遂寢武宗卽位議躬祀禮昇據經引古參酌時宜以對帝嘉納之至大初改太常寺爲太常禮儀院卽除昇爲判官久之外補知汝寧府民有告寄束書於其家者踰三年取閱有禁書一編且記里中大家姓名于上昇亟呼吏焚其書曰妄言誣民且再更赦矣勿論同列懼皆引起既而事聞廷議謂昇脫姦軌遣使窮問卒無跡可指乃詰以擅焚書狀昇對曰事固類姦軌然昇備位郡守爲民父母今斥誣訴免冤濫雖重得罪不避乃坐奪俸二月旁郡移文報吳人侯君遠者言歲直壬子六月朔日蝕其占爲兵寇歲癸丑其應在吳

分野同列欲召屬縣爲備禦計昇曰此訛言久當自息毋用惑民聽斥其無稽
衆論韙之部使者舉治行爲諸郡最歷江西行省左右司郎中除紹興路總管
初大德至大間越大饑且疫癘民死者殆半賦稅鹽課責里胥代納吏並緣爲
姦害富家昇爲證于簿籍白行省蠲之前守有爲江淛行省參知政事者爭代
者祿米有隙欲內之罪移平江歲輸海運糧布囊三萬俾紹興製如數民患苦
之不能堪更數守謂歲例如此置弗問昇言麻非越土所生海漕實吳郡事於
越無與章上卒罷之昇既謹於繩吏又果於去民瘼故人心悅服歷湖北道廉
訪使江南行臺治書侍御史召爲參議中書省事改樞密院判官尋復中書參
議至治二年又出爲河東道廉訪使未行拜治書侍御史明年出爲淮西道廉
訪使泰定二年拜陝西行省參知政事加中奉大夫尋遷遼東道廉訪使屬永
平大水民多捐瘠昇請發海道糧十八萬石鈔五萬緡以賑饑民且蠲其歲賦
朝廷從之民得全活者衆明年召拜侍御史天曆初出爲山東道廉訪使時方
有警有司請完城以爲備昇曰民恃吾以生完城是棄民也由是民皆安之文

宗賜尚醖文幣以賞其功踰年召爲太禧院副使兼奉贊神御殿事除河南省左丞復遷淮西道廉訪使昇時年六十有九上書乞致仕至順二年復起爲集賢侍講學士文宗眷待之意甚隆元統元年順帝卽位首詔在廷耆艾訪問治道昇條上時所宜先者十事尋兼經筵官廷試進士特命昇讀卷事已告省先墓帝賜金織文袍以寵其歸明年以奎章閣大學士資善大夫知經筵事召賜上尊趣就職昇以疾辭帝察其不可強許之尋命本郡月給祿半以終其身至正元年卒年八十一贈資德大夫河南等處行中書省左丞諡文憲

臧夢解 陸垕

臧夢解慶元人宋末中進士第未官而國亡至元十三年從其鄉郡守將內附授奉訓大夫婺州路軍民人匠提舉未幾例革其所司而淛東宣慰司舉夢解才兼儒吏可試州郡朝廷是之授息州知州未行改海寧知州時淮東按察副使王慶之按行至其州見夢解剛直廉慎而學有淵奧自任職以來門無私謁官署蕭然凡有差役皆當其貧富而吏無所預於是民以戶計者新增七百六

十有四田以頃計者新闢四百四十有三桑柘楡柳交蔭境內而政平訟簡爲諸州縣最乃舉夢解才德兼備宜擢清要以展所蘊而御史臺亦以其廉能抗章薦之二十七年夢解滿去者至是已五年矣屬江陰饑江淛行省委夢解賑之夢解不爲文具皆躬至其地而人給以米所活四萬五千餘人江南行臺治書侍御史荀宗道聞而韙之舉其名上聞除同知桂陽路總管府事三十年擢奉議大夫廣西肅政廉訪副使故事煙瘴之地行部者多不躬至而夢解咸遍歷焉遂按問賓州藤州兩路達魯花赤與凡貪官姦吏置于法者無慮八十餘人又平反邕州黃震被誣贓罪及藤州唐氏婦被誣殺夫罪凡兩冤獄大德元年還江西肅政廉訪副使有臨江路總管李倜素狡獪而又附大臣勢以控持省憲夢解按其贓罪而一道澄清六年還浙東肅政廉訪副使九年除廣東肅政廉訪使夢解至是既老且病乃納祿退居杭州以亞中大夫湖南宣慰副使致仕後至元元年卒夢解博學洽聞爲時名儒然不少迂腐而敏於政事其操守尤爲介特所著書有周官考三卷春秋徵一卷夢解嘗自號魯山大夫士之

稱之者不以官皆曰魯山先生云同時有陸垕者與夢解齊名監察御史鄭鵬南嘗以二人並薦于朝垕字仁重江陰人也自幼以孝友聞至元間丞相伯顏以師南下垕是時年未冠而志強氣銳率其鄉人見之論議有合兵遂不涉其境鄉人義之伯顏奏授爲同知徽州路總管府事以廉能擢置臺憲累遷至湖南肅政廉訪副使陞浙西廉訪使所至以黜贓吏洗冤獄爲己任且嘗上章奏免儒役及舉行浙西助役法年五十卒賜諡莊簡

陳顥

陳顥字仲明其先居盧龍有名山者仕金爲謀克監軍太祖得之以爲平陽等路軍民都元帥子孫徙清州遂爲清州人顥幼穎悟日記誦千百言稍長遊京師登翰林承旨王磐安藏之門磐熟金典章安藏通諸國語顥兼習之安藏乃薦顥入宿衛尋爲仁宗潛邸說書於是仁宗奉母后出居懷慶顥從行日開陳以古聖賢居艱貞之道會成宗崩仁宗入定內難以迎武宗顥皆預謀及仁宗卽位以推戴舊勳特拜集賢大學士榮祿大夫仍宿衛禁中政事無不與聞科

擧之行顥贊助之力尤多顥時伺帝燕閑輒取聖經所載大經大法有切治體者陳之每見嘉納帝嘗坐便殿羣臣入奏事望見顥喜曰陳仲明在列所奏必善事矣顥以父年老力請歸養淸州帝特命顥長子孝伯爲知州以就養顥固辭乃以孝伯爲州判官帝欲用顥爲中書平章政事顥叩首謝曰臣無汗馬之功又乏經濟之略一旦寘之政塗徒速臣咎臣願得朝夕左右獻替可否庶少裨萬一亦以全臣愚忠帝乃允仁宗崩辭祿家居者十年文宗卽位復起爲集賢大學士上疏勸帝大興文治增國子學弟子員蠲儒之徭役文宗皆嘉納焉顥先後居集賢署薦士牘累數百有訐之者顥曰吾寧以謬擧受罰蔽賢誠所不忍順帝元統初顥扈蹕行幸上都至龍虎臺帝命造膝前而握其手曰卿累朝老臣更事多矣凡議政事宜極言無隱顥頓首謝不敏顥每集議其言無不剴切後至元四年致政命食全俸于家明年卒年七十六至正十四年贈攄誠秉義佐理功臣光祿大夫河南江北等處行中書省平章政事柱國追封薊國公諡文忠顥出入禁闥數十年樂談人善而惡聞人過大夫士因其薦拔以至

顯列有終身莫知所自者是以結知人主上下無有怨尤歐陽玄爲國子祭酒與顯同考試國子伴讀每出一卷顯必拾而觀之苟得其片言善即以寘選列爲之色喜玄歎曰陳公之心蓋篤於仁而踰於厚者真可使鄙夫寬薄夫敦矣次子敬伯至正中仕爲中書參知政事歷左丞右丞二十七年拜中書平章政事

元史卷一百七十七

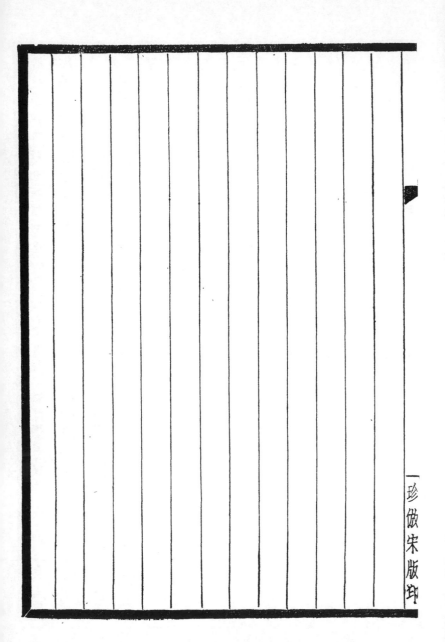

元史卷一百七十八

明翰林學士亞中大夫知制誥兼修國史宋　濂等修

列傳第六十五

梁曾

梁曾字貢父燕人祖守正父德皆以曾貴贈安定郡公曾少好學日記書數千言中統四年以翰林學士承旨王鶚薦辟中書左三部令史三轉爲中書省掾至元十年用累考及格授雲南諸路行省都事佩銀符久之陞員外郎十五年轉同知廣南西道左右兩江宣撫司事明年除知南陽府唐鄧二屬州爲襄陽府所奪曾按圖經稽國制以聞事得復舊南陽在宋末爲邊鄙桑柘未成而歲賦絲民甚苦之曾請折輸布民便之十七年朝廷以安南世子陳日烜不就徵選曾使其國召見賜三珠金虎符貂裘一襲進兵部尚書與禮部尚書柴椿偕行至安南語祕不傳明年日烜遣其叔遺愛奉表從曾入獻方物帝封遺愛爲安南國王賜幣帛遣歸二十一年除曾湖南宣慰司副使居三年以疾去二十

九年改淮西宣慰司副使復以親老辭召至京師入見內殿有旨令曾再使安南授吏部尚書賜三珠金虎符襲衣乘馬弓矢器幣以禮部郎中陳孚爲副十二月改授淮安路總管而行三十年正月至安南其國有三門中曰陽明左曰日新右曰雲會陪臣郊迎將由日新門入曾大怒曰奉詔不由中門是我辱君命也即回館既而請開雲會門入曾復執不可始自陽明門迎詔入又責日燇親出迎詔且講新朝尚右之禮以書往復者三次具宣布天子威德而風其君入朝世子陳日燇大感服三月令其國相陶子奇等從曾詣闕請罪並上萬壽頌金冊表章方物而以黃金器幣奇物遺曾爲贐曾不受以還諸陶子奇八月還京師入見進所與陳日燇往復議事書帝大悅解衣賜之且令坐地上右丞阿里意不然帝怒曰梁曾兩使外國以口舌息兵戈爾何敢爾是日有親王至自和林帝命酌酒先賜曾謂親王曰汝所辦者汝事梁曾所辦吾與汝之事汝勿以爲後也復於便殿賜酒饌留宿禁中語安南事至二鼓方出明日陶子奇等見詔陳其方物象鸚鵡于庭而命曾引所獻象曾以袖引之象隨曾轉如素

馴者復命引他象亦然帝以曾爲福人且問曰汝亦懼否對曰雖懼君命不敢違帝稱善或讒曾受安南賂者帝以問曾曾對曰安南以黃金器幣奇物遺臣臣不受以屬陶子奇矣帝曰苟受之何不可也尋賜白金一錠金幣二勅中書以使安南三珠金虎符與之仍乘傳之任淮安到官興學校勵風俗河南行省事有疑者皆委曾議之大德元年除杭州路總管戶口復者五萬二千四百戶請禁莫夜鞠囚游街酷刑朝廷是之著爲令四年丁內艱先是丁憂之制未行曾上言請如禮七年除潭州路總管以未終制不赴明年還兩浙都轉運鹽使又明年拜雲南行省參知政事賜三珠金虎符尋召還京辭以母喪未葬扶柩北歸至長蘆有旨賜鈔一百錠使營葬十年召爲中書參議嘗預燕賜只孫一襲十一年轉正奉大夫出爲河南行省參知政事尋遷湖廣行省參知政事四年以疾辭歸勅賜藥物存問備至皇慶元年仁宗以曾前朝舊臣特授昭文館大學士資德大夫累章乞致仕不允復起爲集賢侍講學士國有大政必命曾與諸老議之延祐元年奉詔代祀中岳等神還至汴梁以病不復職寓居淮南

杜門不通賓客惟日以書史自娛至治二年卒年八十一卒之前十日有大星隕于所居流光燭地人皆異之

劉敏中

劉敏中字端甫濟南章丘人幼卓異不凡年十三語其父景石曰昔賢足於學而不求知豐於功而不自衒此後人所弗逮也父奇之鄉先生杜仁傑愛其文亟稱之敏中嘗與同儕各言其志曰自幼至老相見而無愧色乃吾志也至元十一年由中書掾擢兵部主事拜監察御史權臣桑哥秉政敏中劾其奸邪不報遂辭職歸其鄉既而起爲御史臺都事時同官王約以言去敏中杜門稱疾臺臣請視事敏中曰使約無罪而被劾吾固不當出誠有罪耶則我既爲同僚又爲交友不能諫止亦不無過也出爲燕南肅政廉訪副使入爲國子司業遷翰林直學士兼國子祭酒大德七年詔遣宣撫使巡行諸道敏中出使遼東山北諸郡守令恃貴倖暴橫者一繩以法錦州雨水爲災輒發廩賑之除東平路總管擢陜西行臺治書侍御史九年召爲集賢學士商議中書省事上疏陳十

事曰整朝綱省庶政進善良剔姦蠹顯公道杜私門廣恩澤實鈔法嚴武備舉封贈成宗崩姦臣希中旨贊其邪謀敏中援禮力爭之武宗卽位召敏中至上京庶政多所更定授集賢學士皇太子贊善仍商議中書省事賜金幣有加頃之拜河南行省參知政事俄改治書侍御史出爲淮西肅政廉訪使轉山東宣慰使遂召爲翰林學士承旨召公卿集議弭災之道敏中疏列七事帝嘉納焉以疾還鄉里敏中平生身不懷幣口不論錢義不苟進進必有所匡救援據今古雍容不迫每以時事爲憂或鬱而弗伸則戚形于色中夜歎息至淚濕枕席爲文辭理備辭明有中菴集二十五卷延祐五年卒年七十六贈光祿大夫柱國追封齊國公謚文簡

王約

王約字彥博其先汴人祖通北徙真定約性穎悟風格不凡從中丞魏初游博覽經史工文辭務達國體時好不以動其心至元十三年翰林學士王磐薦爲從事承旨火魯火孫以司徒開府奏授從仕郎翰林國史院編修官兼司徒府

掾既而辟掾中書除禮部主事二十四年拜監察御史授承務郎首請建儲及
修史事時丞相桑哥銜參政郭佑爲中丞時奏誅右丞盧世榮等故誣以他罪
約上章直佑冤按治成都鹽運使王鼎不法罷官除名轉御史臺都事南臺侍
御史程文海入言事多斥桑哥罪桑哥怒又以約與之表裏六奏殺之上不從
約以隴西地遠請立行臺陝西詔從之出賑河間饑民均覈有方全活甚衆三
十一年遷中書右司員外郎四月成宗即位言二十二事曰實京師放差稅開
獵禁蠲逋負賑窮獨停冗役禁鷹房振風憲除宿蠹慰遠方却貢獻詢利病利
農民勵學校立義倉覈稅戶重名爵明賞罰擇守令汰官屬定律令革兩司又
請中書去繁文一取信於行省一責成於六部調兵部郎中改禮部郎中請行
贈諡之典以旌忠勳付時政記於史館以備纂錄立供需府以專供億皆從而
行之拜翰林直學士知制誥同修國史奉詔賑京畿東道饑民發米五十萬石
所活五十餘萬人因條疏京東利病十事請發米續賑之中書用其言民獲以
甦高麗王昛年老傳國子謜有不安其政者飛讒離間及謜朝京師潛使人賂

用事者留謜不遣昛復位乃委用小人厚斂淫刑國人羣愬于朝中書令執其首惡繫刑部其黨復不悛奏屬約驗問約至宣布明詔而諭之曰天地間至親者父子至重者君臣彼小人知自利寧肯爲汝家國地耶昛感泣謝曰臣年耄聽信憸邪是以致此今聞命矣願奉表自雪且請子謜還國其小人黨與悉聽使者治翼日約逮捕覆按其罪流二十二人杖三人黜有官者二人命故臣洪子藩爲相俾更弊政罷非道水驛十三免耽羅貢非土產物東民大喜還報稱旨除太常少卿尋詔約同宗正御史讞獄京師約辭職在淸廟帝不允乃閱諸獄決二百六十六人當死者七十二人釋無罪者八十六人平反吳得誠冤嫁良家入倡女十人杖流元旦帶刀闌入殿庭者八十人因議鬬毆殺人者宜減死一等著爲令又以浙民於行省南臺互訟不決命約訊之約至杭二十日而理省臺無異辭特拜刑部尙書以錄前功大德十一年仁宗至自懷州肅淸宮禁以平章賽典赤安西王阿難荅與左丞相阿忽台潛謀爲變命刑曹按責其狀約曰在法謀逆不必搒掠竟當伏誅由是結知仁宗富寧庫失金約疑番直

宿衞者盜之未幾果得實庫官吏獲免監察御史言通州倉米三萬石因雨而濕約謂必積氣所蒸驗且堪用釋守者罪宗王兄弟二人守邊兄陰有異志弟諫不聽即上馬馳去兄遣奴挾弓矢追之弟發矢斃其奴兄訴因其弟獄當死約慮囚曰兄之奴即弟之奴況殺之有故立釋之還禮部尚書請定丁憂之制申旌表之恩免都城煤炭之徵皆從之京民王氏仕江南而歿有遺腹子其女育之年十六乃訴其姊匿貲若干有司責之急約視其牘曰無父之子育之成人且不絕王氏祀姊之恩居多誠利其貲寧育之至今日耶改前議而斥之柴氏初無子命張氏子後既得己子張出爲僧柴之子又歿僧乃訟家產詔約詰之約問曰汝出家既分承汝師衣鉢又何爲得柴氏業乎僧不能答遂歸柴氏應後者至大二年正月上武宗尊號及冊皇后凡典禮儀注約悉總之如制仁宗在東宮雅知約名思用以自輔擢太子詹事丞從幸五臺山約諫不可久留即日還上京初安西王封於秦既以謀逆誅國除版賦入詹事院至是大臣奏請封其子復國仁宗以問約曰安西以何罪誅今復之何以懲將來議遂寢明

年進太子副詹事約抗章諫節飲辭意懇切仁宗嘉納焉承制立左衛率府統侍衛軍萬人同列欲署軍官約持不可衆難之曰東宮非樞密使耶約曰詹事東宮官也預樞密事可乎仁宗復召問約對曰皇太子事不敢不爲天子事不敢爲仁宗悟竟罷議同列復傳命增立右衛率府取河南蒙古軍萬人統之約屏人語曰左衛率府舊制有之今置右府何爲諸公宜深思之不可累儲宮也又命取安西兵器給宿衛士約謂詹事完澤曰詹事移文數千里取兵器人必驚疑主上聞之奈何完澤色慚曰實慮不及此又命福建取繡工童男女六人約言曰福建去京師六七千里使人父子兄弟相離有司承風動擾豈美事耶仁宗止之稱善再三家令薛居敬上言陝西分地五事因被命往理之約不爲署行語之曰太子潛龍也當勿用之時爲飛龍之事可乎遂止薦翰林學士李謙爲太子少傅請立故丞相淮安忠武王伯顏祠于杭皆從之仁宗以詹事院諸事循軌大喜面賜犀帶力辭又賜江南所取書籍亦辭仁宗常字而不名諭羣臣曰事未經王彥博議者勿啓又謂中丞朵䚟曰在詹事而不求賜予者惟

彥博與汝二人耳一日仁宗西園觀角觝戲有旨取繒帛賜之約入遙見問曰汝何爲來仁宗遽止之又欲觀俳戲事已集而約至卽命罷去其見敬禮如此四年三月仁宗正位宸極欲用陰陽家言卽位光天殿卽東宮也約言於太保曲樞曰正名定分當御大內太保入奏遂卽位於大明殿中書奏約陝西行省參知政事帝大怒特拜河南行省右丞約陛辭帝賜巵酒及弓矢先是至大閒尙書省用建言者冒獻河汴官民地爲無主奏立田糧府歲輸數萬石是歲詔罷之竄建言人於海外命河南行省復其舊業行省方並緣爲奸田猶未給約至立期檄郡縣釐正如詔會詔更銅錢銀鈔法且令天下稅盡收至大鈔約度河南歲用鈔七萬錠必致上供不給乃下諸州凡至大至元鈔相半衆以方詔命爲言約曰吾豈不知第歲終諸事不集責亦匪輕丞相卜憐吉台贊之曰善遣使白中書省臣大悅遂徧行天下南陽孛朮魯翀以書謁約大奇之卽署爲郡學正旣又薦之中書擢翰林國史院編修官皇慶改元元日詔中書省曰汴省王右丞可卽召之約以三月一日至召見慰勞特拜集賢大學士推恩三世

贈謚樹碑約首奏河南行省丞相卜憐吉台勳閥舊臣不宜久外召至封河南王約又建議行封贈禁服色與科舉皆著爲令甲上疏薦國子博士姚登孫應奉翰林文字揭傒斯成都儒士楊靜請起復中山知府致仕輔惟良前尚書參議李源左司員外郎曹元用皆除擢有差辯奏故左丞竇履有遺腹子棄外宜收養歸宗爲竇氏後延祐二年丞相帖木迭兒專政奏遣大臣分道奉使宣撫命約巡行燕南山東道約至衛輝有毆母寘獄者其母泣訴言老妾惟此一息死則一門絶矣約原其情杖一百而遣之冠州民有兄訐其弟厭詛者讞之則曰我求嗣也索授時曆驗其日良信乃立縱之使還拜樞密副使視事明日召見賜酒帝謂左右曰人言彥博老病朕今見之精力尚強可堪大任也是夕知院駙馬塔失帖木兒宿衛帝戒之曰彥博非汝友宜師事之至治元年英宗即位帖木迭兒復相約辭職不出二年以年七十致仕三年丞相拜住一新政務尊禮老臣傳詔起約復拜集賢大學士商議中書省事以其祿居家每日一至中書省議事至治之政多所參酌又嘗奉詔與中書省官及他舊臣條定國初

以來律令名曰大元通制頒行天下朝廷議罷征東省立三韓省制式如他省
詔下中書雜議約對曰高麗去京師四千里地瘠民貧夷俗雜尚非中原比萬
一梗化疲力治之非幸事也不如守祖宗舊制丞相稱善奏罷議不行高麗人
聞之圖公像歸祠而事之曰不絕國祀者王公也泰定元年奉詔廷策天下士
第八剌張益等八十五人始增乙科員額至一十五人天曆元年文宗踐祚約
入賀賜宴大明殿帝勞問甚歡時年七十有七平居襟度和粹謙抑自持後進
謁見必加禮貌俸祿所入布散姻族外及貧士從父居貧月奉錢米餽肴膳事
之如父歲時朔望攜子姓至先塋展拜懷戀謹時祭及五祀動稽古禮邦人以
爲矜式至順四年二月己酉卒年八十二皇太后聞之嗟悼以尚醞二尊遣徽
政院臣臨弔致奠勑中書省以下賻贈有差是月庚申葬城西岡子原約平生
著作有史論三十卷高麗志四卷潛丘槀三十卷行於世子思誠奉議大夫祕
書監著作郎

王結

王結字儀伯易州定興人祖遜勤以質子軍從太祖西征娶阿魯渾氏自西域徙戍秦隴又徙中山家焉結生而聰穎讀書數行俱下終身不忘嘗從太史董朴受經深於性命道德之蘊故其措之事業見之文章皆悉有所本憲使王仁見之曰公輔器也年二十餘游京師上執政書陳時政八事曰立經筵以養君德行仁政以結民心育英材以備貢舉擇守令以正銓衡敬賢士以厲名節革冗官以正職制辨章程以定民志務農桑以厚民生其言剴切純正皆治國之大經大法宰相不能盡用之時仁宗在潛邸或薦結充宿衞乃集歷代君臣行事善惡可爲鑒戒者日陳于前仁宗嘉納焉武宗卽位以仁宗爲皇太子大德十一年命置東宮官屬以結爲典牧太監階太中大夫近侍以俳優進結言昔唐莊宗好此卒致禍敗殿下方育德春宮視聽宜謹仁宗優納之仁宗卽位遷集賢直學士出爲順德路總管教民務農興學孝親弟長戢奸禁暴悉登于書俾朝夕閱習之屬邑巨鹿沙河有唐魏徵宋璟墓乃祠二公于學表其言論風旨以勵多士遷揚州又遷寧國以從弟紳僉江東廉訪司事辭不赴改東昌路

境有黃河故道而會通堤遏其下流夏月潦水壞民麥禾結疏爲斗門以泄之
民獲耕治之利至治二年參議中書省事時拜住爲丞相結言爲相之道當正
己以正君正君以正天下除惡不可猶豫猶豫恐生它變服用不可奢僭奢僭
則害及于身丞相是其言未幾除吏部尚書薦名士宋本韓鏞等十餘人泰定
元年春廷試進士以結充讀卷官遷集賢侍讀學士中奉大夫會有月食地震
烈風之異結昌言于朝曰今朝廷君子小人混淆刑政不明官賞太濫故陰陽
錯謬咎徵薦臻宜修政事以弭天變是歲詔結知經筵扈從上都結援引古訓
證時政之失冀帝有所感悟中宮聞之亦召結等進講結以故事辭明年除浙
西廉訪使中途以疾還歲餘拜遼陽行省參知政事遼東大水穀價翔踴結請
于朝發粟數萬石以賑饑民召拜刑部尚書天曆元年文宗卽位拜陝西行省
參知政事改同知儲慶司事二年拜中書參知政事入謝光天殿以親老辭帝
曰忠孝能兩全乎是時迎立明宗于朔方明宗命文宗居皇太子位於是遣大
臣奉寶北迓近侍有求除拜賞賚者結曰俟天子至議之初上都之變失皇太

子寶更鑄新寶近侍請視舊製宜加大結曰此寶當傳儲嗣不敢踰舊制也或致人于死而籍其妻孥貲產者結復論之近侍益怒譖詆日甚遂罷政又命爲集賢侍讀學士丁內艱不起元統元年復除浙西廉訪使未行召拜翰林學士資善大夫知制誥同修國史與張起巖歐陽玄修泰定天曆兩朝實錄拜中書左丞中宮命僧尼於慈福殿作佛事已而殿災結言僧尼褻瀆當坐罪左丞相疾革家人請釋重囚禳之結極陳其不可先時有罪者北人則徙廣海南人則徙遼東去家萬里往往道死結請更其法移鄉者止千里外改過聽還其鄉因著爲令職官坐罪者多從重科結曰古者刑不上大夫今貪墨雖多然士之廉恥不可以不養也聞者謂其得體至元元年詔復入翰林養疾不能應詔二年正月二十八日卒年六十有二結立言制行皆法古人故相張珪曰王結非聖賢之書不讀非仁義之言不談識者以爲名言晚邃於易著易說一卷臨川吳澄讀而善之及卒公卿咭于朝士大夫弔于家曰正人亡矣四年五月詔贈資政大夫河南江北等處行中書省右丞護軍追封太原郡公謚文忠有詩文十

五卷行于世

宋衜

宋衜字弘道潞州長子人金兵部員外郎元吉之孫衜善記誦年十七避地襄陽已而北歸屏居河內者十有五年趙璧經略河南聞其名禮聘之中統三年擢翰林修撰李璮畔璧行中書省事於濟南至元五年大兵守襄陽璧行元帥府事衜皆從焉軍事多所咨訪六年高麗權臣林衍廢其國王而立其弟温詔遣國王頭輦哥暨璧將兵討之以衜爲行省員外郎持詔徙江華島居民於平壤復命慰勞良厚仍賜衣段授河南路總管府判官不赴十三年入爲太常少卿屬省官制行兼領籍田署事十六年太子以耆德召見應對詳雅大愜睿旨自是數蒙召問侍講經幄開諭爲多十八年除祕書監十九年江西分地當署郡邑守令皆命衜銓舉二十年初立詹事院首命衜爲太子賓客每燕見優賜容接多所賜賚二十三年卒有秬山集十卷行于世

張伯淳

張伯淳字師道杭州崇德人少舉童子科以父任銓受迪功郎淮陰尉改揚州司戶參軍尋舉進士監臨安府都稅院陞觀察推官除太學錄入本朝至元二十三年授杭州路儒學教授遷浙東道按察司知事二十八年擢爲福建廉訪司知事歲餘有薦伯淳於帝前者遣使召問明年入見帝問冗官風憲鹽筴楮幣皆當時大議所對悉稱旨命至政事堂將重用之固辭遂授翰林直學士進階奉訓大夫謁告以歸授慶元路總管府治中行省檄按疑獄衢秀皆得其情大德四年即家拜翰林侍講學士明年造朝扈從上都又明年卒有文集若干卷藏于家

元史卷一百七十八

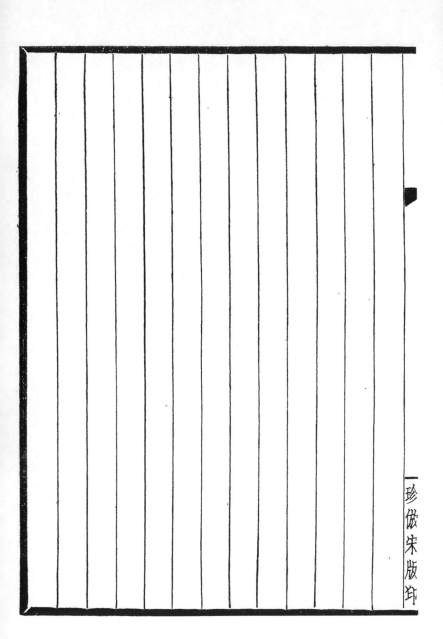

明翰林學士亞中大夫知制誥兼修國史宋　濂等修

列傳第六十六

賀勝

賀勝仁傑子也字貞卿一字舉安小字伯顏以小字行嘗從許衡學通經傳大義年十六入宿衞凝重寡言世祖甚器重之大臣有密奏輒屏左右獨留勝許聽之出則參乘輿入則侍帷幄非休沐不得至家至元二十四年乃顏叛帝親征勝直武帳中雖親王不得輒至勝傳旨飭諸將詰旦合戰還侍帝側矢交帳前勝立侍不動乃顏既敗帝還都乘輿夜行足苦寒勝解衣以身温之帝一日獵還勝參乘伶人蒙采毳作獅子舞以迎駕輿象驚奔逸不可制勝投身當象前後至者斷靷縱象乘輿乃安勝退創甚帝親撫之遣尚醫尚食視護拜集賢學士領太史院事賜一品服盧議世榮桑哥秉政勢焰熏灼勝父仁傑留守上都不肯爲之下桑哥欲陰中之累數十奏帝皆不聽至元二十八年桑哥敗罷

尙書省政歸中書帝問誰可相者勝對曰天下公論皆屬完澤遂相完澤而以
勝參知政事三十年僉樞密院事遷大都護大德九年勝父仁傑請老以勝代
爲上都留守兼本路都總管開平府尹虎賁親軍都指揮使旣至通商賈抑豪
縱出納有法裁量有度供億不匱民賴以安諸權貴子弟奴隸有暴橫驕縱者
悉繩以法至大三年進光祿大夫左丞相行上都留守兼本路總管府達魯花
赤尋又加開府儀同三司上柱國奉聖州民高氏籍虎賁以貲雄鄉里身死子
幼有達官利其財使其部曲强娶高氏婦勝白帝斥之高氏以全歲大饑輒發
倉廩賑民乃自劾待罪帝報曰祖宗以上都之民付卿父子欲安之也卿能如
此朕復何憂卿其視事民德之爲立祠上都西門外帝聞之復命工寫其像以
賜俾傳示子孫未幾以足疾請老不許曰卿臥護足矣賜小車出入禁闥初開
平人張弼家富弼死其奴索錢民家弗得毆負錢者至死有治其獄者數奴引
弼子幷下之獄丞相鐵木迭兒受其賂六萬緡終不爲直勝素惡鐵木迭兒貪
暴居同巷不與往來聞弼事以語御史中丞楊朶兒只楊朶兒只以語監察御

史玉龍帖木兒徐元素遂劾奏丞相逮治其左右得所賂事實以聞帝亦素惡鐵木迭兒欲誅之鐵木迭兒走匿太后宮中太后爲言僅奪其印綬而罷之及英宗卽位在諒闇中鐵木迭兒遂復出據相位乃執楊朶兒只及中書平章政事蕭守住同日戮于市且復誣勝乘賜車迎詔不敬弃殺之勝死之日百姓爭持紙錢哭于屍傍甚哀泰定初詔雪其冤贈推忠宣力保德功臣太傅開府儀同三司上柱國追封泰國公諡惠愍至正三年加贈推忠亮節同德翊戴功臣太師開府儀同三司上柱國追封涇陽王改諡忠宣子二人惟一開府儀同三司中書左丞相監脩國史惟賢太中大夫同知上都留守司事孫均太子詹事

楊朶兒只

楊朶兒只河西寧夏人少孤與其兄皆幼卽知自立語言儀度如成人事仁宗于藩邸甚見倚重大德丁未從還懷孟仁宗聞朝廷有變將北還命朶兒只與李孟先之京師與右丞相哈剌哈孫定議迎武宗于北藩仁宗還京師朶兒只譏察禁衞密致警備仁宗嘉賴焉親解所服帶以賜既佐定內難仁宗居東宮

論功以爲太中大夫家令丞日夕侍側雖休沐不至家衆敬憚之會兄卒涕泣不勝哀仁宗憐之存問優厚事寡嫂有禮待兄子不異己子家人化之進正奉大夫延慶使武宗聞其賢召見之仁宗曰此人誠可任大事然剛直寡合武宗顧視之曰然仁宗始總大政執誤國者將盡按誅之朶兒只曰爲政而尚殺非帝王治也帝感其言特誅其尤者民大悅服帝他日與中書平章李孟論元從人材孟以朶兒只爲第一帝然之拜禮部尙書初尙書省改作至大銀鈔視中統一當其二十五又鑄銅爲至大錢至是議罷之朶兒只曰法有便否不當視立法之人爲廢置銀鈔固當廢銅錢與楮幣相權而用之昔之道也國無棄寶民無失利錢未可遽廢也言雖不盡用時論是之遷宣徽副使御史請遷爲臺官帝以宣徽膳用素不會計特以委之未之許也有言近臣受賄者帝怒其非所當言將誅之時張珪爲御史中丞叩頭諫不聽朶兒只言于帝曰誅告者失刑違諫者失誼世無諍臣久矣張珪真中丞也帝喜竟用珪言拜朶兒只爲侍御史帝宴閑時羣臣侍坐者或言笑踰度帝見其正色爲之改容有犯法者雖

貴幸無所容貸怨者因共譖之帝知之深譖不得行拜資德大夫御史中丞中書平章政事張閭以妻病謁告歸江南奪民河渡地朵兒只以失大體劾罷之江東西奉使斡來不稱職權臣匿其奸冀不問朵兒只劾而杖之斡來媿死御史納璘言事忤旨帝怒叵測朵兒只救之一日至八九奏曰臣非愛納璘誠不願陛下有殺御史之名帝曰爲卿宥之可左遷爲昌平令昌平畿內劇縣欲以是困納璘朵兒只又言曰以御史宰京邑無不可者但以言事而得左遷恐後之來者用是爲戒不肯復言矣帝不允後數日帝讀貞觀政要朵兒只侍側帝顧謂曰魏徵古之遺直也朕安得用之對曰直由太宗太宗不聽徵雖直將焉用之帝笑曰卿意在納璘耶當赦之以成爾直名也有上書論朝政闕失而觸宰相宰相怒將取旨殺之朵兒只曰詔書云言雖不當無罪今若此何以示信天下果誅之臣亦負其職矣帝悟釋之於是特加昭文館大學士榮祿大夫以奬其直言時位一品者多乘間邀王爵贈先世或謂朵兒只眷倚方重苟言之當可得也朵兒只曰家世寒微幸際遇至此已懼弗稱尚敢求多乎且我爲之

何以風勵僥倖者遷中政院使未幾復爲中丞遷集賢大學士爲權臣鐵木迭兒所害而死年四十二初武宗崩皇太后在興聖宮鐵木迭兒爲丞相踰月仁宗即位因遂相之居兩歲得罪斥罷更自結徽政近臣復再入相恃勢貪虐兇穢愈甚中外切齒羣臣不知所爲御史中丞蕭拜住拜中書右丞又拜平章政事稍牽制之朶兒只自侍御史拜御史中丞慨然以糾正其罪爲己任上都富民張弼殺人繫獄鐵木迭兒使大奴脅留守賀伯顏出之及強以他奸利事不能得一日坐都堂盛怒以官事召留守將罪之留守昌言大奴所干非法不敢從他實無罪鐵木迭兒語詘得解去朶兒只廉得其所受弼賕鉅萬萬大奴猶數千使御史徐元素按得實入奏而御史亦輦真又發其私罪二十餘事帝震怒有詔逮問鐵木迭兒逃匿帝爲不御酒數日以待決獄盡誅其大奴同惡數人鐵木迭兒終不能得朶兒只持之急徽政近臣以太后旨召朶兒只至宮門責以違旨意者對曰待罪御史奉行祖宗法必得罪人非敢違太后旨也帝仁孝恐誠出太后意不忍重傷咈之但罷其相位而還朶兒只爲集賢學士帝猶

數以臺事問之對曰非臣職事臣不敢與聞所念者鐵木迭兒雖去君側反得爲東宮師傅在太子左右恐售其奸則禍有不可勝言者仁宗崩英宗猶在東宮鐵木迭兒復相乃宣太后旨召蕭拜住朵兒只至徽政院與徽政使失里門御史大夫禿忒哈雜問之責以前違太后旨之罪朵兒只曰中丞之職恨不卽斬汝以謝天下果違太后旨汝其有今日耶鐵木迭兒又引同時爲御史者二人證成其獄朵兒只顧二人唾之曰汝等嘗得備風憲乃爲是犬彘事耶坐者皆慚俯首卽起入奏未幾稱旨執朵兒只載諸國門之外與蕭拜住俱見殺是日風沙晦冥都人恟懼道路相視以目英宗卽位詔書遂加以誣罔大臣之罪鐵木迭兒權勢既成毫髮之怨無不報者太后驚悔而帝亦覺其所譖毀者皆先帝舊臣未及論治而鐵木迭兒以病死會有天災求直言會議廷中集賢大學士張珪中書參議回回皆稱蕭楊等死甚冤是致不雨聞者失色言終不得達及珪拜平章卽告丞相拜住曰賞罰不當枉抑不伸不可以爲治若蕭楊等冤何可不亟昭雪也丞相善之遂請於帝詔昭雪其冤特贈思順佐理功臣金

紫光祿大夫司徒上柱國夏國公諡襄愍朵兒只死時權臣欲奪其妻劉氏與
人劉氏剪髮毀容以自誓乃免子不花
不花幼有才氣能以禮自持好讀書善書初仁宗聞而召之應對稱旨欲以爲
翰林直學士力辭後遭家難益自勵節爲學以蔭補武備司提點轉僉河東廉
訪司事嘗出按部民有殺子以誣怨者獄成不花讞之曰以十歲兒受十一創
且彼以斧殺怨必盡其力何創痕之淺反不入膚耶遂得其情平反出之河東
民饑先捐己貲以賑請未得命卽發公廩繼之民遂賴不死天曆初文宗入繼
大統除通政院判將行值陝西諸軍拒詔郡邑守吏率民逃之不花獨率衆出
禦呼西人諭之曰民者祖宗艱難所致國家大事何與於民汝等既昧逆順又
欲殘此無辜吾有爲民死爾不汝從也陣潰遂見殺二僕亦見執曰吾主既爲
國死吾縱爲人奴今苟得生他日何以見吾主於地下不若死從吾主欲起殺
雠雠要斬之至順二年贈嘉議大夫禮部尚書以褒其忠
蕭拜住

蕭拜住契丹石抹氏也曾祖醜奴有膂力善騎射識見明敏仕金爲古北口屯戍千戸歲庚午國兵南下金將招燈必舍遁醜奴於暮夜潛領兵三千人力戰不克矢中其胸遂開關遣使納降太祖命醜奴襲招燈必舍追及平灤降之因攻取平灤檀順深冀等州及昌平紅螺平頂諸砦又兩敗金兵於邦君甸授檀州軍民元帥太祖方西征醜奴驛送竹箭弓弩弦各一萬擢檀順昌平萬戸仍管打捕鷹房人匠卒于官後追封順國公諡忠毅弟老瓦始以楊城漁寨來降爲醜奴弟充質子多立戰功襲檀州節度使言安以水柵未下陰誘湯河川人叛去老瓦追之不克死焉醜奴子青山中統元年襲萬戸至元十一年從丞相伯顏平宋還授湖北提刑按察使追封順國公諡武定青山子哈剌帖木兒少事裕宗於東宮典宿衞仕爲檀州知州追封順國公諡康惠拜住乃哈剌帖木兒之子也嘗從成宗北征特授檀州知州入爲禮部郎中擢同知大都路總管府事出知中山府以憂去官屬仁宗過中山有同官者譖於近侍曰知州去官實憚迎候煩勞耳帝領之適行田野間見老嫗問之曰府中官孰賢嫗對曰有

蕭知府餘不知也復過神祠有數老人焚香羅拜遣問之曰汝輩何所禱合辭對曰蕭知府奔喪還欲速其來是以禱也帝意遂釋武宗卽位起復爲中書左司郎中出爲河間路總管召爲右衛率使遷戶部尚書遂拜御史中丞皇慶元年遷陝西行中書省右丞延祐三年進中書平章政事除典瑞院使超授銀青榮祿大夫崇祥院使英宗卽位之十有九日右丞相鐵木迭兒怨拜住在省中牽制其所爲又發其姦贓專制等事遂請依皇太后旨幷前御史中丞楊朶兒只皆殺之帝曰人命至重刑殺非輕不宜倉卒二人罪狀未明當白太后使詳讞之若果無寃誅之未晚竟殺之並籍其家語見楊朶兒只及鐵木迭兒傳泰定間贈守正佐治功臣太保儀同三司柱國追封薊國公諡忠愍拜住之死有吳仲者潛守其屍三日不去竟收葬之

元史卷一百八十

明翰林學士亞中大夫知制誥兼修國史宋　濂等修

列傳第六十七

耶律希亮

耶律希亮字明甫楚材之孫鑄之子也初六皇后命以赤帖吉氏歸鑄生希亮於和林南之涼樓曰禿忽思六皇后遂以其地名之憲宗嘗遣鑄賚錢糧于燕鑄曰臣先世皆讀儒書儒生俱在中土願攜諸子至燕受業憲宗從之乃命希亮師事北平趙衍時方九歲未浹旬已能賦詩歲丙辰憲宗召鑄還和林希亮獨留燕歲戊午憲宗在六盤山希亮詣行在所已而鑄扈從南伐希亮亦在行明年憲宗崩於蜀希亮將輜重北歸陝右又明年爲中統元年世祖即位阿里不哥反遣使召主將渾都海鑄說渾都海等入朝皆不從則棄其妻子挺身來歸既而渾都海知鑄去怒遣百騎追之不及乃使百人監視希亮母子迫脅使從行自靈武過應吉里城至西涼甘州阿里不哥遣大將阿藍荅兒自和林帥

師至焉支山希亮見之阿藍荅兒問而父安在希亮曰不知與吾父同任事者
宜知之渾都海怒詬曰我焉得知之其父今亡命東見皇帝矣希亮曰若然則
何爲不知阿藍荅兒熟視渾都海曰此言深有意焉詰希亮甚急希亮曰使吾
知之亦從而去安得獨留阿藍荅兒以爲實免其監泣既而阿藍荅兒渾都海
爲大兵所殺其殘卒北走衆推哈剌不花爲帥希亮潛匿甘州北黑水東沙陀
中殿兵已過十餘里有尋馬者適至老婢漏言衆奄至驅至肅州哈剌不花與
鑄有婚姻之好又哈剌不花在蜀時嘗疾病鑄召醫視之遺以酒食因釋希亮
縛謂曰我受恩於汝父此圖報之秋也及抵沙川北州希亮與兄弟徒步負任
不火食者數日是冬涉雪踰天山至北庭都護府二年至昌八里城夏踰馬納
思河抵葉密里城乃定宗潛邸湯沐之邑也時六皇后之妹主后位與宗王火
忽皆欲東覲希亮母密知其事攜希亮入見已而事不果冬至于火孛之地三
年定宗幼子大名王閔其不能歸遺以幣帛鞍馬乃從大名王至忽只兒之地
會宗王阿魯忽至誅阿里不哥所用鎮守之人唆羅海欲附世祖復從大名王

及阿魯忽二王還至葉密里城王遺以耳環其二珠大如榛實價值千金欲穿其耳使帶之希亮辭曰不敢因是以傷父母之遺體也且無功受賞於禮尤不可王又解金束帶遺之且曰繫此於遺體宜無傷五月又爲阿里不哥兵所驅西行千五百里至孛劣撒里之地六月又西至換扎孫之地又從至不剌城又西行六百里至徹徹里澤剌之山后妃輜重皆留于此希亮母及兄弟亦在焉希亮單騎行二百餘里至出布兒城又百里至也里虔城而哈剌不花之兵奄至希亮又從二王與師還至不剌城與哈剌不花戰敗之盡殲其衆二王乃函其頭遣使報捷十月至于亦思寬之地四年至可失哈里城四月阿里不哥兵復至希亮又從征至渾八升城時希亮母從后避暑於阿體八升山先是鑄嘗言于世祖臣之妻子皆在北邊至是世祖遣不華出至二王所因以璽書召希亮馳驛赴闕六月由苦先城至哈剌火州出伊州涉大漠以還八月入覲世祖于上都之大安閣備陳邊事及羈旅困苦之狀世祖憐之賜鈔千錠金帶一幣帛三十命爲速古兒必闍赤至元八年授奉訓大夫符寶郎十二年既平宋世

祖命希亮問諸降將日本可伐否夏貴呂文煥范文虎陳奕等皆云可伐希亮奏曰宋與遼金攻戰且三百年干戈甫定人得息肩俟數年興師未晚世祖然之十三年太府監令史盧贄言於監官各路所貢布長三丈唯平陽加一丈諸怯薛歹以故爭取平陽布苟截其長者與他郡等則無所爭而以其所截者爲髹漆宮殿器皿之用甚便監官從之適左右以其事聞帝以詰監官監官倉皇莫知所以對歸罪於贄帝命斬之希亮遇諸塗贄以冤告希亮命少緩具以實入奏有旨令董文用讞之竟釋贄而召御史大夫塔察兒等讓之曰此事言官當言而不言向微禿忽思不悞誅此人耶十四年轉嘉議大夫禮部尚書尋遷吏部尚書帝駐驆察納兒台之地希亮至奏對畢董文用問大都近事希亮曰囹圄多囚耳世祖方欹枕而臥忽寤問其故希亮奏曰近奉旨漢人盜鈔六文者殺以是囚多帝驚問孰傳此語省臣曰此旨實脫兒察所傳脫兒察曰陛下在南坡以語蒙古兒童帝曰前言戲耳曷嘗著爲令式乃罪脫兒察希亮因奏曰令既出矣必明其錯誤以安民心帝善其言即命希亮至大都諭旨中書十

七年希亮以跋涉西土足病痿攣謝事而去退居濼陽者二十餘年至大三年
武宗訪求先朝舊臣特除翰林學士承旨資善大夫尋改授翰林學士承旨知
制誥兼修國史希亮以職在史官乃類次世祖嘉言善行以進英宗取其書置
禁中久之閑居京師四方之士多從之游泰定四年卒年八十一希亮性至孝
困厄遐方家貲散亡已盡僅藏祖考畫像四時就穹廬陳列致奠盡誠盡敬朔
漠之人咸相聚來觀歎曰此中土之禮也雖疾病不廢書史或中夜起坐取燭
以書所著詩文及從軍紀行錄三十卷目之曰愫軒集贈推忠輔義守正功臣
資善大夫集賢學士上護軍追封漆水郡公諡忠嘉

趙世延

趙世延字子敬其先雍古族人居雲中北邊曾祖黑公爲金羣牧使太祖得其
所牧馬黑公死之祖按竺邇幼孤鞠於外大父朮要甲譌爲趙家因氏爲趙驍
勇善騎射從太祖征伐有功爲蒙古漢軍征行大元帥鎮蜀因家成都父黑梓
以門功襲父元帥職兼文州吐蕃萬戶達魯花赤世延天資秀發喜讀書究心

儒者體用之學弱冠世祖召見俾入樞密院御史臺肄習官政至元二十一年
授承事郎雲南諸路提刑按察司判官時年二十有四烏蒙蠻酋叛世延會省
臣以軍烏之蠻兵大潰卽請降二十六年擢監察御史與同列五人劾丞相桑
哥不法中丞趙國輔桑哥黨也抑不以聞更以告桑哥於是五人者悉爲其所
擠而世延幸免奉旨按平陽郡監也先忽都贓鉅萬鞫左司郎中董仲威殺人
獄皆明允二十九年轉奉議大夫出僉江南湖北道肅政廉訪司事敦儒學立
義倉撤淫祠脩澧陽縣壞隄嚴常澧掠賣良民之禁部內晏然元貞元年除江
南行御史臺都事丁內艱不赴大德元年復除前官三年移中臺都事俄改中
書左司都事臺臣奏仍爲都事中臺六年由山東肅政廉訪副使改江南行臺
治書侍御史十年除安西路總管安西故京兆省臺所治號稱會府前政壅滯
者三千牘世延既至不三月剖決殆盡陝民饑省臺議請于朝賑之世延曰救
荒如救火願先發廩以賑朝廷設不允世延當傾家財若身以償省臺從之所
活者衆至大元年除紹興路總管改四川肅政廉訪司蒙古軍士科差繁重而

軍士就戍往來者多害人且軍官或抑良爲奴世延皆除其弊而正其罪又脩都江堰民尤便之四年陞中奉大夫陝西行臺侍御史先是八百媳婦爲邊患右丞劉深往討之兵敗而還坐罪棄市及是右丞阿忽台當繼行世延言蠻夷事在羈縻而重煩天討致軍旅亡失誅戮省臣藉使盡得其地何補於國今窮兵黷武實傷聖治朝廷第當選重臣知治體者付以邊寄兵宜止勿用事聞樞密院臣以爲用兵國家大事不宜以一人之言爲與輟世延聞之章再上事卒罷皇慶二年拜江浙行省參知政事尋召還拜侍御史延祐元年省臣奏比奉詔漢人參政用儒者趙世延其人也帝曰世延誠可用然雍古氏非漢人其署宜居右遂拜中書參知政事居中書二十月遷御史中丞有旨省臣自平章以下率送之官其禮前所無有由是爲權臣所忌乃用皇太后旨出世延爲雲南行省右丞陛辭帝特命仍還御史臺爲中丞三年世延劾奏權臣太師右丞相帖木迭兒罪惡十有三詔奪其官職尋陞翰林學士承旨兼御史中丞世延固辭乃解中丞五年進光祿大夫昭文館學士守大都留守乞補外拜四川行省

平章政事世延議卽重慶路立屯田物色江津巴縣閑田七百八十三頃摘軍千二百人墾之歲得粟萬一千七百石明年仁宗崩帖木迭兒復居相位銳意報復屬其黨何志道誘世延從弟胥益兒哈呼誣告世延罪逮世延置對至夔路遇赦世延以疾抵荊門留就醫帖木迭兒遣使督追至京師俾其黨煅煉使成獄會有旨事經赦原勿復問帖木迭兒更以宅事白帝繫之刑曹逼令自裁世延不爲動居囚再歲胥益兒哈呼自以所訴涉誣欺亡去中書左丞相拜住屢言世延亡辜得旨出獄就舍以養疾先是帝獵北涼亭顧謂侍臣曰趙世延先帝所尊禮而帖木迭兒妄入其罪數請誅之此殆報私怨耳朕豈能從之侍臣皆叩頭稱萬歲帖木迭兒在上京聞世延出獄索省牘視之怒曰此左丞相罔上所爲也事聞帝語之曰此朕意耳未幾帖木迭兒死事乃釋世延出居於金陵泰定元年召還朝除集賢大學士明年出爲江南行臺御史中丞四年入朝復爲御史中丞又遷中書右丞明年有旨趙世延頃爲權姦所誣中書宜偏移天下昭雪其非辜仍加翰林學士承旨光祿大夫經筵開兼知經筵事選揀

勸講者皆一時名流又加同知樞密院事泰定帝崩燕鐵木兒與宗王大臣議武宗二子周王懷王於法當立周王遠在朔漠而懷王久居民間備嘗艱險民必歸之天位不可久虛不如先迎懷王以從民望八月卽定策迎之于江陵懷王卽位是爲文宗當是時世延贊畫之功爲多文宗卽位世延仍以御史中丞兼翰林學士承旨以疾乞歸田里詔不允天曆二年正月復除江南行臺御史中丞行次濟州三月改集賢大學士六月又加奎章閣大學士八月拜中書平章政事冬世延至京固辭不允詔以世延年高多疾許乘小車入內至順元年詔世延與虞集等纂修皇朝經世大典世延屢奏臣衰老乞解中書政務專意纂修帝曰老臣如卿者無幾求退之言後勿復陳四月仍加翰林學士承旨封魯國公秋以疾移文中書致其事明日卽行養疾於金陵之茅山詔徵還朝不能行二年改封涼國公元統二年詔賜世延錢凡四萬緡至元改元仍除奎章閣大學士翰林學士承旨中書平章政事魯國公明年五月至成都十一月卒享年七十有七至正二年贈世忠執法佐運翊亮功臣太保金紫光祿大夫上

柱國追封魯國公謚文忠世延歷事凡九朝敭歷省臺五十餘年負經濟之資
而將之以忠義守之以清介飾之以文學凡軍國利病生民休戚知無不言而
於儒者名教尤拳拳焉爲文章波瀾浩瀚一根於理嘗較定律令彙次風憲宏
綱行于世五子達者三人野峻台黃州路總管次月魯江浙行省理問官伯忽
夔州路總管天曆初囊加台據蜀叛死于難特贈推忠秉義効節功臣資善大
夫中書右丞上護軍追封蜀郡公謚忠愍

孔思晦

孔思晦字明道孔子五十四世孫也資質端重而性簡默童丱時讀書已識大
義及長授業於導江張頺講求義理於詞章之習薄而弗爲家貧躬耕以爲養
雖劇寒暑而爲學未嘗懈遠近爭聘爲子弟師大德中游京師祭酒耶律有尚
欲薦之以母老辭而歸母臥疾躬進藥餌衣不解帶居喪勺水不入口者五日
至大中舉茂才爲范陽儒學教諭延祐初調寧陽學先是兩縣校官率以廩薄
不能守職而思晦以儉約自將教養有法比代去學者皆不忍舍之於是孔氏

族人相與議思晦適長且賢宜襲封爵奉祀事狀上政府事未決仁宗在位雅崇尚儒道一日問孔子之裔今幾世襲爵爲誰廷臣具對曰未定帝親取孔氏譜牒按之曰以嫡應襲封者思晦也復奚疑特授中議大夫襲封衍聖公月俸百緡加至五百緡賜四品印泰定三年山東廉訪副使王鵬南言襲爵上公而階止四品於格弗稱且失尊崇意明年陞嘉議大夫至順二年改賜三品印思晦以宗祀責重恆懼弗勝每遇祭祀必敬必慎初廟燬于兵後雖苟完而角樓圍牆未備思晦竭力營度以復其舊金絲堂壞又一新之祭器禮服悉加整飭又以尼山乃毓聖之地故有廟已毀民冒耕祭田且百年思晦復其田里請置尼山書院以列于學官朝廷從之三氏學舊有田三千畝占于豪民子思書院舊有營運錢萬緡貸於民取子錢以供祭祀久之民不輸子錢并負其本思晦皆理而復之聖父舊封齊國公思晦言于朝曰宣聖封王而父爵猶公願加褒崇乃詔加封聖父啓聖王聖母王夫人五季時孔末之後方盛欲以僞滅真害宣聖子孫幾盡至是其裔復欲冒稱宣聖後思晦以爲不早辨則真僞久益不

可明彼與我不共戴天乃列于族與共拜殿廷可乎遂會族人稽典故斥之既
又重刻宗譜于石而孔氏族裔益明矣元統元年卒年六十七卒之日有鶴百
餘翔其屋上又見神光自東南落其舍北至正中朝廷加贈其官而賜謚曰文
肅子曰克堅襲封衍聖公階嘉議大夫既而進通奉大夫至正十五年召爲同
知太常禮儀院事拜陝西行臺侍御史還國子祭酒擢山東肅政廉訪使不赴
孫希學襲衍聖公

元史卷一百八十

元史卷一百八十一

明翰林學士亞中大夫知制誥兼修國史宋濂等修

列傳第六十八

元明善

元明善字復初大名清河人其先蓋拓跋魏之裔居清河者至明善四世矣明善資穎悟絶出讀書過目輒記諸經皆有師法而尤深於春秋弱冠游吳中已名能文章浙東使者薦爲安豐建康兩學正辟掾行樞密院時董士選僉院事待之若賓友不敢以曹屬御之及士選陞江西左丞又辟爲省掾會贛州賊劉貴反明善從士選將兵討之擒賊三百人明善議緩誅誤得全活者百三十人一日將佐白宜多戮俘獲及尸一切死者以張軍聲明善固爭以爲王者之師恭行天罰小醜跳梁戮其渠魁可爾民何辜焉既又得賊所書贛吉民丁十萬于籍者有司喜欲滋蔓爲利明善請火其籍以滅跡二郡遂安陞掾南行臺未幾授樞密院照磨轉中書左曹掾掾曹無留事始明善在江西時朱瑄爲其省

參政明善有馬駿而瘠瑄假爲從騎久益壯瑄愛之致米三十斛酬其直後瑄敗江浙行省籍其家得金穀之簿書米三十斛送元復初不言以酬馬直明善坐免久之有爲辨白其事者乃復掾省曹仁宗居東宮首擢爲太子文學及卽位改翰林待制與修成宗順宗實錄陞翰林直學士詔節尙書經文譯其關政要者以進明善舉宋忠臣子集賢直學士文陞同譯潤許之書成每奏一篇帝必稱善曰二帝三王之道非卿莫聞也興聖太后旣受尊號廷臣請因肆赦明善曰數赦非善人之福宥過可也奉旨出賑山東河南饑時彭城下邳諸州連數十驛民餓馬斃而官無文書賑貸明善以鈔萬二千錠分給之曰擅命獲罪所不辭也還修武宗實錄又陞翰林侍講學士預議科舉服色等事延祐二年始會試天下進士明善首充考試官及廷試又爲讀卷官所取士後多爲名臣改禮部尙書正孔氏宗法以宣聖五十五世孫思晦襲封衍聖公事上制可之擢參議中書省事旋復入翰林爲侍讀歲中拜湖廣行省參知政事又召入集賢爲侍讀議廣廟制陞翰林學士修仁宗實錄英宗親祼大室禮官進祝冊請

署御名命明善代署者三眷遇之隆當時莫並焉至治二年卒于位泰定間贈資善大夫河南行省左丞追封清河郡公謚曰文敏明善早以文章自豪出入秦漢間晚益精詣有文集行世初在江西金陵每與虞集劇論以相切劘明善言集治諸經惟朱子所定者耳自漢以來先儒所嘗盡心者考之殊未博集亦言凡爲文辭得所欲言而止必如明善云若雷霆之震驚鬼神之靈變然後可非性情之正也二人初相得甚驩至京師乃復不能相下董士選之自中臺行省江浙也二人者俱送出都門外士選曰伯生以教導爲職當早還復初宜更送我集還明善送至二十里外士選下馬入邸舍中爲席出橐中肴酌酒同飲乃舉酒屬明善曰士選以功臣子出入臺省無補國家惟求得佳士數人爲朝廷用之如復初與伯生他日必皆光顯然恐不免爲人搆間復初中原人也仕必當道伯生南人將爲復初摧折今爲我飲此酒慎勿如是明善受卮酒跪而釂之起立言曰誠如公言無論他日今隙已開矣請公再賜二卮明善終身不敢忘公言乃再飲而別真人吳全節與明善交尤密嘗求明善作文既成明善

謂全節曰伯生見吾文必有譏彈吾所欲知成季爲我治具招伯生來觀之若已入石則無及矣明日集至明善出其文問何如集曰公能從集言去百有餘字則可傳矣明善卽泚筆屬集凡刪百二十字而文益精當明善大喜乃驩好如初集每見明經之士亦以明善之言告之明善一子晦蔭受峽州路同知早卒

虞集 弟槃 范梈

虞集字伯生宋丞相允文五世孫也曾祖剛簡爲利州路提刑有治績嘗與臨邛魏了翁成都范仲黼李心傳輩講學蜀東門外得程朱氏微旨著易詩書論語說以發明其義蜀人師尊之祖珏知連州亦以文學知名父汲黃岡尉宋亡僑居臨州崇仁與吳澄爲友澄稱其文清而醇嘗再至京師贖族人被俘者十餘口以歸由是家益貧晚稍起家教授於諸生中得孛木魯翀歐陽玄而稱許之以翰林院編修致仕娶楊氏國子官祭酒文仲女咸淳閒文仲守衡以汲從未有子爲禱於南岳集之將生文仲晨起衣冠坐而假寐夢一道士至前牙兵

啓曰南嶽真人來見旣覺聞甥館得男心頗異之集三歲卽知讀書歲乙亥汲
挈家趨嶺外干戈中無書册可攜楊氏口授論語孟子左氏傳歐蘇文聞輒成
誦比還長沙就外傅始得刻本則已盡讀諸經通其大義矣文仲世以春秋名
家而族弟參知政事棟明於性理之學楊氏在室卽盡通其說故集與弟槃皆
受業家庭出則以契家子從吳澄遊授受具有源委左丞董士選自江西除南
行臺中丞延集家塾大德初始至京師以大臣薦授大都路儒學教授雖以訓
迪爲職而益自充廣不少暇佚除國子助教卽以師道自任諸生時其退每挾
策趨門下卒業他館生多相率詣集請益丁內艱服除再爲助教除博士監祭
殿上有劉生者被酒失禮俎豆閒集言諸監請削其籍大臣有爲劉生謝者集
持不可曰國學禮義之所出也此而不治何以爲教仁宗在東宮傅旨諭集勿
竟其事集以劉生失禮狀上之移詹事院竟黜劉生仁宗更以集爲賢大成殿
新賜登歌樂其師世居江南樂生皆河北田里之人情性不相能集親教之然
後成曲復請設司樂一人掌之以俟考正仁宗卽位責成監學拜臺臣爲祭酒

除吳澄司業皆欲有所更張以副帝意集力贊其說有爲異論以沮之者澄投檄去集亦以病免未幾除太常博士丞相拜住方爲其院使間從集問禮器祭義甚悉集爲言先王制作以及古今因革治亂之由拜住歎息益信儒者有用朝廷方以科舉取士說者謂治平可力致集獨以謂當治其源遷集賢修撰因會議學校乃上議曰師道立則善人多學校者士之所受教以致於成德達材者也今天下學官猥以資格授彊加之諸生之上而名之曰師爾有司弗信之生徒弗信之於學校無益也如此而望師道之立可乎下州小邑之士無所見聞父兄所以導其子弟初無必爲學問之實意師友之游從亦莫辨其邪正然則所謂賢材者非自天降地出安有可望之理哉爲今之計莫若使守令求經明行脩成德者身師尊之至誠懇惻以求之其德化之及庶乎有所觀感也其次則求夫操履近正而不爲詭異駭俗者確守先儒經義師說而不敢妄爲奇論者衆所敬服而非鄉愿之徒者延致之日諷誦其書使學者習之入耳著心以正其本則他日亦當有所發也其次則取鄉貢至京師罷歸者其議論文藝

猶足以聳動其人非若泛泛莫知根柢者矣六年除翰林待制兼國史院編修官仁宗嘗對左右歎曰儒者皆用矣惟虞伯生未顯擢爾會晏駕不及用英宗卽位拜住爲相頗超用賢俊時集以憂還江南拜住不知也乃言於上遣使求之於蜀不見求之江西又不見集方省墓吳中使至受命趨朝則拜住不及見矣泰定初考試禮部言於同列曰國家科目之法諸經傳注各有所主者將以一道德同風俗非欲使學者專門擅業如近代五經學究之固陋也聖經深遠非一人之見可盡試藝之文推其高者取之不必先有主意若先定主意則求賢之心狹而差自此始矣後再爲考官率持是說故所取每稱得人泰定初除國子司業遷祕書少監天子幸上都以講臣多高年命集與集賢侍讀學士王結執經以從自是歲嘗在行經筵之制取經史中切於心德治道者用國語漢文兩進讀潤譯之際患夫陳聖學者未易於盡其要指時務者猶難於極其情每選一時精於其學者爲之猶數日乃成一篇集爲反覆古今名物之辨以通之然後得以無忤其辭之所達萬不及一則未嘗不退而竊歎焉拜翰林直學

士俄兼國子祭酒嘗因講罷論京師恃東南運糧爲實竭民力以航不測非所以寬遠人而因地利也與同列進曰京師之東瀕海數千里北極遼海南濱青齊萑葦之場也海潮日至淤爲沃壤用浙人之法築堤捍水爲田聽富民欲得官者合其衆分授以地官定其畔以爲限能以萬夫耕者授以萬夫之田爲萬夫之長千夫百夫亦如之察其惰者而易之一年勿征也二年勿征也三年視其成以地之高下定額於朝廷以次漸征之五年有積蓄命以官就所儲給以祿十年佩之符印得以傳子孫如軍官之法則東面民兵數萬可以近衛京師外禦島夷遠寬東南海運以紓疲民遂富民得官之志而獲其用江海游食盜賊之類皆有所歸議定于中說者以爲一有此制則執事者必以賄成而不可爲矣事遂寢其後海口萬戸之設大略宗之文宗在潛邸已知集名既即位命集仍兼經筵嘗以先世墳墓在吳越者歲久湮沒乞一郡自便帝曰爾材何不堪顧今未可去爾除奎章閣侍書學士時關中大饑民枕籍而死有方數百里無子遺者帝問集何以救關中對曰承平日久人情宴安有志之士急於近效

則怨讟與焉不幸大菑之餘正君子爲治作新之機也若遣一二有仁術知民事者稍寬其禁令使得有所爲隨郡縣擇可用之人因舊民所在定城郭脩閭里治溝洫限畎畝薄征歛招其傷殘老弱漸以其力治之則遠去而來歸者漸至春耕秋歛皆有所助一二歲間勿征勿徭封域既正友望相濟四面而至者均齊方一截然有法則三代之民將見出於空虛之野矣帝稱善因進曰幸假臣一郡試以此法行之三五年間必有以報朝廷者左右有曰虞伯生欲以此去爾遂罷其議有敕諸兼職不過三免國子祭酒時宗藩暌隔功臣汰侈政教未立帝將策士於廷集被命爲讀卷官乃擬制策以進首以勸親親體羣臣同一風俗協和萬邦爲問帝不用集以入侍燕閒無益時政且媢嫉者多乃舉大學士忽都魯都兒迷失等進曰陛下出獨見建奎章閣覽書籍置學士員以備顧問臣等備員殊無補報竊恐有累聖德乞容臣等辭職帝曰昔我祖宗睿智聰明其於致理之道生而知之朕早歲跋涉艱阻視我祖宗既乏生知之明於國家治體豈能周知故立奎章閣置學士員以祖宗明訓古昔治亂得失日陳

於前卿等其悉所學以輔朕志若軍國機務自有省院臺任之非卿等責也其
勿復辭有旨采輯本朝典故倣唐宋會要修經世大典命集與中書平章政事
趙世延同任總裁集言禮部尚書馬祖常多聞舊章國子司業楊宗瑞素有曆
象地理記問度數之學可共領典翰林修撰謝端應奉蘇天爵太常李好文國
子助教陳旅前詹事院照磨宋褧通事舍人王士點俱有見聞可助撰錄庶幾
是書早成帝以嘗命修遼金宋三史未見成績大典令閣學士專率其屬爲之
既而以累朝故事有未備者請以翰林國史院修祖宗實錄時百司所具事蹟
參訂翰林院臣言於帝曰實錄法不得傳於外則事蹟亦不當示人又請以國
書脫卜赤顏增修太祖以來事蹟承旨塔失海牙曰脫卜赤顏非可令外人傳
者遂皆已俄世延歸集專領其事再閱歲書乃成凡八百帙既上進以目疾丐
解職不允乃舉治書侍御史馬祖常自代不報御史中丞趙世安乘間爲集請
曰虞伯生久居京師甚貧又病目幸假一外任便醫帝怒曰一虞伯生汝輩不
容耶帝方嚮用文學以集弘才博識無施不宜一時大典冊咸出其手故重聽

其去集每承詔有所述作必以帝王之道治忽之故從容諷切冀有感悟承顧問及古今政治得失尤委曲盡言或隨事規諫出不語人諫或不入歸家悒悒不樂家人見其然不敢問其故也時世家子孫以才名進用者衆患其知遇日隆每思有以間之既不效則相與摘集文辭指爲譏訕賴天子察知有自故不能中傷然集遇其人未嘗少變一日命集草制封乳母夫爲營都王使貴近阿榮巙巙傳旨二人者素忌集繆言制封營國公集具藁俄丞相自榻前來索制詞甚急集以藁進丞相愕然問故集知爲所紿卽請易藁以進終不自言二人者愧之其雅量類如此論薦人材必先器識心所未善不爲牢籠以沽譽評議文章不折之於至當不止其詭於經者文雖善不與也雖以此二者忤物速謗終不爲動光人龔伯璲以才俊爲馬祖常所喜祖常爲御史中丞伯璲游其門祖常亟稱之欲集爲薦引集不可曰是子雖小有才然非遠器亦恐不得令終祖常猶未以爲然一日邀集過其家設宴酒半出薦牘求集署集固拒之祖常不樂而罷文宗崩集在告欲謀南還弗果幼君崩大臣將立妥歡帖穆爾太子

用至大故事召諸老臣赴上都議政集在召列祖常使人告之曰御史有言乃謝病歸臨川初文宗在上都將立其子阿剌忒納答剌爲皇太子乃以妥歡帖穆爾太子乳母夫言明宗在日素謂太子非其子黜之江南驛召翰林學士承旨阿鄰帖木兒奎章閣大學士忽都魯篤彌實書其事于脫卜赤顏又召集使書詔播告中外時省臺諸臣皆文宗素所信用同功一體之人御史亦不敢斥言其事意在諷集速去而已伯璲後以用事敗殺其身世乃服集知人元統二年遣使賜上尊酒金織文錦二召還禁林疾作不能行屢有勑卽家撰文褒錫勳舊侍臣有以舊詔爲言者帝不懌曰此我家事豈由彼書生耶至正八年五月己未以病卒年七十有七官自將仕郞十二轉爲通奉大夫贈江西行中書省參知政事護軍封仁壽郡公集孝友方二親以故家令德中遭亂亡僑寓下邑左右承順無違弟槃早卒教育其孤無異己子兄采以筦庫輸賦京師虧數千緡盡力營貸代償之無難色撫庶弟嫁孤妹具有恩意山林之士知古學者必折節下之接後進雖少且賤如敵己當權門赫奕未嘗有所附麗集議中書

正言讜論多見容受屢以片言解疑誤出人於濱死亦不以爲德張珪趙世延尤敬禮之有所疑必咨焉家素貧歸老後食指益衆登門之士相望於道好事爭起邸舍以待之然碑板之文未嘗苟作南昌富民有伍眞父者貲產甲一方娶諸王女爲妻充本位下郡總管既卒其子屬豐城士甘懿求集文銘父墓奉中統鈔五百錠準禮物集不許懿愧歎而去其束脩羔鴈之入還以爲賓客費雖空乏弗恤也集學雖博洽而究極本原研精探微心解神契其經緯彌綸之妙一寓諸文藹然慶曆乾淳風烈嘗以江左先賢甚衆其人皆未易知其學皆未易言後生晚進知者鮮矣欲取太原元好問中州集遺意別爲南州集以表章之以病目而止平生爲文萬篇藁存者十二三早歲與弟槃同闢書舍爲二室左室書陶淵明詩於壁題曰陶庵右室書邵堯夫詩題曰邵庵故世稱邵庵先生子四人安民以廕歷官知吉州路安福州游其門見稱許者莆田陳旅旅亦有文行世國學諸生若蘇天爵王守誠輩終身不名他師皆當世稱名卿者其交游尤厚者曰范梈槃字仲常延祐五年第進士授吉安永豐丞丁父憂除

湘鄉州判官頗稱癖古有富民殺人使隸己者坐之上下皆阿從槃獨不署殺人者卒不免死而坐者得以不冤有巫至其州稱神降告其人曰某方火卽火又曰明日某方火民以火告者槃皆赴救至達晝夜告者數十寢食盡廢縣長吏以下皆迎巫至家厚禮之又曰將有大水且兵至州大家皆盡室逃槃得劾火卒一人訊之盡得巫黨所爲坐捕盜司召巫至鞫之無敢施鞭箠者槃謂卒曰此將爲大亂安有神乎急治之盡得黨與數十人羅絡內外果將爲變者同僚皆不敢出視曰君自爲之槃乃斷巫并其黨如法一時吏民始服儒者爲政若此秩滿除嘉魚縣尹槃已卒槃幼時嘗讀柳子厚非國語以爲國語誠可非而柳子之說亦非也著非非國語時人已歎其有識詩書春秋皆有論著而春秋乃其家學故尤善讀吳澄所解諸經義輒得其旨趣所在澄亟稱之兄集接方外士必扣擊其說嘗以爲聖人之教不明爲學者無所底止苟於吾道異端疑似之間不能深知而欲竆究夫性命之原死生之故其不折而歸之者寡矣槃不然聞諸僧在坐輒不入竟去其爲人方正有如此雖集亦嚴憚之然不幸

年不及艾而卒范梈字亨父一字德機清江人家貧早孤母熊氏守志不他適長而教之梈天資穎異所誦讀輒記憶雖癯然清寒若不勝衣於流俗中克自樹立無苟賤意居則固窮守節竭力以養親出則假陰陽之技以給旅食躭詩工文用力精深人罕知者年三十六始客京師卽有聲諸公間中丞董士選延之家塾以朝臣薦爲翰林院編修官秩滿御史臺擢海南海北道廉訪司照磨巡歷遐僻不憚風波瘴癘所至興學教民雪理冤滯甚衆還江西湖東長吏素稱嚴明於僚屬中獨敬異之選充翰林供奉御史臺又改擢福建閩海道知事閩俗素汙文繡局取良家子爲繡工無別尤甚梈作歌詩一篇述其弊廉訪使取以上聞皆罷遣之其弊遂革未幾移疾歸故里天曆二年授湖南嶺北道廉訪司經歷以養親辭是歲母喪明年十月亦以疾卒年五十九所著詩文多傳於世梈持身廉正居官不可干以私疏食飲水泊如也吳澄以道學自任少許可嘗曰若亨父可謂特立獨行之士矣爲文志其墓以東漢諸君子擬之

揭傒斯

揭傒斯字曼碩龍興富州人父來成宋鄉貢進士傒斯幼貧讀書尤刻苦晝夜不少懈父子自爲師友由是貫通百氏早有文名大德間稍出游湘漢湖南帥趙淇雅號知人見之驚曰他日翰苑名流也程鉅夫盧摯先後爲湖南憲長咸器重之鉅夫因妻以從妹延祐初鉅夫摯列薦于朝特授翰林國史院編修官時平章李孟監修國史讀其所撰功臣列傳歎曰是方可名史筆若他人直謄吏牘爾陞應奉翰林文字仍兼編修遷國子助教復留爲應奉南歸省母旋復召還傒斯凡三入翰林朝廷之事臺閣之儀靡不閑習集賢學士王約謂與傒斯談治道大起人意授之以政當無施不可天曆初開奎章閣首擢爲授經郎以教勳戚大臣子孫文宗時幸閣中有所咨訪奏對稱旨恆以字呼之而不名每中書奏用儒臣必問曰其材何如揭曼碩間出所上太平政要策以示臺臣曰此朕授經郎揭曼碩所進也其見親重如此富州地不產金官府惑於姦民之言爲募淘金戸三百而以其人總之散往他郡采金以獻歲課自四兩累增至四十九兩其人既死而三百戸所存無什一又貧不聊生有司遂責民之受

役於官者代輸民多以是破產中書因傒斯言遂蠲其征民賴以甦富州人至今德之與修經世大典文宗取其所撰憲典讀之顧謂近臣曰此豈非唐律乎特授藝文監丞參檢校書籍事且屢稱其純實欲進用之會文宗崩而止元統初詔對便殿慰諭良久命賜以諸王所服表裏各一躬自辨識以授之遷翰林待制陞集賢學士階中順大夫先是儒學官赴吏部銓者必移集賢考較其所業集賢下國子監監下博士吏文淹稽動踰累月傒斯請更其法以事付本院屬官人甚便之奉旨祀北嶽濟瀆南鎮便道西還時秦王伯顏當國屢促其還傒斯引疾固辭既而天子親擢爲奎章閣供奉學士乃即日就道未至改翰林直學士及開經筵再陞侍講學士同知經筵事以對品進階中奉大夫時新格超陞不越二等獨傒斯進四等轉九階蓋異數也經筵無專官曰領曰知多宰執大臣故微辭奧義必屬傒斯訂定而後其言往往寓進獻替之誠務以裨益治道天子嘉其忠懇數出金織文段以賜至正三年年七十致其事而去詔遣使追及于漷南尋復奉上尊諭旨還撰明宗神御殿碑文成賜楮幣萬緡白金

五十兩中宮賜白金亦如之求去不許命丞相脫脫及執政大臣面諭毋行傒斯曰使揭傒斯有一得之獻諸公用其言而天下蒙其利雖死于此何恨不然何益之有丞相因問方今致治何先傒斯曰儲材爲先養之於位望未隆之時而用之於周密庶務之後則無失材廢事之患矣一日集議朝堂傒斯抗言當兼行新舊銅錢以救鈔法之弊執政言不可傒斯持之益力丞相雖稱其不阿而竟莫行其言也詔修遼金宋三史傒斯與爲總裁官丞相問修史以何爲本曰用人爲本有學問文章而不知史事者不可與有學問文章知史事而心術不正者不可與用人之道又當以心術爲本也且與僚屬言欲求作史之法須求作史之意古人作史雖小善必錄小惡必記不然何以示懲勸由是毅然以筆削自任凡政事得失人材賢否一律以是非之公至於物論之不齊必反覆辯論以求歸於至當而後止四年遼史成有旨獎諭仍督早成金宋二史傒斯留宿史館朝夕不敢休因得寒疾七日卒時方有使者至自上京錫宴史局以傒斯故改宴日使者以聞帝爲嗟悼賜楮幣萬緡仍給驛舟護送其喪歸江南

六年制贈護軍追封豫章郡公諡曰文安有勳爵而無官階者有司失之也傒斯少處窮約事親菽水粗具而必得其歡心暨有祿入衣食稍踰於前輒愀然曰吾親未嘗享是也故平生清儉至老不渝友于兄弟終始無間言立朝雖居散地而急於薦士揚人之善惟恐不及而聞吏之貪墨病民者則尤不曲爲之揜覆也爲文章敘事嚴整語簡而當詩尤清婉麗密善楷書行草朝廷大典冊及元勳茂德當得銘辭者必以命焉殊方絕域咸慕其名得其文者莫不以爲榮云

黃溍

黃溍字晉卿婺州義烏人母童氏夢大星墜于懷乃有娠歷二十四月始生溍溍生而俊異比成童授以書詩不一月成誦迨長以文名於四方中延祐二年進士第授台州寧海丞縣地瀕鹽場亭戶恃其不統於有司肆毒害民編戶隸漕司及財賦府者亦謂各有所憑橫暴尤甚溍皆痛繩以法吏以利害白弗顧也民有後母與僧通而酖殺其父者反誣民所爲獄將成溍變衣冠陰察之具

知其姦僞卒直其寃惡少年名在盜籍者而謀爲刧奪未行邑大姓執之圖中賞格初無獲財左驗事久不決溍爲之疏剔以其獄上論之如本條免死者十餘人遷兩浙都轉運鹽使司石堰西場監運改諸暨州判官巡海官舸例以三載一新費出于官而責足于民有餘則總其事者私焉溍撙節浮蠹以餘錢還民讙呼而去奸民以僞鈔鉤結黨與脅攘人財官若吏聽其謀挾往新昌天台寧海東陽諸縣株連所及數百家民受慨至慘郡府下溍鞫治溍一問皆引伏官吏除名同謀者皆杖遣之有盜繫於錢塘縣獄游民賂獄吏私縱之假署文牒發其來爲向導逮捕二十餘家溍訪得其情以正盜宜傅重議持僞文書來者又非州民俱械還錢塘誣者自明入爲應奉翰林文字同知制誥兼國史院編脩官轉國子博士視弟子如朋交未始以師道自尊輕納人拜而來學者滋益恭業成而仕皆有聞于世時欲增設禮殿配位四配位合東坐而西向學官或議分置於左右同列不敢爭溍獨面折之事乃止出爲江浙等處儒學提舉溍年始六十七不俟引年亟上納祿侍親之請絕江徑歸俄以祕書少監致仕

未幾落致仕除翰林直學士知制誥同脩國史尋兼經筵官執經進講者三十有二帝嘉其忠數出金織紋段賜之陞侍講學士知制誥同脩國史同知經筵事階自將仕郎七轉至中奉大夫旋上章求歸不俟報而行帝聞之遣使者追還京師復爲前官久之始得謝南還優游田里閒凡七年卒於繡湖之私第年八十一贈中奉大夫江西等處行中書省參知政事護軍追封江夏郡公謚曰文獻溍天資介特在州縣唯以清白爲治月俸弗給每鬻產以佐其費及升朝行挺立無所附足不登鉅公勢人之門君子稱其清風高節如冰壺三尺纖塵弗汙然剛中少容觸物或弦急霆震若未易涯涘一旋踵間煦如陽春溍之學博極天下之書而約之於至精剖析經史疑難及古今因革制度名物之屬旁引曲證多先儒所未發文辭布置謹嚴援據精切俯仰雍容不大聲色譬之澄湖不波一碧萬頃魚鼈蛟龍潛伏不動而淵然之光自不可犯所著書有日損齋稾二十三卷義烏志七卷筆記一卷同郡柳貫吳萊皆浦陽人貫字道傳器局凝定端嚴若神嘗受性理之學於蘭溪金履祥必見諸躬行自幼至老好學

不倦凡六經百氏兵刑律曆數術方技異教外書靡所不通作文沉鬱春容涵肆演迤人多傳誦之始用察舉爲江山縣儒學教諭仕至翰林待制與溍及臨川虞集豫章揭傒斯齊名人號爲儒林四傑所著書有文集四十卷字系二卷近思錄廣輯三卷金石竹帛遺文十卷年七十三卒萊字立夫集賢大學士直方之子也輩行稍後於貫溍天資絕人七歲能屬文凡書一經目輒成誦嘗往族父家日易漢書一帙以去族父迫叩之萊琅然而誦不遺一字三易他編皆如之衆驚以爲神延祐七年以春秋舉上禮部不利退居深裏山中益窮諸書奧旨著尚書標說六卷春秋世變圖二卷春秋傳授譜一卷古職方錄八卷孟子弟子列傳二卷楚漢正聲二卷樂府類編一百卷唐律刪要三十卷文集六十卷他如詩傳科條春秋經說胡氏傳證誤皆未脫稾萊尤喜論文嘗云作文如用兵兵法有正有奇正是法度要部伍分明奇是不爲法度所縛舉眼之頃千變萬化坐作進退擊刺一時俱起及其欲止什伍各還其隊元不曾亂聞者服之貫平生極慎許與每稱萊爲絕世之才溍晚年謂人曰萊之文嶄絕雄深

類秦漢間人所作實非今世之士也吾縱操觚一世又安敢及之哉其爲前輩所推許如此萊以御史薦調長薌書院山長未上卒年僅四十有四君子惜之私謚曰淵穎先生

元史卷一百八十一

元史卷一百八十二

明翰林學士亞中大夫知制誥兼修國史宋　濂等修

列傳第六十九

張起巖

張起巖字夢臣其先章丘人五季避地禹城高祖迪以元帥右監軍權濟南府事徙家濟南當金之季張榮據有章丘鄒平濟陽長山辛市蒲臺新城淄州之地歲丙戌歸於太祖始終能效忠節迪與其子福實先後羽翼之福仕爲濟南路軍民鎮撫兵鈐轄權府事生東昌錄事判官鐸鐸生四川行省儒學副提舉範範生起巖初其母丘氏有娠見長虵數丈入榻下已忽不見乃驚而誕起巖幼從其父學年弱冠以察舉爲福山縣學教諭值縣官捕蝗移攝縣事久之聽斷明允其民相率曰若得張教諭爲真縣尹吾屬何患焉政成選安丘中延祐乙卯進士首選除同知登州事特旨改集賢脩撰轉國子博士陞國子監丞進翰林待制兼國史院編脩官丁內艱服除選爲監察御史中書參政楊廷玉以

墨敗臺臣奉旨就廟堂逮之下吏丞相倒剌沙疾其摧辱同列悉誣臺臣罔上
欲寘之重辟起巖以新除留臺抗章論曰臺臣按劾百官論列朝政職使然也
今以奉職獲戾風紀解體正直結舌忠良寒心殊非盛世事且世皇建臺閣廣
言路維持治體陛下即位詔旨動法祖宗今臺臣坐譴公論杜塞何謂法祖宗
耶章三上不報起巖廷爭愈急帝感悟事乃得釋猶皆坐罷免還鄉里遷中書
右司員外郎進左司郎中兼經筵官拜太子右贊善丁外艱服除改燕王府司
馬拜禮部尚書文宗親郊起巖充大禮使導帝陟降步武有節衣前後襜如陪
位百官望之如古圖畫中所覩帝甚嘉之賜賚優渥轉參議中書省事寧宗崩
燕南俄起大獄有妄男子上變言部使者謀不軌按問皆虛法司謂唐律告叛
者不反坐起巖奮謂同列曰方今嗣君未立人情危疑不亟誅此人以杜奸謀
慮妨大計趣有司具獄都人肅然大事尋定中書方列坐銓選起巖薦一士可
用丞相不悅起巖即攝衣而起丞相以爲忤己遷翰林侍講學士知制誥兼脩
國史脩三朝實錄加同知經筵事御史臺奏除淛西廉訪使不允已而擢陝西

行臺侍御史將行復留爲侍講學士拜江南行臺侍御史召入中臺爲侍御史轉燕南廉訪使搏擊豪強不少容貸貧民賴以吐氣滹沱河水爲真定害起巖請封河神爲侯爵而移文責之復修其隄防瀹其湮鬱水患遂息陞江南行臺御史中丞拜翰林學士承旨知制誥兼修國史知經筵事右丞相別怯里不花爲臺臣所糾去位未幾再入相諷詞臣言臺章之非起巖執不可聞者壯之俄拜御史中丞論事剴直無所顧忌與上官多不合詔修遼金宋三史復命入翰林爲承旨充總裁官積階至榮祿大夫起巖熟於金源典故宋儒道學源委尤多究心史官有露才自是者每立言未當起巖據理竄定深厚醇雅理致自足史成年始六十有五遂上疏乞骸骨以歸後四年卒謚曰文穆起巖面如紫瓊美髯方頤而眉目清揚可觀望而知爲雅量君子及其臨政決議意所背鄉屹若泰山不可回奪或時面折人面頸發赤不少恕廟堂憚之識者謂其外和中剛不受人籠絡如歐陽修名聞四裔安南修貢其陪臣致其世子之辭必候起巖起居性孝友少處窮約下帷教授躬致米百里外以養父母撫弟如石教之

宦學無不備至舉親族弗克葬者二十餘喪且買田以給其祭凡獲俸賜必與
故人賓客共之卒之日廩無餘粟家無餘財先是至元乙酉三月乙亥太史奏
文昌星明文運將與時世祖行幸上京明日丙子皇孫降生於儒州是夜起巖
亦生其後皇孫踐祚是爲仁宗始詔設科取士及廷試起巖遂爲第一人論者
以爲非偶然也起巖博學有文善篆隸有華峯漫藁華峯類藁金陵集各若干
卷藏于家子二人琳琛

歐陽玄

歐陽玄字原功其先家廬陵與文忠公修同所自出至曾大父新始遷居瀏陽
故玄爲瀏陽人幼岐嶷母李氏親授孝經論語小學諸書八歲能成誦始從鄉
先生張貫之學日記數千言卽知屬文十歲有黃冠師注目視玄謂貫之曰是
兒神氣凝遠目光射人異日當以文章冠世廊廟之器也言訖而去亟追與語
已失所之部使者行縣玄以諸生見命賦梅花詩立成十首晚歸增至百首見
者駭異之年十四益從宋故老習爲詞章下筆輒成章每試庠序輒占高等弱

冠下帷數年人莫見其面經史百家靡不研究伊洛諸儒源委尤爲淹貫延祐元年詔設科取士玄以尙書與貢明年賜進士出身授岳州路平江州同知調太平路蕪湖縣尹縣多疑獄久不決玄察其情皆爲平翻豪右不法虐其驅奴玄斷之從良貢賦徵發及時民樂趨事教化大行飛蝗獨不入境改武岡縣尹縣控制溪洞蠻獠雜居撫字稍乖輒弄兵犯順玄至踰月赤水太淸兩洞聚衆相攻殺官曹相顧失色計無從出玄卽日單騎從二人徑抵其地諭之至則死傷滿道戰鬭未已獠人熟玄名棄兵仗羅拜馬首曰我曹非不畏法緣訴其事於縣縣官不爲直反以繇役橫歛掊克之情有弗堪乃發憤就死耳不意煩我淸廉官自來玄喩以禍福歸爲理其訟獠人遂安召爲國子博士陞國子監丞致和元年遷翰林待制兼國史院編修官時當兵興玄領印攝院事日直內廷參決機務凡遠近調發制詔書檄旣而改元天曆郊廟建后立儲肆赦之文皆經撰述復條時政數十事實封以聞多推行之明年初置奎章閣學士院又置藝文監隸焉皆選淸望官居之文宗親署玄爲藝文少監奉詔纂修經世大典

陞太監檢校書籍事元統元年改僉太常禮儀院事拜翰林直學士編修四朝
實錄俄兼國子祭酒召赴中都議事陞侍講學士復兼國子祭酒重紀至元五
年足患風痺乞南歸以便醫藥帝不允拜翰林學士未幾懇辭去位帝復不允
免其行朝賀禮至正改元更張朝政事有不便者集議廷中玄極言無隱科目
之復沮者尤衆玄尤力爭之未幾南歸復起爲翰林學士以疾未行詔修遼金
宋三史召爲總裁官發凡舉例俾論撰者有所據依史官中有悻悻露才論議
不公者玄不以口舌爭俟其呈藁援筆竄定之統系自正至於論贊表奏皆玄
屬筆五年帝以玄歷仕累朝且有修三史功諭旨丞相超授爵秩遂擬拜翰林
學士承旨及入奏上稱快者再三已而乞致仕帝復不允御史臺奏除福建廉
訪使行次淛西疾復作乃上休致之請作南山隱居優游山水之間有終焉之
志復拜翰林學士承旨玄屢力辭不獲命奉勑定國律尋乞致仕陳情懇切乃
特授湖廣行中書省右丞致仕賜白玉束帶給俸賜以終其身將行帝復降旨
不允仍前翰林學士承旨進階光祿大夫十四年汝頴盜起蔓延南北州縣幾

無完城玄獻招捕之策千餘言鑿鑿可行當時不能用十七年春乞致仕以中原道梗欲由蜀還鄉帝復不允時將大赦天下宣赴內府玄久病不能步履丞相傳旨肩輿至延春閣下實異數也是歲十二月戊戌卒於崇教里之寓舍年八十五中書以聞帝賜賻甚厚贈崇仁昭德推忠守正功臣大司徒柱國追封楚國公謚曰文玄性度雍容含弘縝密處己儉約爲政廉平歷官四十餘年在朝之日殆四之三三任成均而兩爲祭酒六入翰林而三拜承旨修實錄大典三史皆大製作屢主文衡兩知貢舉及讀卷官凡宗廟朝廷雄文大冊播告萬方制誥多出玄手金繒上尊之賜幾無虛歲海內名山大川釋老之宮王公貴人墓隧之碑得玄文辭以爲榮片言隻字流傳人間咸知寶重文章道德卓然名世羽儀斯文贊衛治具與有功焉玄無子以從子達老後復先玄卒有圭齋文集若干卷傳于世

許有壬

許有壬字可用其先世居潁後徙湯陰有壬幼穎悟讀書一目五行嘗閱衡州

淨居院碑文近千言一覽輒背誦無遺年二十暢師文薦入翰林不報授開寧路學正陞教授未上辟山北廉訪司書吏擢延祐二年進士第授同知遼州事會關中有警鄰州聽民出避棄孩嬰滿道上有壬獨率弓箭手閉城門以守卒獲無虞州有追逮不許胥隸足跡至村疃唯給信牌令執里役者呼之民安而事集右族貪虐者懲之冤獄雖有成案皆平翻而釋其罪州遂大治六年己未除山北廉訪司經歷至治元年遷吏部主事二年轉江南行臺監察御史行部廣東以貪墨劾罷廉訪副使哈只蔡衍至江西會廉訪使苗好謙監焚昏鈔檢視鈔者日至百餘人好謙恐其有弊痛鞭之人畏罪率剔真爲僞以迎其意莞庫吏而下榜掠無全膚迄莫能償有壬覆視之率真物也遂釋之凡勢官豪民人畏之如虎狼者有壬悉擒治以法部內肅然召拜監察御史八月英宗暴崩於南坡賊臣鐵失遣使者自上京至封府庫收百官印有壬知事急卽往告御史中丞董守庸守庸謂宮禁事非子所當問有壬卽疏守庸及經歷朶尔只班監察御史郭也先忽都阿附鐵失之罪以俟十月鐵失伏誅泰定帝發上都御

史大夫紐澤先還京師有壬卽袖疏上之及帝至復上章言帖木迭兒之子瑣南與聞大逆乞賜典刑其兄弟勿令出入宮禁中書平章政事王毅右丞高昉横罹奪爵而四川行省平章政事趙世延受禍尤慘皆請雪冤復職繼上正始十事一曰輔翼太子宜先訓導二曰遴選長官宜先培養三曰通籍宮禁宜別貴賤四曰欲謹兵權宜削兼領五曰武備廢弛宜加修飭六曰賊臣妻妾宜禁勢官徵索七曰前赦權以止變宜再詔以正名八曰鐵木迭兒諸子宜籍沒以懲惡九曰考驗經費以減民賦十曰撙節浮蠹以紓國用帝多從之泰定元年初立詹事院選爲中議改中書左司員外郎京畿饑有壬請振之同列讓曰子言固善其如虧國何有壬曰不然民本也不虧民顧豈虧國邪卒白於丞相發糧四十萬斛濟之民賴以活者甚衆國學舊法每以積分次第貢以出官執政用監丞張起巖議欲廢之而以推擇德行爲務有壬折之曰積分雖未盡善然可得博學能文之士若曰惟德行之擇其名固佳恐皆厚貌深情專意外飾或懵不能識丁矣議久不決三年六月陞右司郎中其事遂行已而復寖獲盜例

有賞論者多疑其僞有淹四十餘年者羣訴於馬首有壬曰盜賊方熾求瘢太
甚緩急何以使人但經部使者覆覈者皆予官俄移左司郎中每遇公議有壬
屢爭事得失迅掃積滯幾無留牘都事宋本退語人曰此貞觀開元間議事也
明年丁父憂天曆三年擢兩淮都轉運鹽司使先是鹽法壞廷議非有壬不能
集事故有是命有壬詢究弊端立法而通融之國課遂登至順二年二月召參
議中書省事未幾以丁母憂去元統元年復以參議召明年甲戌拜治書侍御
史轉奎章閣學士院侍書學士仍治臺事會福達魯花赤完卜藉丞相勢宿衛
東宮其行頗淫穢御史劾之完卜藏御史大夫家有壬捕而遣之九月拜中書
參知政事知經筵事帝詔羣臣議上皇太后尊號爲太皇太后有壬曰皇上於
皇太后母子也若加太皇太后則爲孫矣非禮也衆弗之從有壬曰今制封贈
祖父母降於父母一等蓋推恩之法近重而遠輕今尊皇太后爲太皇太后是
推而遠之乃反輕矣豈所謂尊之者邪弗之聽中書平章政事徹里帖木兒挾
私憾奏罷進士科有壬廷爭甚苦不能奪遂稱疾在告帝強起之拜侍御史會

汝寧棒胡反大臣有忌漢官者取賊所造旗幟及僞宣勑班地上問曰此欲何為耶意漢官諱言反將以罪中之有壬曰此曹建年號稱李老君太子部署士卒以敵官軍其反狀甚明尚何言其語遂塞廷議欲行古劓法立行樞密院禁漢人南人勿學蒙古畏吾兒字書有壬皆爭止之重紀至元初長蘆韓公溥因家藏兵器遂起大獄株連臺省多以贓敗獨無有壬名由是忌者益甚有壬度不可留遂歸彰德已而南遊湘漢閒至元六年召入中書仍爲參知政事明年改元至正有壬極論帝當親祀太廟母后虛位徽政院當罷改元命相當合爲一詔冗職當沙汰錢糧當裁節如此之類不一而足人皆韙之轉中書左丞二年囊加慶善八及孛羅帖木兒獻議開西山金口導渾河踰京城達通州以通漕運丞相脫脫主之甚力有壬曰渾河之水湍悍易決而足以爲害淤淺易塞而不可行舟況地勢高下甚有不同徒勞民費財耳不聽後卒如有壬言先是有壬之父熙載仕長沙日設義學訓諸生既歿而諸生思之爲立東岡書院朝廷賜額設官以爲育才之地南臺監察御史木入刺沙緣睚眦怨言書院不

當立幷搆浮辭誣鑯有壬幷其二弟有儀有孚有壬遂稱病歸四年改江淛行省左丞辭六年召爲翰林學士旣上又辭監察御史累章辨其誣俄拜淛西廉訪使未上復以翰林學士承旨召仍知經筵事明年夏授御史中丞賜白玉束帶及御衣一襲未幾復以病歸監察御史荅蘭不花銜有壬時短長之奏劾甚力事尋白十二年盜起河南聲撼河朔閒有壬畫備禦之策十五條以授郡將民籍以安十三年起拜河南行省左丞朝廷遣將出征環河南境連營以百數一切芻餉皆仰給之有壬從容集事若平時然十五年還集賢大學士尋改樞密副使復拜中書左丞時以言爲諱有壬力言朝廷務行姑息之政賞重罰輕故將士貪掠子女玉帛而無鬬志遂倡招降之策言多不載有僧名開自高郵來言張士誠乞降衆幸事且成皆大喜有壬獨疑其妄呼僧詰之果語塞不能對轉集賢大學士兼太子左諭德階至光祿大夫有壬前朝舊德太子頗敬禮之一日入見方臂鷙禽以爲樂遽呼左右屏去十七年以老病力乞致其事久之始得請給俸賜以終其身二十四年九月二十一日卒年七十八有壬歷事

七朝垂五十年遇國家大事無不盡言皆一根至理而曲盡人情當權臣恣睢之時稍忤意輒誅竄隨之有壬絕不爲巧避計事有不便明辨力諍不知有死生利害君子多之有壬善筆札工辭章歐陽玄序其文謂其雄渾閎雋湧如層瀾迫而求之則淵靚深實蓋深許之也所著有至正集若干卷謚曰文忠子一人曰禎

宋本

宋本字誠夫大都人自幼穎拔異羣兒既成童聚經史窮日夜讀之句探字索必通貫乃已嘗從父禎官江陵江陵王奎文明性命義理之學本往質所得造詣日深善爲古文辭必己出峻潔刻厲多微辭年四十始還燕至治元年策天下士于廷本爲第一人賜進士及第授翰林修撰泰定元年春除監察御史首言逆賊鐵失等雖伏誅其黨樞密副使阿散身親弒逆以告變得不死竄嶺南乞早正天討國制範黃金爲太廟神主仁宗室盜竟竊去本言在法民間失盜捕之違期不獲猶治罪太常失典守及在京應捕官皆當罷去又言中書宰執

日趨禁中固寵苟安兼旬不至中堂壅滯機務乞戒飭臣僚自非入宿衞日必詣所署治事皆不報踰月調國子監丞夏風烈地震有旨集百官雜議弭災之道時宿衞士自北方來者復遣歸乃百十爲羣剽劫殺人桓州道中既逮捕旭滅傑奏釋之蒙古千戶使京師宿邸中適民間朱甲妻女車過邸門千戶悅之并從者奪以入朱泣訴於中書旭滅傑庇不問本適與議本復抗言鐵失餘黨未誅仁廟神主盜未得桓州盜未治朱甲冤未伸刑政失度民憤天怨災異之見職此之由辭氣激奮衆皆聳聽冬移兵部員外郎二年轉中書左司都事會議招撫溪洞民故將李牢山之子嘗假兵部尚書從諸王帥兵征鬱林州猺民李在道納妾留不進兵敗歸樞密副使王卜鄰吉台言李平猺有功當還官本言李棄軍娶妾逗撓軍期宜亟寘諸法況可官邪王色沮乃不敢言旭滅傑死左丞相倒刺沙當國得君與平章政事烏伯都剌皆西域人西域富賈以其國異石名曰瓓者來獻其估鉅萬或未酬其直諸嘗有過爲司憲褫官或有出其門下者三年冬烏伯都剌自禁中出至政事堂集宰執僚佐命左司員外郎胡

彝以詔藁示本乃以星孛地震赦天下仍命中書酬累朝所獻諸物之直擢用自英廟至今爲憲臺奪官者本讀竟白曰今警災異而畏獻物未酬直者憤怨此有司細故形諸王言必貽笑天下司憲褫有罪者官世祖成憲也今上御位累詔法世祖今擢用之是廢成憲而反汗前詔也後復有邪佞贓穢者將治之邪置不問邪宰執聞本言相視歎息罷去明日宣詔竟本遂稱疾不出四年春遷禮部郎中天曆元年冬陞吏部侍郎二年改禮部侍郎是年文宗開奎章閣置藝文監檢校書籍超大監至順元年進奎章閣學士院供奉學士二年冬出爲河東廉訪副使將行擢禮部尚書三年冬寧宗崩順帝未至皇太后在興聖宮正旦議循故事行朝賀禮本言宜上表興聖宮廢大明殿朝賀衆是而從之元統元年兼經筵官冬拜陝西行臺治書侍御史不拜復留爲奎章閣學士院承制學士仍兼經筵官二年夏轉集賢直學士兼國子祭酒兼經筵如故是年冬十一月二十五日卒年五十四階官自承務郎十轉至太中大夫本性高抗不屈持論堅正制行純白不可干以私而篤朋友之義堅若金鐵人有片善稱

道不少置尤以植立斯文自任知貢舉取進士滿百人額爲讀卷官增第一甲爲三人父官南中貧賣宅以去居官清愼自持饘粥至不給本未弱冠聚徒以養親殆二十年歷仕通顯猶僦屋以居及卒非賻贈幾不能給棺斂執紼者近二千人皆縉紳大夫門生故吏及國子諸生未嘗有一雜賓時人榮之本所著有至治集四十卷行于世謚正獻弟槃字顯夫登泰定元年進士第授校書郎累官至翰林直學士謚文清槃嘗爲監察御史於朝廷政事多所建明其文學與本齊名人稱之曰二宋云

謝端

謝端字敬德蜀之遂寧人宋末蜀士多避兵江陵因家焉端幼穎異五六歲能吟詩十歲能作賦弱冠與尙書宋本同師明性理爲古文又同教授江陵城中以文學齊名時號謝宋史杠宣慰荆南數加延禮薦之姚樞樞方以文章大名自負少所許可以所爲文眎端端一讀卽能指摘其用意所在樞歎奬不已語人後二十年若謝端者豈易得哉用薦者署校官不報科舉法行就試河南行

省中其舉以內艱不會試延祐五年乃擢進士乙科授承事郎潭州路同知湘陰州事歲滿入爲國子博士遷太常博士盜入太廟失第八室黃金主坐罷去端禮官非典守不當坐亦不辨尋除翰林修撰陞待制以選爲國子司業遂爲翰林直學士階太中大夫端善爲政筮仕湘陰猾吏束手不敢舞文法豪民無賴者遠避去部使者行部旁郡滯訟皆委端讞端剖決如流績譽籍然其文章嚴謹有法寧約近瘠無奢滋駁居翰林久至順元統以來國家崇號慈極升祔先朝加封宣聖考妣制冊多出其手預修文宗明宗寧宗三朝實錄及累朝功臣列傳時稱其有史才初文宗建奎章閣蒐羅中外才俊置其中嘗語阿榮曰當今文學之士朕惟未識謝端亡何文宗崩竟不及用端端又與趙郡蘇天爵同著正統論辨金宋正統甚悉世多傳之至元六年卒年六十二元世蜀士以文名者曰虞集而謝端其次云

元史卷一百八十二

西元二〇二〇年十一月一日重製一版

元史（附考證）冊九（明宋濂撰）

平裝十冊基本定價陸仟伍佰元正
（郵運匯費另加）

發行人　張敏君

發行處　中華書局
臺北市內湖區舊宗路二段一八一巷八號五樓（5FL., No. 8, Lane 181, JIOU-TZUNG Rd., Sec 2, NEI HU, TAIPEI, 11494, TAIWAN）
客服電話：886-2-8797-8396
公司傳真：886-2-8797-8909
匯款帳戶：華南商業銀行西湖分行
179100026931
印　刷：維中科技有限公司
海瑞印刷品有限公司

No. N1060-9

國家圖書館出版品預行編目(CIP)資料

元史/(明)宋濂撰. -- 重製一版. -- 臺北市 : 中
華書局, 2020.11
冊 ; 公分
ISBN 978-986-5512-38-5(全套 : 平裝)

1.元史

625.701 109016937